四川省高等教育自学考试教材

·人力资源管理丛书·

人力资源开发与管理

附：人力资源开发与管理
自学考试大纲（2022年版）

主编■罗哲　段海英

图书在版编目（CIP）数据

人力资源开发与管理 / 罗哲，段海英主编. — 成都：四川大学出版社，2022.12
（人力资源管理丛书）
ISBN 978-7-5690-5920-5

Ⅰ. ①人… Ⅱ. ①罗… ②段… Ⅲ. ①人力资源开发 ②人力资源管理 Ⅳ. ①F241 ②F243

中国版本图书馆 CIP 数据核字（2022）第 255712 号

书　　名：	人力资源开发与管理
	Renli Ziyuan Kaifa yu Guanli
主　　编：	罗　哲　段海英
丛 书 名：	人力资源管理丛书

选题策划：	梁　胜　陈　纯　傅　奕
责任编辑：	梁　胜
责任校对：	傅　奕
装帧设计：	裴菊红
责任印制：	王　炜

出版发行：	四川大学出版社有限责任公司
	地址：成都市一环路南一段 24 号（610065）
	电话：（028）85408311（发行部）、85400276（总编室）
	电子邮箱：scupress@vip.163.com
	网址：https://press.scu.edu.cn
印前制作：	四川胜翔数码印务设计有限公司
印刷装订：	四川盛图彩色印刷有限公司

成品尺寸：	185mm×260mm
印　　张：	16.25
字　　数：	332 千字

版　　次：	2022 年 12 月 第 1 版
印　　次：	2022 年 12 月 第 1 次印刷
定　　价：	69.00 元

本社图书如有印装质量问题，请联系发行部调换

版权所有 ◆ 侵权必究

扫码获取数字资源

四川大学出版社
微信公众号

四川省高等教育自学考试省统考课程系列专业教材编委会

丛书主编： 游劲松

丛书副主编： 潘霜柏　汪东升

成　员（按姓氏笔画排序）：

王　谦　何　宇　张凤英　王浩浪　钱晓群　顾　绚

田孟良　张必涛　罗　哲　赵启军　姚黎明　张婧怡

四川省高等教育自学考试省统考课程
——《人力资源管理》专业专升本教材编委会

主　编：罗　哲

副主编：张必涛　罗　娜

成　员（按姓氏笔画排序）：

刘智勇　李贤娟　杨　红　吴静汶　沙治慧　范逢春

罗　哲　赵建伟　黄国武　韩　英　蒲晓红

总 序

党的二十大报告从战略全局上对全面建设社会主义现代化国家作出战略擘画部署，充分肯定了新时代中国教育的成就，强调了教育的战略地位，对于加快建设高质量教育体系，办好人民满意的教育进行了详细丰富、深刻完整的论述，报告对学科建设和教材建设问题给予了特别的关注，提出要加强教材建设和管理。教材建设问题，第一次出现在党代会的报告之中，表明了教材建设国家事权的重要属性，凸显了教材工作在党和国家事业发展全局中的重要地位，体现了以习近平同志为核心的党中央对教材工作的高度重视和对"尺寸课本、国之大者"的殷切期望。教材是学校教育教学的基本依据，是育人育才的重要载体，教育思想和理念的贯彻、人才培养目标和要求的实现等，都集中体现在教材中。"十四五"时期，教材建设的首要任务，是深入推进习近平新时代中国特色社会主义思想进课程教材，为学生培根铸魂，培养"四有"新人。

高等教育自学考试制度是我国创立和实行的、富有中国特色的高等教育制度。自学考试是个人自学、社会助学、国家考试相结合的高等教育形式。在满足社会对接受高等教育的巨大需求中，自学考试发挥着不可替代的巨大作用，为我国高等教育从精英化阶段迈入普及化阶段作出了突出贡献！据教育部《2021年全国教育事业发展统计公报》显示，到2021年末，参加全国高等教育自学考试学历教育报考仍有625.78万人次，取得毕业证书48.94万人。高等教育自学考试的教材是实现教育目标的主要载体，是教学大纲的具体化，为自考助学和学生学习提供了关键支撑、基本线索。从一定意义上讲，自学考试人才培养质量取决于自考教材的质量。但是，随着高等教育人才培养质量的不断提高和自学考试改革的不断深化，自学考试教材建设中存在的问题也日益突出。诸如内容陈旧、更新缓慢；体例单一、形式简单；重视不够，缺乏特色等等。专家们纷纷呼吁要顺应新时代自学考试的特点和发展趋势，及时调整教材建设结构，加快更新陈旧教材，开发自学考试特色教材，形成在线数字学习资源，改革教材运行和评价机制，进一步建设形成高质量自学考试教材体系，促进新时代高等教育自学考试高质量发展。

为全面贯彻党的教育方针，进一步落实立德树人根本任务，适应新形势下我国和四川省高等教育自学考试教学改革和人才培养的需要，在四川省教育考试院的大力支持下，根据《教育部办公厅关于加强高等学历继续教育教材建设与管理的通知》（教职成厅函〔2021〕28号）和《教育部办公厅关于印发〈高等教育自学考试开考专业清单（2021年）〉和〈高等教育自学考试专业基本规范（2021年）的通知〉（教职成厅〔2021〕2号）》等文件要求，四川大学主动承担起高等教育自学考试主考学校的职责，对主考专业进行了规范，对省考课程进行了调整。为及时回应社会关切，加强自考教材建设和管理，四川大学成人继续教育学院设立继续教育教材专项出版基金，并联合电子科技大学、西南交通大学、西南财经大学、四川农业大学等高校成立"四川省高等教育自学考试省统考课程系列专业教材编委会"，组织编写四川省高等教育自学考试省考课程系列教材，进一步增强教材育人功能，为服务高等学历继续教育高质量发展做出有益的探索和实践。

本套系列教材的编写和建设旨在适应新时期高等教育自学考试事业发展和教学手段变革的需要，彰显高等教育自学考试现代教育理念，在继承中创新，在发展中提高，打造符合高等教育自学考试教育教学规律的经典教材。囿于编写者的学术视野、写作水平和对高等教育自学考试的认知能力，本套系列教材肯定还存在一些不足之处，恳切希望学界专家、行业领导和从业者不吝赐教，更希望千千万万的自考学习者在学习中反馈联系我们，以便我们在再版时及时修订，进一步提高教材实效，促进高等教育自学考试质量。

四川省高等教育自学考试省统考课程系列专业教材编委会
2022年12月于成都

前　言

四川省高等教育自学考试教材《人力资源管理丛书》于2007年首次出版至今，在自学考试教学和实践领域发挥了重要作用。2022年，四川省高等教育自学考试省统考课程系列专业教材编委会再次集结熟悉继续教育教学规律和特点，熟悉行业发展和职业岗位要求，有较为扎实学术功底和教学实践、职业经验专家的智慧和力量，修订出版这套教材。

该书是四川省高等教育自学考试人力资源管理专业较权威、系统、完整的考生自学参考书，本次修订着眼新时代的新特征，根据教育部关于"加大学历继续教育教材建设力度，开发适应成人在职学习需要、深度广度与人才培养目标相匹配、满足交互式学习要求，支持学习者自学自测、随学随练的高质量教材"要求，充分考虑到了目前学科的发展，以及我国社会、经济、文化的背景。为了使本教材更好地反映企业人力资源管理及环境的新发展和变化，本次对《人员素质测评理论与方法》《劳动关系与劳动法》《薪酬管理》《人力资源管理》《工作分析》等5本教材进行了修订，并新编《绩效管理》和《培训与开发》2本教材。

在编写和修订教材过程中，力求做到以下几点：

第一，内容时代性强。把握人力资源管理理论发展前沿和实践进展，吸纳国际、国内最新成果。

第二，知识系统性强。知识点突出，内容完整，层次分明，结构合理。

第三，案例具有典型性和启发性。突出理论联系实际，强调应用和解决问题导向。

第四，加强系列化、多样化和立体化教材建设，服务线上教学、混合式教学，更能适应学员在职、业余自学。

这套《人力资源管理丛书》教材在策划、编写和出版过程中，得到四川省教育考试院的大力支持和帮助，谨表深切谢意。我们相信，本书能够惠及广大人力资源管理专业的自考学生，将为促进我国高校继续教育教学质量的提高做出贡献。

四川省高等教育自学考试省统考课程
《人力资源管理》专业专升本教材编委会
2022 年 12 月

目 录

第一章　人力资源开发与管理导论 ······ 1
第一节　人力资源概述 ······ 2
第二节　人力资源管理概述 ······ 9
第三节　人力资源管理的演进与发展 ······ 15
第四节　现代人力资源开发与管理所面临的挑战 ······ 19

第二章　工作分析 ······ 22
第一节　工作分析概述 ······ 22
第二节　工作分析的方法与流程 ······ 27
第三节　工作分析产出 ······ 38
第四节　工作设计 ······ 41

第三章　人力资源战略与规划 ······ 46
第一节　人力资源战略概述 ······ 47
第二节　人力资源规划概述 ······ 51
第三节　人力资源预测和平衡 ······ 59

第四章　人员招聘 ······ 70
第一节　人员招聘概述 ······ 71
第二节　人员招聘的准备 ······ 73
第三节　人员选拔 ······ 83
第四节　人员录用与招聘评估 ······ 94

第五章　员工培训 ······ 98
第一节　员工培训概述 ······ 99
第二节　培训需求分析 ······ 102

  第三节 制订培训计划 ·· 107
  第四节 培训活动实施 ·· 111
  第五节 培训效果评估 ·· 115

第六章 职业生涯管理 ·· 118
  第一节 职业生涯管理概述 ·· 119
  第二节 职业生涯管理的相关理论 ·· 123
  第三节 个人职业生涯规划 ·· 128
  第四节 组织职业生涯管理 ·· 134

第七章 绩效管理 ·· 140
  第一节 绩效管理概述 ·· 141
  第二节 绩效管理的过程 ·· 148
  第三节 绩效评估的方法 ·· 167

第八章 薪酬管理 ·· 176
  第一节 薪酬与薪酬管理概述 ·· 177
  第二节 基本薪酬 ·· 181
  第三节 可变薪酬 ·· 196
  第四节 员工福利 ·· 201
  第五节 薪酬管理的新发展 ·· 204

参考文献 ··· 207

人力资源开发与管理自学考试大纲 ··· 214

人力资源开发与管理真题荟萃 ··· 239

后　记 ··· 247

第一章　人力资源开发与管理导论

开篇案例

阿里巴巴公司的人力资源管理

"我十年以来一直在忽悠,我倡导互联网的精神,倡导电子商务,倡导网商的精神。六年前,我跟一个很要好的商人朋友交流,我说刚刚推出了淘宝网,希望他将生意搬到网上做。他说,再说吧,有很多的时间。四年前,我又说,请将生意搬到网上,他说算了,现在忙不过来。两年前,他找到我激动地说,为什么不早说,我现在的生意都被淘宝网上的孩子抢走了。目前看来,被忽悠的人现在已经得到了好处。"

把互联网说到这个份上并做到极致的,只有阿里巴巴的掌门人马云。

阿里巴巴在业务成长的同时,马云坚信人员的成长同样重要。公司致力于协助员工与公司共同成长和发展,他提倡建立开放的学习平台,增强公司在市场中的竞争优势。

阿里巴巴对员工的培训分为3种类型:管理培训、通用培训和专业培训。管理培训按照层级分成3个级别,每级别由3~4门核心课程组成;通用培训由核心课程和基础课程组成,帮助员工提高职业能力;专业培训是帮助员工提高岗位技能的培训,让专业人员"术业有专攻"。

除了培训外,公司还建立了有序的人员发展机制,帮助员工规划在"阿里"的职业发展,也为公司储备技术和管理人才。阿里巴巴的人才分为P(专业序列)和M(管理序列)两大序列,无论是P序列人才还是M序列人才,都能在阿里巴巴找到最佳发展途径。P序列人才可以选择在本岗位上走得更深更专业,也可以结合自身特点和能力强项,在符合工作满两年且业绩良好的前提下申请到其他部门工作,迎接新职位带来的挑战。

此外,有管理潜力且业绩良好的员工还会被选拔进公司的管理储备库,称之为"创业计划",提早预热管理培训和实践,为未来成为基层的团队领导打好基础。2008年起公司启动"接班人计划",通过一系列培养手段帮助中高层管理者拓宽视野，提升管理境界，让"阿里"的管理之道得以传承，让"阿里"领导力得以发扬。2007年至2008年，在新任基层管理人员中，有92%源于内部晋升。纵向和横向，专业和管理，阿里巴巴鼓励员工开放地成长。

在阿里巴巴，"教"是最好的"学"。员工的成长，不仅靠以吸收输入为主的"学"，也靠主动输出为主的"教"，鼓励员工在部门内外积极分享，以开放的心态充分学习。在公司的每个角落经常可以看到上司、下属如朋友般围坐在一起，学技术、辩观点，年轻的心在碰撞中交流，创新的火花在互动中绽放。

在做好本职工作的前提下，公司还提倡公司内跨团队的"教学相长"。2008年启动的"阿里牛师项目"就是一例，它将散落在阿里各处的珍珠粒似的知识财富和一群乐于分享的人（"牛师"）结合，从而实现三个"一"：一个体系，提炼阿里巴巴核心能力，完善阿里巴巴内部课程体系；一群牛师，培养一批阿里巴巴的内部讲师，授业各有专攻；一种气氛，积累知识、教学相长的学习气氛。

资料来源：改编自阿里巴巴官方网站（http：/chinaalibaba.com/）

第一节　人力资源概述

一、人力资源的概念

（一）人力资源的定义

人类社会的生产以资源的供给为基础，经济要不断增长，必须要有充足的资源作为保障。可以说，资源是社会财富的源泉。经济学家把资源分为四大类：自然资源、资本资源、信息资源和人力资源。其中，人力资源是最为活跃、涉及面最广、影响最为深远的资源，是一切资源中最为重要的资源。由于人力资源的特殊性和重要性，经济学家称其为第一资源。

1954年，著名管理学大师彼得·德鲁克（Peter F. Drucker）在其名著《管理的实践》中，指出了管理的三个更为广泛的职能：管理企业、管理经理人员和管理员工及他们的工作。在讨论管理员工及他们的工作时，德鲁克首次提出了"人力资源"的概念。德鲁克之所以提出这一概念，是想表达传统人事所不能表达的意思。他认为，与其他资源相比，人力资源拥有独特的"协调能力、融合能力、判断力和想象力"，它必须通过有效的激励机制才能开发利用，并为企业带来可观的经济价值。德鲁克指出，经理们必须考虑人力资源这一"特殊资产"。

德鲁克虽然提出了人力资源的概念并指出了其重要性,但却未对人力资源做出详细的定义。20 世纪 60 年代以后,随着西奥多·W. 舒尔茨(Theodore W. Schultz)提出人力资本理论,人力资源的概念更加深入人心,对人力资源的研究也越来越多。到目前为止,对于人力资源的含义,学者们给出了多种不同的解释。根据研究的角度不同,可以将这些定义分为两大类:一类是从能力的角度,另一类是从人的角度来解释人力资源的含义,见表 1—1。

表 1—1 常见的人力资源定义

从能力的角度	• 人力资源是指能够推动整个经济和社会发展的劳动者的能力,即处在劳动年龄的已直接投入建设和尚未投入建设的人口的能力。① • 人力资源是指包含在人体内的一种生产能力,它是表现在劳动者的身上,以劳动者的数量和质量表示的资源,对经济起着生产性的作用,并且是企业经营中最活跃、最积极的生产要素。② • 人力资源是指组织内部全部劳动人口中蕴涵的劳动能力的总和③。 • 人力资源是指劳动过程中可以直接投入的体力、智力、心力总和及其形成的基础素质,包括知识、技能、经验、品性与态度等身心素质。④
从人的角度	• 人力资源是指一定社会区域内所有具有劳动能力的适龄劳动人口和超过劳动年龄的人口的总和。⑤ • 人力资源是指能够推动社会和经济发展的具有智力和体力劳动能力的人的总称。⑥

从表 1—1 可以看出,国内外管理学界对人力资源这一概念的定义很多,并无一致的看法。本书认为,人力资源是一个国家或地区能够作为生产要素投入到社会经济活动中,为社会创造物质财富和精神、文化财富的劳动人口。它包括数量和质量两方面的因素,其总量由人力资源的数量和质量的乘积表示。

(二)人力资源的数量和质量

与其他资源一样,人力资源也具有量和质的规定性。由于人力资源强调依附于人身上的劳动能力,是和劳动者密不可分的,因而我们可以用劳动者的数量和质量来反映人力资源的数量和质量。

1. 人力资源的数量

人力资源的数量分为绝对数量和相对数量两种。人力资源的绝对数量的构成,

---

① 张德:《人力资源开发与管理》,北京:清华大学出版社,2001 年,第 1 页。
② 朱丹:《人力资源管理教程》,上海:上海财经大学出版社,2001 年,第 2 页。
③ 陆国泰:《人力资源管理》,北京:高等教育出版社,2000 年,第 9 页。
④ 萧鸣政:《人力资源管理》,北京:中央广播电视大学出版社,2001 年,第 2 页。
⑤ 李燕萍:《人力资源管理》,武汉:武汉大学出版社,2002 年,第 19 页。
⑥ 陈远敦,陈全明:《人力资源开发与管理》,北京:中国统计出版社,1995 年,第 1 页。

指一个国家或地区劳动适龄人口减去丧失劳动能力的人口,加上非劳动适龄人口中正在从事社会劳动的人口。具体由以下八个部分构成。

(1) 处于劳动年龄之内、正在从事社会劳动的人口,它占据人力资源的大部分,可称为"适龄就业人口"。

(2) 尚未达到劳动年龄、已经从事社会劳动的人口,即"未成年劳动者"或"未成年就业人口"。

(3) 已经超过劳动年龄、继续从事社会劳动的人口,即"老年劳动者"或"老年就业人口"。这三部分人,构成"就业人口"总体。

(4) 处于劳动年龄之内、具有劳动能力并要求参加社会劳动的人口,这部分可以称为"求业人口"。求业人口它与前三部分一起,构成"经济活动人口"。

(5) 处于劳动年龄之内、正在从事学习的人口,即"就学人口"。

(6) 处于劳动年龄之内、正在从事家务劳动的人口。

(7) 处于劳动年龄之内、正在军队服役的人口。

(8) 处于劳动年龄之内的其他人口。如图1-1所示。

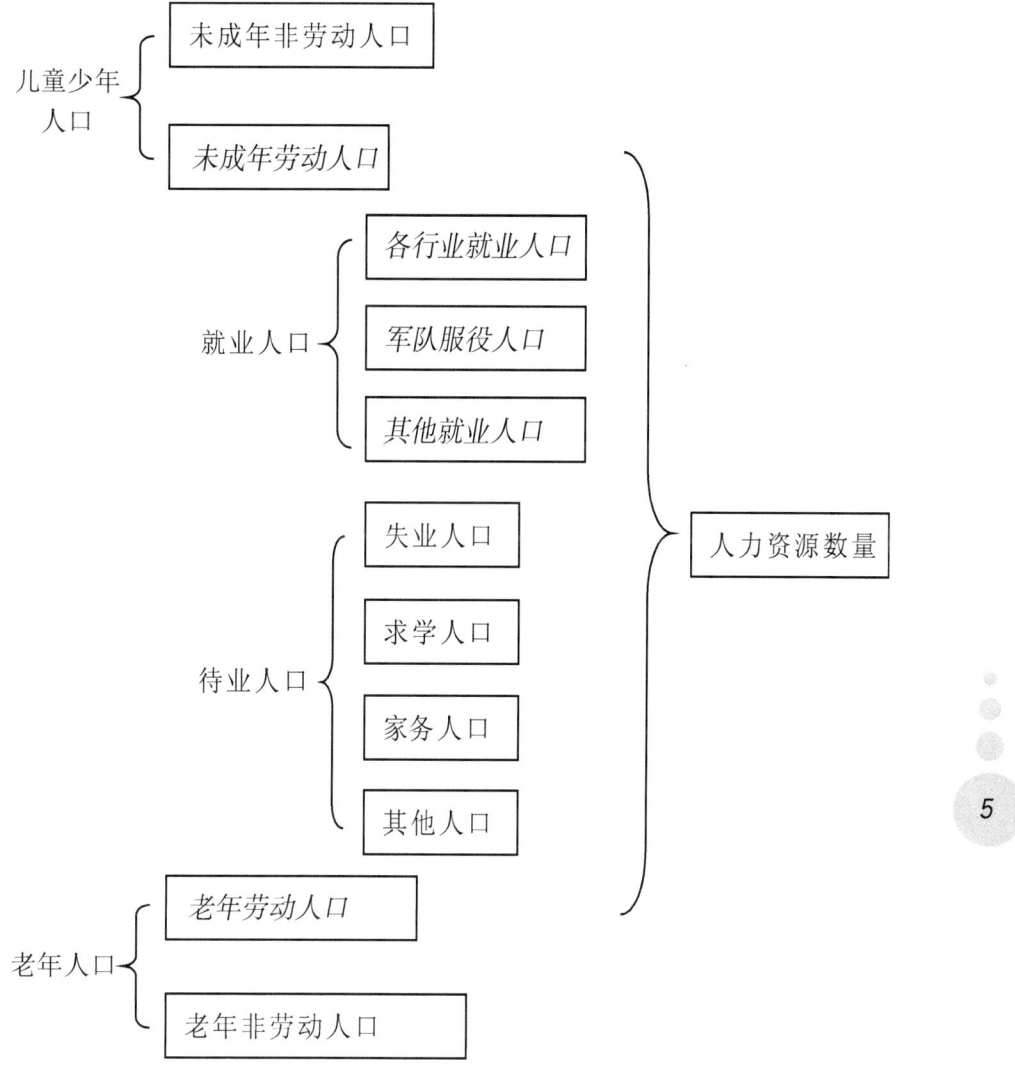

说明：斜体字为现有人力资源，其他为潜在人力资源

图 1－1　人力资源的绝对数量构成

在这八个构成部分中，前四部分是经济活动人口，构成现实的社会人力资源供给，是直接的、已经开发的人力资源；后四部分并未构成现实的社会人力资源供给，是间接的，尚未开发的，处于潜在形态的人力资源。

人力资源的相对数量即人力资源率，是指人力资源的绝对量占总人口的比例，它是反映经济实力的更重要的指标。一个国家或地区的人力资源率越高，表明该国家的经济越有某种优势。因为，在劳动生产率和就业状况既定的条件下，人力资源率越高，表明可投入生产过程中的劳动数量越多，从而创造的国民收入也就越多。

影响人力资源数量的因素主要有以下四个方面。

(1) 人口总量及人口增长状况。由于人力资源的数量体现为劳动人口的数量，而劳动人口是人口总体中的一部分，因此，人力资源的数量首先取决于人口总量。同时，人口的增长状况会影响当前和未来的人口数量，即影响人力资源数量的变化。从这个意义上说，人口的状况就决定了人力资源的数量。我国实行计划生育之后，人口增长速度逐渐下降，因此未来人力资源的增长速度也会相应放缓。

(2) 人口的年龄结构。人口的年龄构成是影响人力资源数量的一个重要因素。在人口总量一定的情况下，适龄劳动人口占总人口的比例直接决定了人力资源数量在总人口中的比例，而未成年的人口数量就是未来人力资源的数量。

(3) 人口迁移。人口迁移可以使得一个地区的人口数量发生变化，继而使得这些地方的人力资源的数量发生变化。人口迁移包括永久性迁移和暂时性迁移。永久性迁移包括移民、异地移居等。如我国三峡工程建设使得沿江地带的人口分布发生重大变化，继而使得这些地方的人力资源也发生重大变化。暂时性迁移指的是异地务工、求学、入伍等。这些都能使一定时期内、一定范围内的人力资源数量发生变化。如我国内地省份的青年到沿海地区打工，使沿海地区的人力资源短期内迅速增加。

(4) 社会和经济发展状况。在特定的社会和经济发展时期，由于经济结构的失衡，人力资源相对过剩或短缺，这就需要对劳动人口年龄规定进行调整。例如，为了应对人口老龄化带来的养老金支付危机，大多数国家都选择了提高退休年龄的做法——将本为60岁左右的法定退休年龄，逐渐推迟到65岁或67岁。

2. 人力资源的质量

人力资源的质量指劳动者所具有的体质、智力、知识、技能、态度和价值观等方面的状况。

体质指劳动者的体力和健康状况，它与劳动者的遗传及其他先天条件、营养条件、卫生状况等因素密切相关。劳动者的体质水平往往可以用平均寿命、婴儿死亡率、每万人口拥有的医务人员数量、人均日摄入热量等健康卫生指标来衡量。

智力、知识、技能与劳动者的教育状况相关。人力资源的质量既取决于国家科技发展水平，也取决于国家对教育的投入和父母对子女教育及个人对自身教育的投入。智力虽然受一定的先天因素影响，但更重要的是后天的教育开发。劳动者的智力、知识水平可以用人均受教育年限、每万人中大学生拥有量、大中小学入学比例等来衡量。劳动者的技能水平可以用劳动者技术职称等级的现实比例、每万人中高级职称人员所占的比例等来衡量。

态度指劳动者对所从事工作的努力程度、负责程度和合作程度。这取决于劳动者的需求层次和强度，劳动者接受激励的强度和对工作的满意程度，可以用对工作的满意程度、工作的努力程度、工作的负责程度、与他人的合作性等劳动态度指标来评价。而价值观则是在态度之上形成的理念，它受教育背景、文化背景等因素的影响。比如企业往往通过建立企业文化影响员工，使员工形成与企业战略目标相一致的价值观。

与人力资源的数量相比较，人力资源的质量显得更为重要。随着社会生产的发展，现代科学技术对人力资源的质量提出了更高的要求。人力资源质量的重要性还体现在其内部的替代性方面。一般来说，人力资源的质量对数量的替代性较强，而其数量对质量的替代性较弱，有时甚至是不能替代的。因此，人力资源开发的目的在于提高人力资源的质量，对社会经济的发展起着更大的作用。

二、人力资源的性质

作为一种特殊的资源形式，人力资源具有不同于自然资源的特殊性质，主要表现为以下几个方面。

（一）生命周期性

人具有生命周期，在生命周期的不同阶段其劳动能力有所不同。对于个体而言，个人的劳动能力经历了从产生、发展壮大到衰亡的过程；从整个社会看，社会人口各年龄段的比例也不断变化，从而引起人力资源的变化。另外，在组织中人力资源也表现出生命周期性，所以作为管理者必须不断调整组织结构，对员工进行培训，优化人力资源配置，使组织中的人力资源总是处在旺盛状态。

（二）能动性

自然资源在开发过程中，完全处于被动的地位。人力资源则不同，因为它是由劳动者的劳动能力构成的，而劳动者具有自主意识能力，在各种活动中总是处在发起、操纵、控制其他资源的位置上，根据外部环境的可能性、自身的条件和愿望，有目的地确定活动的方向，创造性地选择自己的行为。

（三）再生性

一般而言，自然资源大部分属于不可再生资源，而人力资源在劳动过程中被消耗之后，还能够再生产出来。劳动者的体力和精神状态因为工作而被消耗，但可以通过休息和补充营养恢复到原有的状态。对整个社会而言，一部分人力资源走向衰亡，而另一部分人力资源正在形成，其再生性可以通过人力资源总体内各个个体不间断的替换和更新得以实现。

（四）增值性

与自然资源相比，人力资源具有明显的增值性。一般来说，自然资源是不会增值的，它只会因为不断地消耗而逐渐贬值。人力资源则不同，人力资源在使用过程中其体质虽然有下降的趋势，但是其知识和技能却在不断地提高，而体质的下降在一定的休息后可以得到恢复，所以，劳动者个体的人力资源价值在劳动过程中会不断增值。更为重要的是，由于知识的积累和传承，人们的生产活动经验越来越丰富，从而提高生产技术，改进管理方式，使人力资源的总体价值也逐步增加。

（五）社会性

自然资源具有完全的自然属性，它不会因为所处的时代、社会的不同而有所变化，人力资源则不同。人力资源在其形成过程中明显地会受到时代和社会因素的影响。人从一生下来就置身于既定的生产力和生产关系中，社会发展水平从整体上制约着人力资源的素质。与此同时，人力资源创造的财富为全社会共同享用，提高了全社会人力资源的价值。

三、人口资源、劳动力资源、人力资源和人力资本

人口资源指一个国家或地区所拥有的人口总量，主要表现为人口的数量，是一个最基本的底数。

劳动力资源是一个国家或地区具有的劳动力人口的总称，是人口资源中拥有劳动能力的那一部分人，通常是16—60岁的人口群体。这一人口群体必须具备从事体力劳动或脑力劳动的能力。劳动力资源偏重的是数量概念。

人力资源是一个国家或地区能够作为生产要素投入到社会经济活动中，为社会创造物质财富和精神文化财富的劳动人口。它包含了数量和质量两个概念，其总量由人力资源的数量和质量的乘积表示。

对于人力资本的含义，被称为"人力资本之父"的西奥多·W. 舒尔茨（Theodore W. Schultz）认为，人力资本是体现在人身上的技能和生产知识的存量。我们之所以称这种资本是人力的，是由于它已经成为人的一部分，又因为它可以带来未来的满足或者收入，所以称其为资本。人力资本是劳动者身上所具备的两种能力：一种能力是通过先天遗传获得的，是由个人与生俱来的基因所决定的；另

一种能力是后天获得的，由个人努力经过学习而形成的。[①] 需要强调的是，我们可以将人力资本视为人力资源的核心。

应当说，这四个概念的关注重点是不一样的。人口资源、劳动力资源偏重的是数量概念，人力资源包含数量和质量。而人力资本更关注对人力资源的投资，表现为投入到教育培训、迁移和健康等方面的资本在人身上的凝结。

第二节　人力资源管理概述

一、人力资源管理的内涵和功能

（一）人力资源管理的概念

人力资源管理是从组织发展战略、组织内外环境和人性特征出发，以充分发挥人力资源在组织资源系统中的特殊作用为目标，进行人员管理方面的政策制定及实践。它是通过研究组织中人与人之间的关系调整、事与事之间的关系协调以及人与事之间的匹配适应，使得人尽其才，事得其人，人事相宜，最终实现组织的目标。人力资源管理包括人力资源的战略和规划、工作分析、人员招聘与选拔、员工培训、职业生涯管理、绩效管理、薪酬管理与员工福利等方面的工作。

（二）人力资源管理的特点

人力资源管理具有以下特点。

1. 综合性

人力资源管理是一门综合性很强的学科。由于管理的对象是人，而人的行为要受到政治、文化、经济、组织、心理、生理等诸多因素的影响，所以人力资源管理也会涉及多门学科的知识，可以说，人力资源管理是多学科的融合。

2. 实践性

人力资源管理是一门实践性很强的学科。它的理论来源于实际管理工作中的经验总结和概括。它的产生也是现代工业社会发展和市场竞争的需要。如今，人力资源管理强调组织和员工之间的"共同利益"，并注重发掘员工更大的主动性和责

---

① [美] 西奥多·W. 舒尔茨著，蒋兵、张蘅译：《论人力资本投资》，北京：北京经济学院出版社，1990年。

任感。

3. 整体性

人力资源管理在运作过程中具有整体性，这种整体性主要体现在两个方面：一方面，人力资源管理的顺利进行必须依赖整个组织当中各个部门的共同支持；另一方面，人力资源管理的各项职能在实施过程中应当保持一致性。

4. 社会性

人力资源管理有其特殊的社会性，它受社会文化、历史、制度、民族等社会因素的影响。因为人的行为会受到社会系统中各种因素的制约，所以，对人力资源进行管理，必须考虑到人力资源所处的社会环境。

（三）人力资源管理与传统人事管理的区别

人力资源管理与传统的人事管理有很大区别。传统的人事管理只限于人员招聘、选拔、委派、工资发放、档案保管之类较为琐细的具体工作。在组织当中，传统的人事管理基本上属于行政事务，活动范围有限，很少涉及组织的高层战略决策，往往被视为是低档的、技术含量低的、无须特殊专长的工作。而人事部门有时甚至被视为安置其他部门不能胜任的人员的场所，因此人事功能本身也被贬低和轻视了。

近30年来，西方人本主义管理理念与模式逐步显示出来，传统的人事管理已经明显不能适应现代化生产管理的需要，人力资源作为组织的首要资源已得到普遍的认同，人力资源管理的职能已经远远超过传统人事管理的职能，见表1-2。它们的区别主要表现如下。

1. 管理的内容

传统的人事管理只从事雇佣关系层面的管理工作，主要工作内容是人员招聘、选拔、录用、考核、工资福利、档案管理等具体工作。

人力资源管理不仅包括雇佣关系层面的工作内容，还要从组织目标的角度，对组织中的人力资源进行规划和全方位的管理。其工作内容涉及根据组织目标进行人力资源预测，制定人力资源战略，进行工作分析，对员工进行培训和绩效考核，确定职务升降，在工作中建立沟通渠道，为员工进行职业生涯设计等。

2. 管理的性质

传统的人事管理属于行政事务性工作，主要是作为一个普通部门行使职能，很少涉及组织高层的战略决策。人事部门只能收集整理员工的信息，提供给高层管理部门作为决策的参考。

人力资源管理则以人为中心，重视对人的能力、智慧和创造力的开发，把人力资源管理工作作为一个综合的整体。人力资源管理工作既要有战略的高度，又要有进入员工感情世界和心理活动领域的深度。管理的理念是把员工看成社会人，有自我实现的愿望，并且对组织内的员工报以帮助、服务的态度。

3. 在组织中的地位

传统人事管理被看作技术含量低、无须专长、无足轻重的工作。人事管理部门属于执行层，无决策权。

人力资源管理则既有高层工作，也在中层和低层发挥作用。在高层次方面要参与到组织的高层决策中，并根据组织的战略目标制定人力资源战略和人力资源规划；在中层次方面要对各部门的工作予以协调和指导；在低层次方面则要完成许许多多与员工有关的事务，在这一层面上主要包含着传统人事管理的工作。

综上所述，人力资源管理较传统人事管理更具有战略性和主动性，更适合当今组织的管理模式和发展趋势。

表 1-2　人力资源管理与传统人事管理的区别

	人力资源管理	传统人事管理
观念	视员工为有价值的资源	视员工为成本负担
目的	满足员工自我发展的需要，保障组织长远利益的实现	保障组织短期目标的实现
模式	以人为中心	以事为中心
视野	广阔、前瞻性	狭窄、短期性
性质	战略、策略性	战术、业务性
深度	主动、注重开发	被动、注重管好
功能	系统、整合	单一、分散
内容	丰富	简单
地位	决策层	执行层
工作方式	参与、透明	控制
与其他部门的关系	和谐、合作	对立、抵触
与员工的关系	帮助、服务	管理、控制
对待员工的态度	尊重、民主	命令式
角色	挑战、变化	例行、记载
部门属性	生产与效益部门	成本部门

二、人力资源管理的功能

组织目标的达成以及组织战略的实现是人力资源管理活动的最终目标，人力资

源管理的各项功能都必须围绕着这个目标展开。人力资源管理的主要功能可以概括为吸收、保持、发展、评价和调整五个方面。

（一）吸收

吸收即运用科学的方法引入最适合的岗位人选，是通过对职位和人员进行测评，选拔出与组织中的职位最为匹配的任职人员的过程。

（二）保持

保持即创造适合员工发挥其积极性、主动性、创造性的工作条件，是通过培训教育，实现员工个体的再社会化，使其具有与组织一致的价值观，认同组织文化，遵循组织理念，最终成为组织人的过程。

（三）发展

发展即通过教育、培训、训练，促进员工知识、技能及综合素质得到提高，保持其竞争力，是通过提高员工在知识、技能以及能力等各方面的素质，实现人力资本保值增值的过程。

（四）评价

评价即对员工的工作成果、劳动态度、技能水平等做出全面考核和鉴定，对组织的文化氛围、员工的士气等进行调整、分析与评价，是对于员工的工作行为表现以及工作达成结果情况做出评价和鉴定的过程。

（五）调整

调整指通过奖罚、解聘、晋升、调动等方法，使员工技能水平和工作效率达到岗位的要求。

三、人力资源管理的内容

无论人力资源管理者采取何种措施去达成管理目标，其努力都离不开"选人、育人、用人、留人"，这八个字可谓人力资源管理的核心内容。

（一）选人

选人是人力资源开发与管理的首要环节，这个环节将决定组织可以获得什么样的人力资源，更进一步说，选人工作效果的好坏将直接影响到组织生存与发展的能力。

第一，选择合适的选人者。要为组织选拔到合适的人才，选人者首先要具备慧眼识珠的能力，要能够鉴别应聘者的真实能力，因此要选择具有较高的职业素质和专业知识的人充当选人者。

第二，选人需要遵循一定的程序。通常的招聘程序是：发布招聘广告，收集应聘资料，对应聘资料初选，约见面试，填写公司要求的履历表，参加招聘单位主持的笔试（专业知识、外语的笔试）、性向心理测试题，以及技能测试，人力资源部和用人单位的面试，背景调查，录取试用。通过一定的程序，可以全面了解应聘者的实际能力，减少选人失误。

第三，能岗匹配。人力资源是具备一定能力的人，组织获取人力资源时需要付出相应的成本，组织选人是为了获得人力资本创造的组织需要的价值，因此并非越优秀就越需要，这样只会造成人力资源浪费和增加组织用人成本，只有能力与岗位需要相匹配的人才是组织真正需要的人。

（二）育人

育人是对组织成员能力的培养和开发，通过提升员工个人知识与技能，提高整个组织的竞争力。

第一，组织要有育人意识。对员工进行培养和开发的直接效果是提高了员工的个人能力，这会使一些组织忽视育人带来的组织整体绩效的提高，这种意识是不对的。通过组织培育和开发，可以使员工与组织一起成长，就算员工跳槽了，对整个社会也是有益的。树立组织的育人意识，不仅可以促进组织发展，还可以推动整个社会的进步。现在，对员工的培养和开发已逐渐被大多数公司所重视，尤其是短期培训，因为可以收到立竿见影的效果。

第二，要建立有效的员工培育系统。一个有效的培育系统包括以下几个方面：①了解育人需求：对部门人力资源培育和开发申请（需求）进行调查，也要主动对整个组织各职系进行需求评估。②实施：针对组织发展和员工个人提升的需要实施员工的培育与开发。③考核：分理论知识和任职后表现两部分，考核成绩应当公布，必要时可颁发证书。④应用：根据考核成绩做出岗位资格和任职资格的确认，作为今后晋升的必具资格。

第三，组织育人要有针对性。组织的培训一要针对人，即什么人需要培育和开发，需要提升和完善什么知识与技能，怎么对他们进行培育和开发。二要针对事。组织对员工的培育目的是要通过员工能力的提升来促进组织整体绩效的提高，因此，要与员工的实际工作联系起来，有针对性地开展育人工作。

（三）用人

用人要用其所长，量才录用，还要知人善任，把员工放到最适合于发挥自身优势的岗位上，才能充分实现员工的价值，最终实现组织目标。

第一，知人善任。每个人都是优点与缺点并存，长处与短处并存，组织在用人时，要用其所长，避其所短，根据岗位需要与员工能力相匹配的原则进行人员分配，使其在合适的岗位上最大限度地发挥才能，要尽量避免乱点"鸳鸯谱"。

第二，充分授权。组织对员工的充分信任，是对员工的最好奖赏。组织既然用人，就要对他表示信任，不能轻易地对他产生怀疑，应通过完善的规范和制度而不是主观判断来约束员工行为，对员工报以总体信任的态度，给予员工自主工作的空间。现代组织注重对员工的柔性管理，对员工的授权也逐渐增多，因此组织在用人过程中，要做到"用人不疑"，充分尊重员工，从而发挥员工的积极性和创造力。

第三，科学激励。激励就是对员工的激发和鼓励，调动员工工作的积极性。组织绩效与员工的积极性密切相关，用科学的方法激励员工，可以提高员工为组织工作的热情，从而提高工作绩效。

（四）留人

核心员工流失不仅会造成组织增加选人、育人和用人成本，而且会影响组织工作的连续性，对组织绩效产生严重影响，因此，留住核心员工是组织良好发展和保持竞争力的根本。

第一，待遇留人。俗话说："军无财，士不来；军无赏，士不往。"给予员工必要的物质报酬和奖励是留住人才的基础。待遇是组织为员工工作支付的劳动代价，也是满足员工物质生活追求的基础，良好的薪酬和福利可以使员工愿意留在组织中工作。有竞争力的薪资福利体系包括：高薪、员工持股、医疗保健、保险、公积金、劳动保护、带薪休假等。

第二，感情留人。优厚的待遇固然重要，但独特的组织文化和人性化的管理以及强烈的归属感也是组织留住人才的关键要素。组织要形成对员工充分尊重、信任和关怀的氛围，使其逐渐增强对组织的认同，从而使其产生强烈的归属感和与企业共同成长的感情。

第三，事业留人。事业留人就是以组织发展和满足人才不断成长和发展来稳定人才。员工的工作过程也是自我实现的过程，事业留人的关键在于创造条件使员工充分发挥才能，以组织发展来促进和实现员工的职业生涯规划，满足员工的成就感。

上述人力资源管理的几项内容不是孤立无关的，它们密切联系，相辅相成，彼此配合。组织在某一方面的决策常常会影响到其他方面。

第三节　人力资源管理的演进与发展

一、产业革命阶段（18世纪末至19世纪末）

产业革命阶段是人力资源管理的萌芽时期。该时期的人力资源管理称为人事管理，其特点是一切以工作或生产为中心，把人看成机器，忽视人性的存在，绝大多数的劳动者在强权的逼迫下被迫接受恶劣的工作条件与低廉的劳动报酬，对人的管理方式是以强权管理为主。这一管理方式在该阶段的后期才有所松动。

二、科学管理阶段（19世纪末至1920年）

科学管理的最根本假设是认为存在着一种最合理的方式来完成一项工作，这种最好的工作方式最有效率，速度最快，成本最低。为此，需要将工作分拆为最基本的机械元素并进行检验，然后再将它们以最有效的方式重新组合起来。在这一时期，被称为"科学管理之父"的泰罗（Frederick W. Taylor）倡导科学管理，他运用"时间—动作分析"的方法进行了大量的试验，提出了"劳动定额""工时定额""工作流程图""计件工资制"等一系列科学管理制度和方法，使劳动工具、操作方法、工作环境、原材料等实现标准化。他主张人事相宜，根据工作挑选工人，并对挑选出来的工人进行培训，凡是达到定额的工人按高工资率计算工资。"泰罗制"的推行，使美国当时的劳动生产率提高了3倍。以泰罗等人为代表的科学管理学派的兴起，也使管理学开始走向科学。随着对人在提高生产率方面的重要作用的研究，客观上促进了劳动关系的改善和劳资矛盾的缓和。为了改善劳资关系，一些工厂主开始给工人增加福利，如工厂设置澡堂和食堂，提供医疗保健服务，修建娱乐健身设施，甚至派福利代表到工人家中问寒问暖，提供营养和卫生方面的咨询。于是，工厂里出现了专门管理工人的工资、医疗保健、工作关系的部门，这就是人事管理部门。

在泰罗等倡导的科学管理运动和时间动作研究的基础上，美国的企业于第一次世界大战期间开始实行工作分析制度，1920年这一制度得到美国国家人事协会的正式肯定并开始推广。到20世纪20年代前后，人事管理的内容不断扩大和完备，"人事管理"一词开始流行起来。

该阶段的另外两个代表人物是法约尔（H. Fayol）和韦伯（M. Weber）。被称为"管理过程理论之父"的法约尔提出了管理的基本职能，即对人、财、物的计划、组织、指挥、协调、控制等，并提出了管理的"十四项原则"；被称为"组织理论之父"的韦伯则提出了理想的行政管理体制，它具有熟练的专业活动、明确的权责划分、严格的规章制度以及金字塔式的等级服从关系等特征，是一种系统的管理技术体系。

尽管泰罗、法约尔、韦伯等人的侧重点不同，但在以下几个方面却是一致的：①均认为员工是理性人，是只有经济需求的"经济人"；②组织是一个封闭的系统，个人也是一个独立封闭的系统；③由于员工是一个理性人，组织应有"理性的"规章制度来严格约束员工；④组织机构要层次化，组织的制度与组织中的时间及作业都必须科学化；⑤员工必须接受培训；⑥由于员工的"经济性""独立性"（封闭性），员工无社会心理的需求；⑦员工要与工作匹配；⑧对员工必须实行奖惩措施。

科学管理理论阶段，人被看作是只有经济需求的"经济人"，偏向于机械性方面的效率，忽视了人性价值的存在，这使得员工对工作产生不满情绪，激励效果不理想。

三、人际关系阶段（1920年至第二次世界大战）

美国心理学家和管理学家、哈佛大学教授梅奥（Elton Mayo）和他的助手于1927年到1932年在美国西屋电器公司的霍桑工厂进行了一系列的试验，结果发现人际关系的重要性，即人性的相互尊重、人与人之间的相互作用及其归属意识比原来人们想象的要重要得多。这就是著名的霍桑试验（Hawthorne Experiment）。

通过霍桑试验，梅奥等人发现，在组织这样一个社会性系统内，员工除了有经济利益的需求外，还存在对社交与友谊、信任与尊重等高层次的社会情感需要，员工不再是单纯的"经济人"，而是有更多社会需求的"社会人"，满足员工这些需要则可大大提高劳动生产率。泰罗等人认为组织是一个技术经济系统，而梅奥认为组织是一个社会系统，组织除了要提供员工满意的工作环境和条件外，还应当加强员工间、领导者与被领导者间的合作与交流，应当给予员工更多的关怀、尊重与温暖，这样才能提高员工的工作积极性。梅奥等人尤为强调的是，组织中的"非正式组织"的存在有利于员工间的合作与沟通，而组织的领导者的领导能力则表现在通过提高员工的满意度，激励员工的士气，从而达到提高劳动生产率的目的。

梅奥等人的研究成果成为人际关系学说的基础，梅奥在霍桑试验的基础上创立了人际关系学派。

四、行为科学阶段（第二次世界大战至 20 世纪 70 年代）

20 世纪 50 年代初，美国管理学界产生了一种新的学科——组织行为学。它是一门由社会心理学、工业心理学、社会学、文化人类学、经济学等综合而成的交叉学科，主要用来研究组织中人的行为规律，以激励员工，增强组织的竞争力。组织行为学是人际关系学派的延伸，它将人际关系学派的研究内容更加丰富化，研究了人的本性的复杂性，研究了在群体层面上的群内与群际的行为规律，进一步探讨了组织结构与文化、组织变革与发展等问题，逐渐形成行为科学学派。

行为科学阶段是人力资源管理思想长足发展的阶段。在该阶段，人力资源管理理论不断深化和发展。其主要代表人物与理论成果有马斯洛（Abraham H. Maslow）及其"人类需求层次论"、赫茨伯格（Frederick Herzberg）及其"激励因素—保健因素理论"、麦格雷戈（Douglas M. McGregor）及其"X 理论—Y 理论"、威廉·大内（William Ouchi）及其"Z 理论"等。

行为科学主张运用事实验证的科学方法来研究人的行为、社会现象和心理现象等。其主要方面有：①组织内外环境因素对人类行为的影响；②从开放系统的角度来考虑组织的人事管理；③从组织的整体行为来探索组织的人事管理；④重视薪资报酬制度的合理化；⑤强调工会的地位与作用；⑥激励组织中的员工参与管理；⑦强调对员工的培训与开发教育；⑧重视劳资之间或劳动者与管理者之间关系的协调与和谐。

行为科学时期以人际关系为出发点，对组织的人事管理进行全方位的开放式管理，全面革新旧的人事管理方式，使组织中的人事管理由对员工的监督制裁转到重点对员工的人性激发；由消极的惩罚到积极的激励；由独裁式的领导到民主式的管理与领导；由唯我一家之言到意见、信息的沟通；由权力控制到以德服人；由只重视对员工的索取性使用到培训与开发和使用相结合；由劳资或劳动者与管理者之间的对立关系到协调、和谐，以求人与事之间和人与人之间的最理想的协调。

五、人力资本管理阶段（20 世纪 70 年代以来）

20 世纪 70 年代以来，伴随着第三次技术革命的迅猛发展，人力资源管理的思想和方法也出现了新的飞跃。其一，人力资源管理中心不断转移，由以物为中心转向以人为中心；其二，人力资本理论成为人力资源管理的基础理论，并开始被全面应用到企业管理当中。这种飞跃的背景有：①20 世纪 50 年代末期由西奥多·W.

舒尔茨创立的人力资本理论，越来越多地被人们所认识和接受；②以计算机技术、现代通信革命为代表的信息科学，使世界经济全球化进入了前所未有的时代，企业实力的竞争就是科学技术的竞争、人才的竞争；③系统科学与管理学的结合，使人力资本经营战略在企业整体发展战略和企业管理中处于核心位置。所有这些变化，标志着人力资源管理从传统的人事管理阶段进入到人力资本管理阶段。这个阶段的主要特征有三个。

（一）组织文化成为重要的组织行为理念

组织文化是指一个组织在长期的生存发展中所形成的，为组织多数成员共同遵守的基本信念、价值标准和行为规范。组织文化以行为科学为基础。它认为，人既是自然人，又是社会人，要把每一个个体的行为变成一个组织的整体行为，就必须依据一定的组织方式，把每个人的行为限制在一定的组织范围内，以发挥其拥有的人力资本的积极作用。这样的组织方式就成为一个组织的文化。

（二）人力资本经营

知识经济是以知识为基础的经济，知识经济的主导因素是人才，而人才是进行了大量投资积累的人力资本。舒尔茨认为，人力资本的投资收益率远远高于物质资本的投资收益率，是一种高增值性资本。而人力资本经营就是为了实现人力资本价值增值而进行的市场投资和运作的活动，它可以使物质资本和人力资本得到最佳匹配，最大限度地释放人力资本的价值，挖掘人力资源的潜能。

（三）组织系统建设与人力资源管理的结合

人力资本管理理论认为，人力资本的运营是一个系统工程，它具有两大体系：一是把人力作为资本进行运作的体系；二是把人力资源作为生产要素进行管理的体系。两大体系下面又有相关的若干子系统，如组织结构系统、指标控制系统、计划配置系统、职位分析系统、评价与考核系统、培训教育系统等。各个系统之间相互联系、相互影响、相互作用，从而构成一个整合的人力资本运营体系。

第四节　现代人力资源开发与管理所面临的挑战

一、经济全球化的挑战

经济全球化指世界经济活动超越国界，通过对外贸易、资本流动、技术转移、提供服务、相互依存、相互联系而形成的全球范围的有机经济整体。经济全球化已是当今世界经济的重要特征之一，也是世界经济发展的重要趋势。

经济全球化加快了跨国公司的产生和发展，它们要面临不同的政体国体、风俗人情和法律法规，要协调不同国籍、不同文化背景和不同语言的员工一起工作，这对各类组织的文化、管理模式、管理方式提出了巨大挑战。因此，组织管理者和人力资源管理者必须运用全球化的思维，采取全球化的策略来解决遇到的问题，建立起一种新的组织模式和管理模式。对我国跨国经营的组织而言，如何在坚持原有的组织文化和组织制度的同时，尊重他国文化背景和价值观，让当地员工接受我国组织文化和制度，从而实现本土化，这对组织的人力资源管理工作是一个严峻的考验。面对经济全球化的挑战，我国组织必须运用全新的思维模式，建立起适应新环境、全球化的组织体制和组织结构，确立全球化的人力资源管理战略，以确保在经济全球化的过程中立于不败之地。

二、价值多元化的挑战

价值多元化指由于个人的出身背景、教育程度、宗教信仰和人生经历的不同，而持有各种各样不同的价值观念。经济全球化必然带来组织员工构成和价值观的多元化，这是经济全球化的必然结果，是大势所趋。不同的价值观会有不同的价值标准和价值追求，从而影响到员工在组织中的具体行为，导致管理上的复杂化，这对组织文化的建立和组织制度的执行形成了不可忽视的挑战。

价值多元化的出现是不可能通过人力资源管理招聘环节这一源头得到彻底解决的；同时，组织的长久发展在一定程度上需要不同价值观念员工的贡献。因此，这要求组织实行价值多元化的管理，通过培育组织文化、成立任务小组、实行部门重组、尊重员工自我价值等方式，引导员工的价值追求与组织的价值追求相匹配，从而获得共同发展。

三、人才市场化的挑战

在知识经济的大背景下，人才是核心竞争力。能够吸引到优秀人才的组织处在全球化的竞争中处于优势地位。对我国而言，社会主义市场化经济已经与全场化经济接轨，这意味着我国人才的流动更加自由，人才市场化已经不可避免，随着改革开放的深入和我国加入世界贸易组织，越来越多的国际企业到中国来抢夺优秀人才。而他们所提供的丰厚的物质待遇和健全的培训制度是我国绝大部分企业不能提供的、这就造成许多高级人才的流失，也造成一部分高端技术的流失。国内企业的人才争夺战也是逐年激烈，我国的人才流动越来越频繁，"跳槽"现象常态化，这导致企业的用人成本增加。因此，如何吸引人才、留住人才是我国人力资源管理面临的巨大挑战。

四、管理柔性化的挑战

管理柔性化指以人为中心，对员工的约束主要依靠人性解放、权利平等和自我管理等方式，从内心深处来激发每个员工的内在潜力、主动性和创造精神，提高员工的满意度和忠诚度，进而提高员工的绩效和组织的绩效。而与之相对的刚性管理则是依靠外力来约束员工，如规章制度等。随着知识型员工的出现和比重的增大，员工工作主动性、自我约束、创造性也得到逐步提高，组织结构逐步趋于扁平化，在这种情况下，传统的金字塔式的刚性管理不利于员工积极性和创造力的发挥，不利于组织的长远发展。为了调动员工工作的积极性，提高组织运作的效率和对市场响应的速度，人力资源管理方式正在由"刚性管理"向"柔性管理"转变。然而建立柔性化的管理方式对组织管理者、人力资源管理者和员工都提出了更高的要求，柔性化管理能使组织更加灵活、敏捷，但如何保证企业决策的顺利执行和企业目标的最终实现，如何保证在扁平化的组织结构中信息的有效沟通，都是对人力资源管理者理论与实践的一大挑战。

五、管理信息化的挑战

管理信息化是指通过对信息技术的应用，开发和使用组织的信息资源，提高管理水平、开发能力、经营水平的过程。目前，信息技术已经成为当今社会的新型生产力，它的高速发展和广泛应用使人类步入了真正的信息化时代。在人力资源管理工作中，信息技术能够支持招聘、培训、绩效管理、薪酬管理、劳动关系管理和组织文化等模块的建设，实现人力资源管理工作的全过程信息化。人力资源管理的信息化有利于减少管理层次，从而合理调整组织结构，有利于组织内外部信息传递的及时、高效，且可实现信息资源的全球共享，从而提高工作质量和工作效率。然而，信息技术在人力资源管理领域的应用，一方面，要相应地改变组织的结构；另一方面，需要组织对原有的行政制度安排和业务流程进行相应的调整，这些变动会引起部门间、岗位间职责的变化。

第二章 工作分析

开篇案例

职业挑战

小李是一家公司人力资源部的新主管。由于近年来公司发展迅速，人数也迅速增加，因此许多问题逐渐暴露出来。表现比较突出的问题就是岗位职责不清，有的事情没有人管，有的事情大家都在管，经常发生推诿扯皮的现象。现在公司使用的岗位职责说明仍然是几年前的版本，可实际情况已经发生了很大变化，根本就无法起到指导工作的作用。小李看到公司目前面临的问题，决定进行一次系统的人力资源管理诊断和设计工作。首先，小李设计一份六页纸的工作分析问卷发到了各个员工手中。其次，分析结果是让人惊讶的。操作工人与他们的主管对工作的描述相差很大。车间主管们认为工作职责是简单和常规的。但操作工人认为他们的工作是复杂的，并受到相关资源的限制。工人们还抱怨工作场所条件简陋，而且很不舒适。这种上下级的观点不一致很快成为主管和工人间公开矛盾的基础。最后，一个工人和主管发生了正面冲突，他认为主管在工作分析中没有说实话，侵害了工人的利益。

小李担心工作分析计划会完全失去控制。他觉得必须要做些什么，但每个人都对小李认为是必需的工作分析计划怒目而视。

像小李这样，懂得一些人力资源管理知识，但是又没有受过工作分析的专门培训的人力资源管理者，该如何制订工作分析计划呢？

第一节 工作分析概述

一、工作分析的概念及基本术语

（一）工作分析的概念

工作分析，简单一点来说，就是人力资源管理在短时间内，用于了解有关工作信息与情况的一种科学手段。具体一点来说，工作分析是分析者采用科学手段与方法，直接收集、比较、综合有关工作的信息，为组织特定的发展战略、组织规划，为人力资源管理以及其他管理行为服务的一种管理活动。工作分析的最终产出表现为工作说明书。工作分析的定义可以从三个方面进行理解。

第一，工作分析是一个过程。通过选用合适的方法，全面收集与工作相关的信息。

第二，这里的信息主要围绕两个方面：一是关于工作本身的描述（工作描述），包括职位名称、直属上级、工作职责、工作联系等方面的内容；二是关于任职资格方面的内容（工作规范），包括承担该项工作需要的学历、经验、知识、技能等方面的内容。

第三，工作分析的最终产出为职位说明书，采用书面的方式系统地表达出工作描述和工作规范的内容。

具体来说，工作分析需要从八个要素着手，掌握八个方面的信息，表述如下：

who：谁从事此项工作，责任人是谁，对人员的学历及文化程度、专业知识与技能、经验以及职业素质等资格要求。

what：做什么，即该项工作的工作内容是什么，需要承担哪些责任。

whom：为谁做，即客户是谁。这里的客户包括外部客户和内部客户。内部客户指组织内与从事该工作的人有直接关系的人员——上级、下属、同事、客户等。

why：为什么做，即从事该项工作的目的是什么。

when：该项工作的时间要求。

where：该项工作的地点、环境要求等。

how：如何从事该项工作，也就是工作的程序、规范等方面的内容。

how much：为该项工作需支付的费用、报酬等。

（二）基本术语

工作分析涉及的具体术语包括工作要素、任务、职责、职位、职类、职务和职业等。下面先对这些术语进行解释。

1. 工作要素

工作要素指工作中不可再继续分解的最小动作单位。如收发室工作人员签收信件时的签字动作等。

2. 任务

任务是指围绕一个具体目的而需要完成的工作。如打字员打印文件是一项任务，工人生产零件也是一项任务。

3. 职责

职责指个体在工作岗位上需要完成的一项或多项相互联系的任务的集合。例如办公室秘书的职责，包括收发资料和信件、接电话、接待来访者等。

4. 职位

职位，有时也称岗位，指某个工作周期内个人承担的一项或数项相互联系的职责的集合。例如零件加工工人在其工作岗位上可以有数项职责，加工零件，维护机器设备，配合临时工作，等等。需要指出的是，职位与从事该项工作的人员是一一对应的，有多少职位就有多少工作人员。

5. 职类

在企业内部根据工作内容、任职资格和对组织贡献的相似性而划分为同一组的职位。如企业通常会出现管理类、研发类、生产类、营销类等职位划分方式。

6. 职务

职务指组织内一系列在重要职责上具有相似性的职位的总称，相同职务完成工作所需要的条件也具有高度相似性。如经理这个职务，可以由财务经理、销售经理、人力资源经理等一系列的职位构成。职位与个人一一对应，但职务可以由一个或一个以上的职位组成。

7. 职业

职业指不同时间、不同组织中工作性质类似或职责相当的职位的集合。例如会计、教师、工程师等就是不同的职业。有时，职业会与行业混用。

二、工作分析的战略价值

（一）工作分析的意义

总的来说，工作分析的意义主要体现在以下五个方面。

（1）为人力资源管理各项功能决策提供依据。

（2）通过对人员能力、个性等条件的分析，达到"人尽其才"的效果。运用工作分析的结果可以在"合适的时候将合适的人放在合适的职位上"，避免"大材小用、小材大用"现象的发生。

（3）通过对工作职责、工作流程的分析，达到"才尽其责"的效果。个人在岗位上能够发挥最大的作用，避免人力资源的浪费，提高工作效率。

（4）通过对工作环境、工作设备的分析，使人与物相互配合、相互协调。个人能够得到完成工作必需的支持条件，而组织提供的条件也正好适合个人的工作要求。

（5）科学评估员工的绩效，有效地激励员工。

（二）工作分析的作用

工作分析是整个人力资源管理活动的基础，人力资源管理系统的其他环节都依赖于有效的工作分析。

1. 人力资源规划

工作分析能提高人力资源规划的有效性。无论什么组织，在其发展过程中必然因为组织战略的调整，外部环境与内部条件的变化而引起相应的业务、组织结构的变化。为了应对这些挑战，必须通过有效的人力资源规划来满足组织在适当的时候有足够而且合适的员工来完成组织的目标和任务。人力资源规划需要获得有关各类工作对人员数量和质量的要求，这类工作的实现必须通过工作分析来完成。

2. 员工招聘

工作分析对员工的招聘与配置具有指导作用。如果企业没有工作说明和工作规范对招聘员工工作进行指导，那将很难选拔和任用符合工作要求的合格人员。通过工作分析可以确定组织空缺职位所需承担的任务，确定招聘员工的选拔标准和方法，为组织招聘和配置员工提供客观依据。只有工作要求明确，才能保证工作安排准确。

3. 员工培训

工作分析使员工培训更为有效。工作分析可以明确从事某项工作应具备的身体素质、知识技能和心理条件。这些要求并非所有员工都可以满足的，需要不断对员工进行培训。通过工作分析，根据实际工作要求和员工的不同情况，有区别、有针对性地安排培训内容和方案，可以有效促进员工改善工作技能，提高工作效率。

4. 绩效管理

工作分析为绩效管理提供客观的参照标准。工作分析通过对组织在不同时期、不同背景下的情况进行分析，确定了各个工作岗位应该达到的标准，该标准可成为绩效管理的评定标准，有利于绩效管理的公平、公正、公开的开展和进行；否则，这种评价在很大程度上就会带有不公正性，进而影响到员工的工作积极性。

5. 薪酬管理

工作分析有助于构建合理的薪酬体系。工作分析可以明确各个工作岗位的职责要求以及了解任职者的知识技能、身体素质以及相应学历等，为构建合理的薪酬提供重要的依据，工作的职责、所要求的技能、教育水平、工作环境等因素将影响到该工作在组织中的相对重要程度以及组织对该项工作的评价，工作分析可以建立组织中各种工作的相对重要性的排序，并通过量化的形式来确定每个职位的报酬水平。

6. 职业生涯管理

工作分析能够促进员工的职业生涯发展。员工的职业生涯设计是把个人的能力和愿望与组织内已经存在的或将会出现的机会匹配起来。该过程要求负责职业生涯规划的人了解每种工作的技能要求，这样才能保证去帮助员工从事他们能够获得成功、得到满足的工作，工作分析可以提供所需要的这类信息。同时，工作分析及工作设计为员工在组织内的发展指明了合适的职业发展路径，以使员工在工作中的成就感得到满足，并且使员工获得知识、技能和能力的提升。

三、工作分析的原则

为了提高工作分析的科学性与合理性，在组织实施工作分析的过程中应遵循以下原则。

（一）目的原则

在工作分析中，要明确工作分析的目的。不同的目的决定工作分析的侧重点不同。如果工作分析是为了明确工作职责，则分析的重点在于工作范围、工作职能、工作任务的划分；如果其目的在于选聘人才，则分析的重点在于任职资料的界定；如果目的在于确立薪酬标准，则分析的重点在于工作责任、工作量、工作环境、工作条件等因素的界定。

（二）职位原则

工作分析应以职位为出发点，分析职位本身的内容、性质、关系、环境及人员胜任特征，而不是分析承担该职位的人员如何，这样才不会因为人员更替导致职责等内容的变化，影响组织目标的实现。

（三）参与原则

工作分析尽管由人力资源部门主持开展，但它需要各级管理人员与员工的积极参与，尤其需要高层管理者的重视，以及其他相关部门大力配合才能得以成功。

（四）经济原则

工作分析是一项非常费心、费力、费钱的事，它涉及组织的各个方面。因此应当根据进行工作分析的目的，本着经济的原则选择工作分析的方法。

（五）系统原则

每一个组织都是一个系统。因此在对组织某一岗位进行分析时，要注意该岗位与其他岗位的关系,从总体上把握该岗位的特征及对人员的要求。

(六) 动态原则

工作分析的结果不是一成不变的。要根据企业的战略意图、环境的变化、业务的调整,经常性地对工作分析的结果进行调整。

第二节 工作分析的方法与流程

一、工作分析的方法

工作分析的方法主要是指工作信息收集的方法。工作分析的内容取决于工作分析的目的与用途,不同的组织所进行的工作分析的侧重点会有所不同。因此,需要在工作分析的内容确定之后选择适当的分析方法去收集与工作相关的所有信息。一般来说,收集信息的基本方法包括资料分析法、现场观察法、面谈法、问卷调查法、关键事件法、功能性职务分析法等。每一种方法都有它的优缺点,因此要根据工作分析的目的与内容,本着经济的原则选择一种或几种适用的方法。

(一) 资料分析法

资料分析法,指通过对相关资料的审阅,了解每个工作的任务、责任、权利、工作负荷以及任职资格等,为进一步调查奠定基础。在采用资料分析法的时候,我们应确定需要收集哪方面的工作信息,然后查阅现有的相关资料和记录,对需要的信息进行认真提取和仔细分析。资料分析法所利用的资料包括组织结构图、职业分类大典、培训手册、组织政策和程序手册或者现有的岗位说明书等。资料分析法分析信息的成本低,可以提供有关岗位有用的信息,且相对容易收集,工作效率较高,是工作分析中一种经济有效的方法。但资料分析法不大可能提供完整的信息,在通常情况下都需要用其他方法对收集的数据加以补充,并且所审阅的材料可能是已经过时的和有限的信息。

(二) 现场观察法

所谓现场观察法,一般是由有经验的人,通过直接观察的方法,记录某一时期内的工作内容、形式和方法,并在此基础上分析有关的工作因素,达到分析目的的一种活动。这是工作分析中最简单的一种方法。通过现场观察,观察人可以对人员的工作过程进行观察，记录工作行为各方面的特点；了解工作中所使用的工具设备；了解工作程序、工作环境和体力消耗等内容。

观察的形式，有公开观察与隐蔽观察、他人观察与自我观察等形式。为了提高观察分析的效率，所有重要的工作内容与形式都要记录下来，而且应选择不同的工作者在不同的时间内进行观察。

一般来说，现场观察法主要适用于工作过程和工作结果比较简单又容易观察的工作。在实际应用中，一般适用于标准化、周期短，并且以体力活动为主的工作。在运用现场观察法时，观察者需要一份详细的观察提纲，这样观察才会全面、准确，见表2-1。

表2-1　工作分析观察提纲（部分）

被观察者姓名：　　　　　　日期：
观察者姓名：　　　　　　　观察时间：
工作类型：　　　　　　　　工作部分：
观察内容：
1. 什么时候开始正式工作_____
2. 上午工作多长时间_____
3. 上午休息几次_____
4. 第一次休息时间从_____到_____
5. 上午完成产品多少件_____
6. 平均多长时间完成一件产品_____
7. 与同事交谈约多长时间_____
8. 室内温度_____度
9. 上午喝了几次水_____
10. 什么时候开始午休_____
11. 搬了多少次原材料_____
12. 工作地点噪音分贝是多少_____

现场观察法也有一些固有的不足之处：它不适合用于以智力为主的工作，不适合于周期长、非标准化的工作，不适用于各种户外工作，也不适用于高、中级管理人员的工作，等等，因为这些工作的过程与结果都是不容易被观察到的。

此外，运用观察法需要注意一个现象，即"霍桑效应"。这个理论阐述了这样一个道理：一旦观察对象得知他们正处于被观察地位的时候，他们的工作表现会比平常要好，也就是说，当人们在感受到关注时会提高自身生产率。

一般来说，在运用观察法时需要注意以下几个原则。

（1）稳定原则：被观察者的工作应该相对稳定，即在一定的周期内，工作内容、程序、对工作人员的要求不会发生明显的变化。

（2）信任原则：尽量获得被观察者的信任。

（3）隐蔽原则：一般情况下观察者应尽可能不要引起被观察者的注意，有特定目的的情况除外。

（4）详尽原则：根据预先确定的目的和观察的内容，详细地记录所有观察到的资料。

（5）代表性原则：选择样本时注意样本的代表性。

（6）沟通原则：现场观察完毕之后与被观察者的直接主管沟通观察的结果。

（三）面谈法

对于许多工作，分析者不可能实际去做观察（如飞行员的工作），或者不可能去现场观察，或难以观察到（如建筑师的工作）。在这种情况下，就必须访问工作者，了解他们的工作内容，了解为什么这样做和怎样做，由此来获得工作分析的资料。

面谈法也称为访谈法，就是通过分析人员与任职人员面对面的谈话来收集工作信息的方法，可以采用一对一的面谈形式，也可以采用集体访谈的形式。

面谈法是工作分析中经常要用到的一种方法。从理论上来讲，任职者最清楚本职工作，通过面对面地交换信息，除了了解有关工作的一般信息外，分析人员还可以比较详细地了解有关任职者的工作态度、工作动机等深层次的内容，以运用到具体的管理实践中去。

面谈的主要内容涉及工作设置的目的、工作内容、工作性质与范围以及任职者所负的责任等方面。了解组织为什么要设置这样一项工作，根据什么来确立对这一工作的报酬；了解该职位对组织目标的贡献程度有多大；了解工作性质与范围，以及该工作在组织中的地位；了解工作所需的技术知识、管理知识、人际知识、需要解决的问题以及任职者的自主权等内容，这些都是面谈中的核心。

在面谈进行之前，需要确定面谈对象，面谈对象应该是熟悉该职位工作的人员。在实际操作中，可以查阅与整理有关工作职责的现有资料，在大致了解职位情况的基础上，访问这些职位的任职者，一起讨论工作的特点和要求。同时，也可以访问有关的管理者和从事相应培训工作的人员。

面谈法的优点在于对生理特征的分析非常有效，可以相对容易地直接从员工那里获得较为详细的信息，可以与任职者进行双向交流，对任职者的了解较为深入。面谈法还可以发现新的、未预料到的重要工作信息。

首先，面谈法最主要的问题是员工在回答问题时有可能会扭曲信息，这可能是被访谈者在无意中造成的，也可能是因为被访谈者有意制造某种歪曲的信息，这需要在面谈实践中避免这个问题。其次，面谈法耗时较多，成本较高。最后，面谈法对分析人员的要求较高，需要有一定经验和能力的人才能担当，分析人员素质的高低将对面谈结果产生重大影响。

由于访谈涉及的问题较多，为了避免遗漏，保证质量，最好事先拟定一分详细的访谈问题或访谈提纲，这样便于记录、归纳与比较。

面谈分析法对资料的收集或多或少依赖于调查问题的设计。因此，设计问题便成为一个工作分析者必须具备的一项技能。下面是一些关于问题设计的建议。

（1）你得保持设计问题的热情，直到你认为问题已经足够为止。

（2）根据有关的资料和先前的经验检测所设计的问题。

（3）只选择那些与所调查资料直接相关的问题。

（4）把问题按一定的逻辑顺序排列，把那些容易的但又必要的问题放在前面。

（5）修改不清楚及容易使被访问者有偏向的问题。

在进行面谈实践中，请注意以下一些基本技巧。

（1）事先清晰地说明面谈的目标和方法，即在面谈前，分析者应该对面谈什么、为什么要面谈和怎样面谈有一个很明晰的计划。

（2）在面谈前，确认面谈的问题会不会让回答者感到难堪、威胁或不舒服。

（3）控制面谈，使面谈指向一定的目标。下面是一些使面谈定向的准则：①帮助回答者根据问题的逻辑顺序去思考和交谈；②给回答者足够的时间回答问题；③提供阶段性总结，这样有利于保持谈话的主题。

（4）控制个人举止、行为等其他会影响面谈结果的因素。下面是与此有关的一些准则：①用清楚易懂的语言进行访谈；②不要与回答者发生争辩；③在所讨论的问题上不要显示出任何偏好；④在整个面谈过程中要有礼貌和谦恭。

（5）记下意外的重要信息，尤其是正式面谈计划中没有想到的或新的信息。

（四）问卷调查法

问卷调查法是由工作分析者设计出一套工作分析的问卷，把要收集的信息以问题的形式提出，由相关工作人员回答填写，再将问卷加以归纳、分析、整理，得到相关工作信息的分析。通常问卷的内容是工作分析人员编制的一些问题或陈述，这些问题或陈述涉及实际的行为和心理素质，要求被调查者对这些行为和心理素质在实际工作中的重要性和频次（经常性）按给定的方法作答。

从内容上划分，设计调查问卷可以从职位和人员两个角度考虑，其中职位定向问卷比较强调工作本身的内容、条件和产出，见表2-2，人员定向问卷则集中于了解工作人员的工作行为和任职资格等方面的内容。

表2—2　某公司某部门的工作分析描述表格

职　位　描　述	
1. 雇员姓名　　　2. 职位编号　　　3. 现行工资水平	
4. 职位描述的原因：□新职位　　　　□例行公事 　　　　　　　　　□现职位发生变化　□检查	
5. 工作地点	6. 部门名称_____ 　　职位名称_____
7. 在何部门、接受谁的指导 　　姓名_____名称_____	
8. 具体描述本岗位的工作有哪些，按所需时间的多少进行排列。要说明干什么，怎么干，使用哪些设备。用百分比说明每项任务花费的时间。如果本岗位的工作发生了变化，要注明何时、怎么发生变化的	
时间	任务
9. 上述各项任务持续了多长时间_____ 10. 列出所使用的机器和设备以及工作环境_____ 11. 进行管理所花费的时间百分比（培训员工、分配和检查工作）_____ 　　_____ 12. 下级人员数目_____ 13. 我保证上述岗位描述是我本人所写，并尽可能地详尽和准确 　　签名：_____　　　日期：_____	

从形式上划分，调查问卷的设计有开放式和封闭式两种。封闭式问卷也称结构性问卷。在开放式问卷中，员工可以自由回答所提的问题，比如，"请简要叙述你的主要工作任务"。而在结构性的问卷中，员工要从所列答案中选择其中最合适的答案。在工作分析的实践中，最好根据不同的调查目的，设计出界于这两种极端情形之间的问卷，既有结构性问题也有开放性问题。一般来说，如果工作分析的目的是用于薪酬设计，则可考虑多设计些结构化程度高的问题，便于定量评分。

在进行调查问卷设计时，应注意如下问题：第一，明确要收集哪些信息，将这些信息设计成问题或项目；第二，每个问题的目的要明确，语言应简洁易懂，必要时可附加说明；第三，问卷的问题应根据工作分析的目的加以调整。

问卷调查法的优点在于可以面面俱到，在短时间内收集尽可能多的工作信息；比较规范化、数量化，适合于用计算机对结果进行统计分析；可以收集到准确规范、含义清晰的工作信息；成本低，工作人员比较容易接受，可以随时安排调查。

问卷调查法的不足之处在于问题事先已经设定，调查难以深入；设计质量难以保证，工作信息的采集受问卷设计水平的影响较大；对任职人员的知识水平要求较高；不能面对面地交流信息，从而了解不到被调查对象的态度和动机等较深层次的信息；不易唤起被调查对象的兴趣；除非问卷很长，否则就不能获得足够的详细信息。

（五）关键事件法

关键事件法是指对实际工作中具有代表性的工作人员的工作行为进行描述的方法。所谓关键事件指在劳动过程中，给岗位工作任务造成显著影响（如成功与失败、盈利与亏损等）的事件。关键事件的记录应包括以下内容。

（1）导致该事件发生的背景、原因。
（2）职工有效的或多余的行为。
（3）关键行为的后果。
（4）职工控制上述后果的能力。

将上述各项详细记录以后，可以对这些数据资料做出分类，并归纳总结出该岗位的主要特征和具体要求。

采用关键事件法时，应注意：①调查的期限不宜过短；②关键事件的数量应足够说明问题，事件数目不能太少；③正反两方面的事件都要兼顾，不得偏颇。

关键事件法的优点：关键事件法被广泛用于人力资源管理的许多方面，例如甄选标准与培训需求的确定，尤其应用于绩效评估的行为锚定与行为观察中；由于对行为进行观察和测量，故而描述工作行为、建立行为标准更加准确，能更好地确定每一行为的作用。

其缺点在于收集与整理关键事件要花费大量的时间和精力，另外对中等绩效的员工关注不够。

二、工作分析的流程

工作分析是一项技术性很强的工作，需要做周密的准备，同时还需具有科学的、合理的操作程序。一般来说，整个工作分析分为以下几个阶段：工作分析准备阶段、工作分析组织实施阶段、工作分析运用阶段、工作分析反馈与调整阶段，如图 3-1 所示。

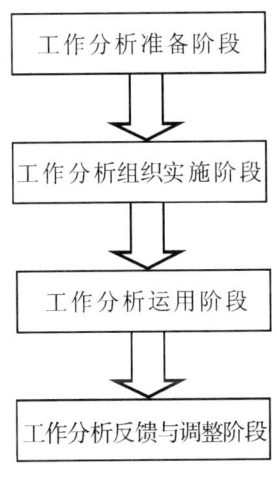

图 2-1　工作分析的流程

（一）工作分析准备阶段

在工作分析正式实施之前，有很多准备工作要做。主要有确定工作分析目的、组建工作分析小组并进行有关培训等相关工作。

1. 确定工作分析目的

工作分析的价值对于不同需求对象是不一样的。在企业管理过程中，解决不同的管理问题（如员工缺席率高、事故多、劳动生产率低、培训效果甚微、太多的牢骚等）所需要的信息及其组合各不相同。因此，在进行工作分析时，首先要明确目的，做到有的放矢。

工作分析的目的就是工作分析所获得信息的用途，直接决定了需要收集何种类型的信息，以及使用何种方法来收集这些信息。工作分析一般是为了达到以下目的：①对各种特定工作进行如实的描述，正确认识这些工作；②对工作进行设计或再设计，编制或修订工作说明书；③明确对工作的岗位任职者资格、素质的要求，制定招聘标准和招聘测试方案；④制定有关工作任职者的培训计划，提高培训的针对性和培训的效果；⑤明确工作任务、职责、权力及其与相关工作的关系，杜绝争权和推诿责任，实现协调合作；⑥进行工作比较，平衡薪资待遇，实现公平、公正；⑦工作绩效评价，提高评价的客观性、公正性等。

目的不同，所需要采集、处理的工作信息内容和工作分析的工作量不同，工作分析人员的选择不同，所需费用也不同。所以进行工作分析首先需要明确工作分析的目的。

2. 确定并培训工作分析小组

工作分析的顺利进行需要工作分析人员有较高的专业知识和技能，而工作分析人员的数量和专业知识、经验结构则视工作分析的目的、任务、工作量而定。企业在进行工作分析时，通常要选择工作分析人员并成立工作分析小组来对整个工作分析的过程和结果负责。工作分析是一个复杂的系统工程，它不是人力资源部门单独所能解决的，工作分析必须获得企业高层及各级管理人员的认可和支持。因此工作分析小组构成，除了工作分析人员之外，一般会有企业高层领导任组长，而且部分核心部门的负责人也会参与进来，以使工作分析在组织内获得最大限度的支持。

工作分析人员就是那些接受专门培训以系统地收集和分析工作信息的个体。工作分析人员通常都接受过一种或多种工作分析方法的正式培训。工作分析人员既可能是组织内部成员，也可能是从组织外部聘来的工作分析专家。当使用内部工作分析者时，他们通常来自人力资源部门或者其他相关部门，而外部工作分析者则往往是专业的咨询顾问。使用经过专门训练的、有能力的工作分析人员最主要的优点，就是由于他们所经受的专业训练，可以使他们比起那些完全没有经过正规训练的工作分析人员的分析结果更客观、有效和可信。

工作分析人员通常由三种类型人员组成：工作分析专家（咨询顾问）、主管和任职者。三种人员各有优点和缺点。工作分析专家在分析过程中的优点是最客观公正的，保持信息的一致性，在分析方法的选择上有专长；缺点是价格昂贵，而且他们可能会因对企业的情况缺乏了解而忽略工作中某些无形的方面。主管人员参加分析的优点是对所要分析的工作具有全面深入的了解，收集信息的速度也比较快；缺点是需要对他们进行工作分析的方法、技巧等方面的培训，而且工作分析需要占用他们大量的时间，从而影响他们的积极性，使分析的客观性没有保证。由任职者分析的优点是他们对工作最为熟悉，收集信息的速度也最快；缺点是所收集到的信息的标准化程度和职责的完整性较差，而且如果不是承担该类工作的所有员工都承担分析任务，那么就会引起那些被要求分析的员工的抵触。

正常情况下，在工作分析小组中至少需要一名工作分析专家，他应该具有良好的专业知识技能和相当丰富的工作分析经验，这是工作分析有效进行的基本保证。在工作分析小组组成之后，需要对他们（尤其是在工作分析过程中承担实际操作任务的成员）就如何进行工作分析进行培训。培训时，主要由专家对工作分析的意义、使用工具的特点进行讲解，对项目用语的标准含义、施测指导语、施测过程的引导和控制进行统一规定，回答成员的质疑，并对有歧义的地方进行讨论和确定。在培训过程中，应提供给每位分析人员有关操作的书面材料，此外还要组织他们实际分析一份他们熟悉的、与正式分析无关的工作，如足球运动员、舞蹈演员等，这样能够帮助工作分析人员更好地使用工作分析工具和处理分析过程中出现的各种问题。

(二) 工作分析组织实施阶段

1. 收集信息

完成第一阶段的准备工作之后，就要开始收集信息了。

(1) 选择信息来源：一般包括员工、主管、顾客、分析专家、词典、文献汇编等。选择信息来源时应该注意：①不同层次的信息提供者所提供的信息存在不同程度的差别；②分析人员应站在公正的角度听取不同的信息，不要存有偏见；③使用各种职业信息文件时，要结合实际，不可照搬照抄。

(2) 选择收集信息的方法。这由分析人员根据企业的实际需要灵活运用。收集信息的方法主要有观察法、访谈法，以及问卷调查法等，针对不同的工作内容，工作人员应该选取不同的方法。

(3) 确定收集信息的原则：需要任职人员就调查项目做出如实的填写或回答，信息要齐全、准确，不能残缺、模糊，当采用某一调查方法不能将工作信息收集齐全时，应及时用其他方法补充。

(4) 确定信息收集的内容：①工作活动信息：员工必须进行的与工作有关的活动有哪些，他们是如何来执行工作中所包括的每一项活动的，为什么要执行，何时执行；②工作中的行为信息：主要指感知、沟通、决策、撰写等方面的信息，包括工作中对任职者的体力要求，如需要消耗多少能量，走多远路途等；③工作中所使用的机器、工具、设备以及其他辅助工具信息：指工作生产加工的对象和材料，员工需要运用的知识、提供的服务等；④工作的绩效标准信息：包括工作的质量、数量，或工作的每一方面所耗费的时间等，主要确定用什么标准对担任这一工作的人进行评价；⑤工作背景信息：包括工作的物理环境、工作时间表、工作的组织形式和社会环境、经济激励和非经济激励等；⑥对工作人员的要求信息：指工作本身对任职者的知识或技能（包括教育水平、培训经历、工作经验等）和个人特征（包括才能、生理特征、人格品行、兴趣等）等方面的要求。

2. 分析阶段

这个阶段是核心。分析主要包括四个方面的内容。

(1) 工作名称分析包括对工作特征的分析与概括、名称的选择与表达。该名称必须明确，使人一看到工作名称就可以大致了解工作内容。

(2) 工作描述分析指对工作任务、工作责任、工作关系与工作强度等方面的分析。

(3) 工作环境分析包括对物理环境、安全环境与社会环境的分析。

物理环境包括室内、室外、湿度、温度、灰尘等，安全环境包括工作危险性、劳动安全卫生条件、易患的职业病、患病率及危害程度等，社会环境则包括与上下级之间的隶属关系以及协作关系等。

（4）工作规范分析是指对从事某项具体工作的员工需要必备的知识、经验、技能和心理素质的分析。一般包括工作知识、智力要求、熟练及精确度、经验、教育与训练、身体要求、工作胜任能力等方面。

工作分析的内容很多，分析人员可以视不同的目的，选择其必要的项目进行分析。

3. 形成工作分析产出

工作分析完成以后，还必须将获得的信息予以整理并写出报告。通常工作分析的结果以工作描述、工作规范、业绩指标、薪酬标准等书面形式来表示。

4. 工作分析中应注意的问题

在进行工作分析及工作说明书编写活动时，必须很好地处理下列一些问题，从而保证此项工作的顺利进行。

（1）管理层的支持。没有管理层的认同和支持，无法有效地完成工作分析及工作说明书的编写。组织的人事部门应协助管理层筹划建立政策和确定方向，并且将这个信息传递给整个组织，以获得一致的支持。有关的信息不需要包括详细的程序、表格或方法，但应包括：①此项活动的目的；②负责带领及管理活动的人、部门或小组；③完成活动的时间表；④如果遇到争执的局面或疑难问题，谁会负责解释及做最终决定（通常是由总经理做出最后决定）。

（2）管理层与下属的合作。组织不同层次的主管与下属一起直接参与工作说明书的编写活动。因为主管需要策划及分配每一直接下属的岗位职权和任务，并与人力资源部门合作完成各岗位的工作说明书。三者往往需要反复磋商，才能敲定一份说明书。

主管的具体工作就是将描写工作说明书的工作任务告之下属，要详细地向下属说明编写工作说明书的目的、方法、程序及说明书对个人、机构的影响。

组织应鼓励主管与下属进行沟通，达成彼此理解及愿意接受的说明书，因为以后个人工作表现的评估在很大程度上以工作说明书为依据，主管可选择以下途径完成描写职位说明书工作。

途径 A：给予下属指导后（必要时由人力资源部门负责人一起给予下属指导）由下属自己描写工作说明书。其后由管理者收集、与下属讨论、分析、修订，再由人力资源部门确认，呈交高层领导审核。

途径 B：主管自己负责描写所有直接下属的岗位，完成后与下属讨论，经修订同意后再由人力资源部门确认并呈交高层领导审核。

途径 A 可以让下属有被尊重的感觉，会产生较大的工作投入感及积极性。但主管则需要有极大的耐心，容忍他们的错误及花时间多次沟通给予指导，这种具有民主性及互相沟通的从属关系会令下属有完成自己所定工作目标的强烈责任感，对工作的开展有意想不到的好处。途径 B 的好处是较省时，但主管必须充分了解下属的工作性质、范畴及应有的表现，还要获得下属对所分派工作的认同，才可以在日后顺利开展工作。

无论组织采取哪种方法，人力资源部门主管需负以下责任，以保证工作说明书对组织的贡献。①协助有关的主管及其下属了解如何编写工作说明书；②跟进编写工作说明书的工作进度；③向最高管理层反映编写工作说明书过程中遇到的困难，同时提供解决方法的建议；④工作说明书系统建立后，确保人力资源部门会妥善存放每份说明书，而且会随组织或机构的改变更新换代。

要注意的是，一份工作说明书并不会随任职者的去留而改变，因为有关职位的性质及要求并无变更。人力资源部门仍会按照原来的要求，聘用新员工。

（三）工作分析运用阶段

此阶段是对工作分析的验证，只有通过实际的检验，工作分析才具有可行性和有效性，才能不断适应外部环境的变化，此阶段的工作主要有以下两部分。

（1）培训运用工作分析结果的人员。他们在很大程度上影响着工作分析结果运行的准确性、运行速度及费用，因此对他们进行培训可以增强管理活动的科学性和规范性。

（2）根据分析的结果制定各种具体的应用文件，比如职位说明书、薪酬制度、考核制度等。

（四）工作分析反馈与调整阶段

由于组织面临的情况总是在不断地变化，组织中的职位、职责也需要在适当的情况下进行调整，这势必会影响到先前所获得的各种工作分析成果的有效运用。因此，经过工作分析形成职位说明书等成果以后并非就一成不变了，对于职位说明书的管理，是一个动态的过程，贯穿于工作分析的始终。

分析人员在平时也应当时刻关注工作内容的最新变化与调整，收集相关的工作信息，特别是在组织结构调整或组织变革的时期，更是需要不断获取各种反馈意见，修正或更新工作说明书以及其他工作分析的成果。

第三节 工作分析产出

工作分析的直接产出是形成工作说明书,工作说明书包括工作描述和工作规范。

一、工作描述

(一) 工作描述的含义

工作描述是对各岗位的工作任务、工作职责和工作义务进行说明的文件。它表现为有关工作流程与行为的描述,反映该项工作区别于其他工作的信息,说明有关工作是什么、为什么做、怎样做、在哪里做等。

工作描述的主要功能是让员工了解工作概要,建立工作程序与工作标准,阐明工作任务、责任、职权,有助于员工的聘用、考核和培训等。

(二) 工作描述的主要内容

工作描述的主要内容包括工作识别、工作编号、工作概要、工作关系、工作职责、工作条件与工作环境等方面,见表2-3。

1. 工作识别

工作识别又称工作标识,其作用是将该工作与组织中的其他工作区分开,主要包括工作名称、工作地点等方面的内容。

2. 工作编号

工作编号又称岗位编号、工作代码。进行工作编号的目的是便于对工作进行查找。组织中的每一种工作都应有一个相应的代码,这些代码代表了工作的一些重要特征,如工资级别。

3. 工作概要

工作概要就是用简练的语言文字阐述工作的总体性质、中心任务和要达到的工作目标。

4. 工作关系

工作关系指任职者与组织内部其他人员之间的关系。工作关系主要包括:所属工作部门、直接上级岗位、直接下级岗位、此工作可晋升与平调的岗位等。可见,工作关系不仅表示了组织中的权力关系,而且也是员工职业发展的重要指针,包括员工可能的晋升路线。

5. 工作职责

工作职责包括工作的职能与责任，是工作描述的主体。与工作概要相比，它提供的是关于工作职责的描述，包括工作的所有主要职责及要求。一般说来，工作职责应逐条指明工作的主要职责、工作任务、工作权限等。

6. 工作条件与工作环境

对工作条件与工作环境的分析一般应包括工作场所、工作环境的危险性、职业病、工作时间、工作均衡度、工作环境的舒适度等内容。

表 2-3　工作描述所包括的内容

工作的基本资料	名称、副名称、代码、级别、工资等级、地点、报告关系
工作任务概要	对任务、工作目的、产品或服务的简练而完整的陈述
工具	机器、工具、设备、工作求助
材料	原材料、货物、物质、数据以及工作中的其他材料
技术和方法	将投入转换为产出的方法
指导和控制	有关产出的数量和质量，运用的方式方法，员工行为及结果的模式
任务/行为	对所做工作的描述，包括员工与数据，以及那些对他完成工作有指导作用的规定之间的关系
环境	工作中的物理、心理和情感因素，雇佣条件和状况，与其他工作之间的联系
补充信息	没有包含在以上各项中，但对于实现操作目标、限定工作条件来说是必不可少的细节

二、工作规范

（一）工作规范的含义

工作规范，又称为任职资格说明书，它是工作分析结果的一个组成部分，主要说明从事某项特定工作的人员需要具备的基本素质和条件，它规定了完成工作所需要的最低要求。由于工作规范对任职者的个人特征做出了详细说明，因而对组织进行人员招聘和员工培训等方面的工作具有重要的指导作用。

（二）工作规范的主要内容

工作规范的内容主要包括四个方面：①一般条件，如性别，年龄、学历、专业等；②生理素质，如健康状况，运动的灵活性，感官的灵敏度等；③心理素质，如领导能力，组织计划能力，判断分析能力，团队精神，创造性，事业心等；④工作经验与必要技能，如工作经验，业务培训，外语要求等。表2-4是某房地产公司为招聘销售经理编写的工作规范。

表2-4 某房地产公司销售经理的工作规范

职位名称	销售经理	
任职条件	必备条件	理想条件
性别	男女不限	男性
年龄	30—45岁	30—40岁
学历与专业	大学本科以上学历 房地产经营/市场营销/工商管理	硕士研究生以上学历 房地产经营/市场营销/MBA
工作经验	5年以上销售经验	5年以上房地产销售经验
基本素质	领导能力，组织计划能力，判断分析能力，团队精神，创造性，事业心，责任心	
其他要求	身体健康、英语六级以上	

三、工作说明书的科学编制

在编制工作说明书的时候，需要注意以下几个方面。

1. 获得最高管理层的支持

管理层领导对工作分析和工作说明书的意义的认同和支持对有效完成工作及编写工作说明书具有决定性作用。

2. 员工的参与和配合

企业在编写工作说明书时，各部门的主管以及员工应该积极参加人力资源部组织的相关工作，人力资源部也应做好充分的准备工作，向员工宣传制定工作说明书的意义。

3. 工作说明书应该清楚明确、具体且简单

在界定工作时，应尽量使用简明的词语来描述工作的目的和范围、责任权限的程度和类型、技能的要求等。另外，文字措辞方式应保持一致，文字叙述应简洁清晰。

4. 建立动态更新制度

管理者必须随组织机构的变化及时修订工作说明书。如果组织机构改变了，而工作说明书仍是原来的一套，其作用就不能发挥出来。久而久之，工作重叠、职责混淆、管理分配不平衡的问题就会出现，相应的工作效率缺乏、员工缺乏积极性、利润下降等现象亦会相继产生。

第四节 工作设计

一、工作设计的概念

通过工作分析形成的工作说明书，对组织岗位的工作要求和任职资格进行了规定，保证了组织工作的职责分明和协调配合，但过细过严的职责描述会限制员工在工作中的自主性和创造力，同时，组织面临的岗位职责变化、人员结构调整、外部环境变化等问题，使得原有的工作安排不一定继续成为一种有效的工作完成方式。因此，为了有效地达成组织目标与满足员工的个人需要，组织根据内外环境变化、组织发展阶段、组织目标等因素对工作任务进行重新组合，设计成符合员工特点的职位，以提升组织绩效，这个过程就是工作设计。工作设计是工作分析的延续，工作设计关注组织绩效和员工工作满意度的结合。良好的工作设计要兼顾组织效率、组织弹性、员工工作有效性、员工激励与职业发展的需要。

二、工作设计的内容

工作设计涉及工作系统的各个方面，所包含的内容包括工作任务、工作职能、工作关系、工作标准与业绩、人员特征、工作环境等。具体来说，工作设计的主要内容包括七个方面。

（一）工作任务

要考虑工作是简单重复的还是复杂多样的，工作要求的自主性程度怎样，以及工作的整体性如何。

（二）工作职能

工作职能指每项工作的基本要求和方法，包括工作责任、工作权限、工作方法以及协作要求。

（三）工作关系

工作关系指个人在工作中所发生的人与人之间的联系，谁是他的上级，谁是他的下级，他应与哪些人进行信息沟通等。

（四）工作结果

工作结果主要指工作的成绩与效果，包括工作绩效与工作者的反应。工作绩效指对工作任务完成所达到的数量、质量和效率等具体指标；工作者的反应指工作者对工作的满意程度、出勤率和离职率等。

（五）对工作结果的反馈

对工作结果的反馈主要指工作本身的直接反馈（如能否在工作中体验到自己的工作成果）和来自别人对所做工作的间接反馈（如能否及时得到同级、上级、下属人员的反馈意见）。

（六）人员特征

人员特征主要包括对人员的需要、兴趣、能力、个性方面的了解，以及相应工作对人的特性要求等。

（七）工作环境

工作环境主要包括工作活动所处的环境特点、最佳环境条件及环境安排等。一个好的工作设计可以减少单调重复性工作的不良效应，充分调动劳动者的工作积极性，也有利于建立整体性的工作系统。

三、工作设计的一般步骤

为了提高工作设计的效果，在进行工作设计时应按以下几个步骤进行。

（一）需求分析

工作设计的第一步就是对原有工作状况进行调查诊断，以决定是否应进行工作设计，应着重在哪些方面进行改进。一般来说，出现员工工作满意度下降和积极性较低、工作情绪消沉等情况，都需要进行工作设计。

（二）可行性分析

在确定要进行工作设计后，还应进行可行性分析。首先应考虑该项工作是否能够通过工作设计改善工作特征；从经济效益、社会效益看，是否值得投资。其次应该考虑员工是否具备从事新工作的心理与技能准备，如有必要，可先进行相应的培训学习。

（三）评估工作特征

在可行性分析基础之上，正式成立工作设计小组负责工作设计，小组成员应包括工作设计专家、管理人员和一线员工，由工作设计小组负责调查、诊断和评估原有工作的基本特征，进行分析比较，提出需要改进的方面。

（四）制定工作设计方案

根据工作调查和评估的结果，由工作设计小组提出可供选择的工作设计方案。工作设计方案中包括工作特征的改进对策以及新工作体系的工作职责、工作规程与工作方式等方面的内容。在确定方案后，可选择适当部门与人员进行试点，检验结果。

（五）评价与推广

根据试点情况对工作设计的效果进行评价。评价主要集中于三个方面：员工的态度和反应、员工的工作绩效、企业的投资成本和效益。如果工作设计效果良好，应及时在同类型工作中进行推广应用，在更大范围内进行工作设计。

四、工作设计的方法

（一）工作专业化

虽然工作过于专业化，会使员工们感到厌烦，造成工作效率下降，但工作专业化原则仍继续指导着许多工作设计，如生产工人仍然在装配线上从事简单、重复的工作；办公室职员坐在计算机前执行标准化的任务；甚至护士、会计及其他职业人员也发现，他们的许多任务都只要求从事狭窄的专业化活动。

（二）工作轮换

工作轮换就是把员工从一个岗位换到另一个岗位，从而减轻员工对工作的厌烦感。

工作轮换的优点在于以下几点。

首先，通过丰富员工工作的内容，减少员工的枯燥感，激发员工的工作积极性，提升员工的自身竞争力。

其次，它可以为员工提供一个个体行为适应总体工作的适宜环境，增加员工对自己的最终成果的认识。

再次，这种方法能够扩大员工的技能范围，这样，管理人员在安排工作、填补职位空缺时，就具有很大的灵活性。

当然，工作轮换也存在一些不足之处。

首先，工作轮换会使培训费用上升。因为要使员工在不同于以前的岗位上继续保持同样甚至更好的效率是需要对其进行多方面培训和教育的。

其次，当员工在原先的岗位上工作效率已经很高时，如果这时将其轮换到另一个工作岗位，势必会影响到组织的现有生产力。

最后，当员工的工作环境改变以后，他就需要更新适应，调整和适应自己与周围人的关系，这需要管理人员付出更多的精力来处理这些来自人际关系方面的问题。

（三）工作扩大化

增加员工工作任务的横向多样性的另一种早期努力是工作扩大化。这一方案使工作范围增大，也就是增加了一个岗位所完成的任务数目，减少了工作循环重复频率。工作扩大化通过增加一个员工所执行的工作数目，在一定程度上也实现了工作的多样性。

工作扩大化导致高效率，是因为不必把产品从一个人手中传给另一个人而节约了时间，从而提高了员工的工作效率。

（四）工作丰富化

工作丰富化就是增加工作的深度。这意味着，工作丰富化允许员工参与对他们的工作的指导和再设计，如他们被获准承担一些通常由他们的主管人员完成的任务。工作丰富化后应当允许工人们以更大的自主权、独立性和责任感从事一项完整的活动，而且还应该能提供反馈，以便工作者可以评价和改进自己的工作绩效。

美国花旗银行在工作丰富化方面有一些成效。花旗银行发现，在后方办公室处理公司的所有金融交易的员工出现了严重的工作延误和难以接受的高失误率，问题的根源被认定为该领域的工作设计不合理。为使每个人能一再重复地完成一项单一的常规任务，工作被分割得很细。花旗银行的管理当局对这项工作所服务的客户类型进行了工作丰富化设计，任务被组合起来，给予每个员工一项完整地对特定产品领域的一小组顾客进行文件处理和客户服务的任务。在新设计的工作中，员工直接与顾客接触了解有关情况，并负责采取措施予以解决。结果这一工作丰富化方案不仅改善了工作质量，提高了工作效率，也使员工的积极性和满足感得到提高。

花旗银行的例子并不能作为证明工作丰富化具有各方面优点的证据，该证据只是说明工作丰富化有助于减少旷工，降低离职流动成本，但在工作效率这一关键问题上其证据并不具有说服力。在有些场合，工作丰富化提高了生产率；而在另一些场合，工作丰富化却使生产率下降了。

（五）其他工作设计方法

此外，还有一些其他的工作设计方法，如建立工作团队，压缩工作周期，实行弹性工作制、工作分享制等。

第三章 人力资源战略与规划

开篇案例

一个人力资源经理的困惑

刘艺梅是新调任的集团人力资源部经理，此前她一直在市场部任职，尽管在这家以城市燃气供应为主业的企业集团已经工作了8年，但她对整个集团的人力资源管理却知之甚少。

刘艺梅面对桌上那一大堆文件、报表，有点不知所措：我到底应该从哪里开始呢？原来副总经理李力夫要求她在10天内拟出一份本公司五年人力资源规划，以便公司在未来五年能够更好地发展，突破现有的公司发展瓶颈，实现公司的中期战略目标。

其实刘艺梅已经把这份任务仔细看过好几遍了。她觉得要编制好这个计划，必须考虑下列各项关键因素：

首先，是本公司现状。集团是一家以城市燃气供应为主业的企业集团，总资产39亿元，拥有分布在国内10多个省市的共计28个全资、控股公司（以下合称为燃气公司），是国内目前规模最大的城市燃气公司之一。截至2005年元月，集团共拥有员工3700余人，其中生产与维修工人2779人，行政和文秘类职员427人，基层与中层管理干部175人，工程技术人员153人，销售员241人。

其次，据集团部门统计，近5年来职工的平均离职率为5.2%，不同类别的职工的离职率并不一样，生产工人离职率高达7.8%，而技术和管理干部则只有2.6%。再则，按照既定的扩产计划，行政和文秘类职员和销售员要新增15%~20%，工程技术人员要增加7%~8%，中、基层干部不增也不减，而生产与维修的蓝领工人要增加6%。

最后，集团人力资源工作中也存在一些问题：人力资源配置没有与经营目标挂钩，企业人员数量控制滞后；在燃气公司定编问题上，由于过于依赖个人经验，缺乏成熟的定编技术，造成人员编制膨胀；人力资源管理信息化系统的开发没有着眼于应用，不能充分掌握人力资源供给状况。

刘艺梅还有7天就得交出规划,其中得包括各类干部和职工的人数及从外界招收的各类人员的人数。此外,集团决策层基于对环境的认识、凭借自身运作经验和管理模式,将企业目标确定为做国内最大的城市燃气公司,为实现这一目标设计了以兼并收购为主题的扩张战略。刘艺梅还得提出一项应变计划以应付这种快速增长战略。

刘艺梅应当怎样来编制他们公司的五年人力资源规划呢?

资料来源:改编自《中国人力资源开发》2006年第7期

随着经济全球化和以知识为基础的产业的发展,人力资源开始在组织的竞争中扮演着越来越重要的角色。组织面临的人力资源管理已经不再是事务性的、操作层面的,而需要提升到战略的高度来对待。因此需要对人力资源的各项活动进行规划。

第一节 人力资源战略概述

一、人力资源战略的概念

(一)人力资源战略的定义

长期以来,管理学界对于人力资源战略的定义还没有统一的界定。美国人力资源管理学者舒勒和沃克(Schuler & Walker,1990)认为,人力资源战略是"程序和活动的集合,它通过人力资源部门和直线管理部门的努力来实现企业的战略目标,并以此来提高企业目前和未来的绩效及维持企业竞争优势"。库克(Cook,1992)则认为,人力资源战略指员工发展决策以及对员工具有重要的和长期影响的决策,它表明了企业人力资源管理的指导思想和发展方向,而这些指导思想和发展方向又给企业的人力资源计划和发展提供了基础。企业人力资源战略是根据企业战略来制定的。科迈斯和麦吉阿(Comez & Mejia,1998)等人则把人力资源战略定义为:企业慎重地使用人力资源,帮助企业获取和维持其竞争优势,它是组织所采用的一个计划或方法,并通过员工的有效活动来实现组织的目标。国内学者李佑颐认为:"人力资源战略是根据企业战略来制定人力资源管理计划和方法,并通过人力资源管理活动来实现企业的战略目标。"盖勇在《人力资源战略与组织结构设计》一书中指出:"所谓人力资源战略就是指企业根据内部、外部的环境分析,确立企业目标,从而制定出企业的人力资源管理目标,从而通过各种人力资源管理职能活动来实现企业目标和人力资源目标以及维持和创造企业的可持续发展竞争优势的过程。"

虽然学者们对人力资源战略的定义有差异,但都认为人力资源战略(human resource strategy)是一种职能战略,通常情况下,它与营销战略、竞争战略等一样,从属于组织战略,并支持和服务于组织战略的实现。人力资源战略指组织中一切与人有关问题的方向性的谋划,它是一种旨在充分合理地运用组织中的各种人力资源,使其发挥出最大竞争优势,以配合组织的战略需求,实现组织目标的各种人力资源使用模式和活动综合。

（二）人力资源战略的特征

人力资源战略与一般性的人力资源管理有着较大的不同,它具有以下一些特征。

1. 总括性

人力资源战略提出总体方向,包括各种方案或者活动的计划,涉及多种职能,常常时限会超过一年。

2. 指导性

人力资源战略提出实现组织战略的行动计划的焦点。行动计划包括多种必要的活动以及方案,而且每一种活动及方案都有具体的任务和时限。

3. 民主性

人力资源战略与其他组织中的战略一样,通常也要经过自上而下或者自下而上的方式来制定。

二、人力资源战略的因素分析

（一）外部环境

环境指某一事物赖以生存和发展的各种外部条件或因素。人力资源存在于特定的环境中,人力资源战略与所处的环境因素之间是相互促进和相互制约的。与人力资源战略相关的外部环境因素主要包括:政治法律环境、社会文化环境、经济环境、科学技术环境、人口环境、组织所处的行业环境等。

1. 政治法律环境

政治法律环境指一个国家或地区的政治制度、体制、国家方针政策以及法律、法规等方面的因素。这些因素制约、影响着组织的发展。政治因素主要针对国家的方针、政策，它对组织的生存与发展有着深远的影响。比如，我国规定达到一定学术成就的人员，可以将户口迁移到发达的城市，并给予优厚的待遇。法律因素指中央和地方的法规和有关规定，其中与经济法律法规的关系更为密切。经济法律法规是为调整经济活动中的法律关系、发展社会生产力服务的。它规定了组织可以做什么，不可以做什么。例如，20世纪90年代在西方国家中兴起的民权运动，就迫使政府制定了一系列的反对种族、性别、年龄等歧视的平等民权法案，极大地影响了企业的录用、选拔、晋升等人力资源管理活动。在美国，有法律明确规定企业中残疾雇员所占的比例，这在一定程度上保障了残疾人的权益，但对组织中组织结构的设计也产生了一定的影响，在设计工作岗位的时候也要将这些因素考虑在内。再如，随着我国社会的发展和法制的不断完善，劳动保护的相关法律越来越健全，组织不能再盲目地追求产出、效益，而要给员工提供相应的劳动保护措施，这就要求培训的时候不仅要对员工的技能进行培训，对于他们的自我保护能力也需要进行培训。

2. 社会文化环境

社会文化环境指一个国家或地区的居民受教育程度和文化水平、宗教信仰、风俗习惯、审美观点、价值观念等。这些环境是经过千百年逐渐形成的，它影响和制约着人们的观念和思维，影响着人们的行为。其中，教育程度和文明水平会直接影响劳动者的基本素质；宗教信仰和风俗习惯、禁忌会抵制某些活动的进行，这对组织的人力资源管理有特殊的要求；审美观点则会影响劳动者对组织活动内容、活动方式以及活动成果的态度；价值观念会影响到劳动者对组织目标、组织活动以及组织本身的认可与否，也会影响组织文化的形成。例如，美国文化受新教伦理的影响，同时强调一种人定胜天的精神，于是在早期汽车生产中就形成了大批量的生产方式。而同期的日本，推崇天人合一的精神，在其汽车生产中就形成了精益求精的生产方式。

3. 经济环境

经济环境是影响组织，特别是影响经济组织的重要的环境因素。经济环境又可分为宏观经济环境和微观经济环境，我们在这里主要讨论宏观经济环境方面。宏观经济环境主要指一个国家的人口数量及其增长趋势、国民收入、国民生产总值及其变化情况以及通过这些指标能够反映的国民经济发展水平和发展速度的整体特征。它主要包括经济特征、消费者收入与支出、物价水平、消费信贷及居民储蓄等因素。经济的繁荣为组织的发展提供了机会，使组织对人才的需求以及招聘计划、新员工培训计划等有所强化；而经济的衰退则会给组织的生存带来困难，人力资源战略就需要处理好精简人员的工作。随着我国经济产业结构的调整，我国的就业和职业模式将会产生极大的改变。目前我国大量的就业岗位已由制造业和农业部门转向服务业和电信部门，这使得许多大厂商减少员工数量，而第三产业却需要大量的人员。

4. 科学技术环境

科学技术环境是一个极活跃的因素。它对人力资源战略的影响是多重的：①组织机械化和自动化的提高使劳动变得单调，一线的员工容易产生疲倦和感到枯燥，从而影响其工作效率。为了避免这些，组织需要采用岗位轮换、技术考评、激励等多种方式提高工作丰富化程度；②知识经济时代的到来，电脑网络化的普及使得知识的更新换代越来越快，组织中人员的技能和知识结构逐渐老化，需要持续地、不断地更新；③科技进步进一步加深了组织对掌握先进科学知识的人力资源的依赖。

5. 人口环境

人口环境指人口的数量、质量和结构，劳动力的供需状况及其趋势，经济发展速度与劳动力供需间的关系，政府和组织对劳动力素质的投入等。人口环境从人力资源供给的角度对人力资源战略带来了巨大的影响，尤其是人员招聘和培训开发等环节。

6. 行业环境

行业环境的特点直接影响着组织的竞争能力。美国学者波特认为，影响行业内竞争结构及其强度的主要有现有厂商、潜在的参与竞争者、替代品制造商、原材料供应商以及产品用户五种环境因素。人力资源战略在设计的时候也需要考虑行业中其他成员所采用的人力资源战略并以此作为本组织制定人力资源战略的参考依据。尤其竞争对手对优秀人员的激励政策等，值得参考和借鉴。

（二）内部环境

组织的内部环境也会对人力资源战略产生很大的影响。而组织内部影响人力资源战略的因素有以下几种。

1. 组织结构

组织结构指组织内部各级各类职务、职位的权责范围、联系方式和分工协作关系的整体框架。它是组织得以运转，开展经营管理的体制基础。组织结构是随着生产力和科学技术的进步而不断变化的，组织结构的变化会影响到人力资源战略的变化，而一个适合组织的组织结构也需要相应的人力资源战略的支持和配合。

2. 现有组织的人力资源状况

组织现有的人力资源是人力资源战略的基础，也是将来发展的起点。组织目标的实现需要有充足的相匹配的人力资源。因此，需要对组织现有的人力资源状况进行全面的了解，如人力资源数量、人力资源质量、人力资源分布、人力资源的利用状况等，并建立相关的档案来进行管理。

3. 组织战略

组织战略是组织发展的目标，组织在制定战略的时候需要将组织的人力资源状况考虑在内，而人力资源战略是为组织目标的实现提供支持，配合整体战略的实现。因此可以把组织特定的战略目标看作是影响人力资源战略实践的一个重要的内部因素。比如说，一个组织的总体目标是追求不断的创新，而另一个组织的总体战略是追求成本领先，那么他们的人力资源战略就大不相同了。追求创新的组织需要有一个宽松的工作环境，为促进技术的发展，需要招聘到一流的研发人员，并且需要时刻关心人员的培训和开发。同时，还要为留住优秀的人员而考虑如何去设计他们的薪酬方案。对于追求成本领先的组织来说，控制人员相关的投资才是他们最重要的工作。

4. 组织文化

组织文化是组织在一定社会经济文化背景下，逐步形成和发展起来的日趋稳定的价值观、企业精神、行为规范、道德准则、生活信念、传统习惯等。组织文化在组织的日常管理中起着激励员工不断进取的作用；凝聚、促进全体成员团结、信任的向心力；价值观起到规范的作用，促使人们会在实践中自觉地符合组织的目标；由于文化是长时间形成的，因而它深入到组织的每一个部门，会在较长时间内对成员的思想感情和行为产生影响。因此在制定人力资源战略的时候需要对组织文化进行分析。

5. 组织的其他部门

组织的运作需要组织中部门与部门之间的良好配合，一个部门的产出可能是另一个部门的投入。人力资源部门与组织的其他部门之间都有着紧密的联系，如果想要使工作进行得更有效，人力资源部门就需要加强与其他部门的配合。同时人力资源战略的实施不仅针对人力资源部门，也针对整个组织。因此在制定人力资源战略的时候必须对组织内的其他部门进行分析研究。

第二节 人力资源规划概述

人力资源规划是人力资源战略的重要组成部分，是人力资源管理各项具体活动的起点和依据，它直接影响着人力资源战略实施的有效程度。

一、人力资源规划的概念和类型

（一）人力资源规划的含义

人力资源规划（Human Resource Planning，HRP），又称人力资源计划，指根据组织的战略目标和内外环境的变化，科学地分析和预测未来组织的人力资源的需求和供给状况，并据此制定必要的政策和措施来平衡人力资源的供需。

理解人力资源规划的含义，必须把握以下几个要点。

1. 人力资源规划必须以组织发展战略为基础

人力资源管理是组织经营管理系统中的一个子系统，要为组织经营发展提供人力资源支持。因此，人力资源规划必须以组织的最高战略为依据。科学的人力资源规划有利于战略目标和经营规划的制定，能够促进战略目标和经营规划的顺利实现。

2. 组织的人力资源规划要适应内外环境的变化

没有变化就不需要计划。正是因为组织的环境在不断地发生变化，导致人力资源的需求和供给也在不断地变化之中。人力资源规划就是要对组织人力资源供需的动态变化进行科学的预测和分析，确保人力资源的供需能够动态平衡。

3. 人力资源规划的主要工作是制定必要的人力资源供需平衡的政策和措施

对人力资源供需的预测是制定人力资源措施的基础和依据。只有制订正确、清晰、有效的人力资源规划，组织对人力资源的需求才有可能实现。预测是分析问题和条件的过程，制定政策和措施才是解决问题的过程。

4. 人力资源规划对组织人力资源供给和需求的预测包括数量和质量两个方面进行

组织对人力资源的需求，数量只是一个方面，更重要的是质量，即供给和需求不仅要在数量上平衡，而且还要在结构上匹配。

（二）人力资源规划的种类

人力资源规划按照不同的分类标准可以分成不同类别。

1. 按照规划的时间来看，人力资源规划可以分为三种：长期人力资源规划、中期人力资源规划、短期人力资源规划

长期人力资源规划一般为3年以上的规划，中期人力资源规划为2~3年的规划，短期人力资源规划指1年或1年以内的规划。计划期长短和环境不确定性的大小的影响因素之间的配合关系见表3-1。

表 3-1　不确定性与计划期的长度

短期计划：不确定/不稳定	中、长期计划：确定/稳定
组织面临众多竞争者 快速变化的社会、经济环境 不稳定的产品、劳务需求 政治法律环境经常变化 组织规模小 管理水平低	组织居于强有力的市场竞争地位 社会经济、政治、技术等环境变化是渐进的 强大的管理信息系统 稳定的产品、服务需求 管理水平先进

处于高度竞争市场中的组织的人力资源规划周期不宜太长，因为环境的变化使得规划的准确性较差，规划的指导作用难以体现。而在环境比较稳定的市场中的组织则可以拟订长期的人力资源规划。

2. 按照规划的范围来看，人力资源规划可以分为总体规划和各项业务规划

各项业务规划包括：岗位职务规划、人员配置规划、人员补充规划、教育培训规划、薪酬激励规划、职业生涯规划等。

3. 按照规划的性质来看，人力资源规划可以分为战略性人力资源规划和战术性人力资源规划

战略性人力资源规划具有全局性和长远性，常常是人力资源战略的表现形式，包括对企业外部环境的分析，根据组织的战略目标，预测未来组织对人力资源的需求，估计远期组织内部人力资源状况，协调需求与供给。战术性人力资源规划一般是具体的、短期的、具有专门针对性的业务计划，它包括对组织人力资源需求与供给量的预测，包括组织现有员工的数量、素质情况、需求数量预测、内外部供给情况，确定净需求量。

二、人力资源规划的内容

组织的人力资源规划按照影响的范围，分为两个层次：总体规划和各项业务规划。人力资源总体规划指在计划期间内人力资源管理的总目标、总原则、总政策、总体的实施步骤和总体预算安排，它是连接人力资源战略和人力资源具体行动的纽带。各项业务规划是总体规划的展开和具体化，每一项计划都由目标、任务、政策、步骤、预算等部分构成。各项业务的计划应该能保证人力资源总体规划的实现。

（一）总体规划的工作内容

总体规划工作的内容包括以下方面。

（1）分析与评价组织人力资源的供需现状，进行组织人力资源供需的静态平衡

工作。

（2）根据组织的发展战略和环境变化的趋势，预测组织人力资源供需关系，进行组织人力资源的动态平衡工作。

（3）规划组织人力资源管理程序，包括人员的补充、使用、培训等活动的具体目标、任务、政策、步骤和预算。

（4）保持组织人力资源管理专项业务规划的内在平衡，并确保人力资源总体规划与其他专项规划的相互衔接。

（5）有关人力资源规划效益的内容，如降低成本、创造最好的效益，改变劳动力队伍数量、质量、结构，辅助招聘、培训等其他人力资源政策的实施等内容。

（二）各项业务规划

1. 岗位职务规划

该规划主要包括组织的结构设计、职位设置、职位描述和任职资格等内容，目的是解决组织定岗定编的问题。组织要根据自己的近远期目标、劳动生产率、技术设备工艺要求等状况，确立相应的组织机构、工作标准与规范，进而制订定岗定编的计划。

2. 人员配置规划

该规划主要包括组织中每个职务的人员数量、职务变化以及职务人员空缺等内容，具体由以下几项组成。

（1）人力分配规划。依据各级组织机构、岗位职务的专业分工来配置所需的人员，包括人员工种分配、管理人员职务调配及工作调换等内容。

（2）晋升规划。根据组织的需要和人员分布状况，制定员工的提升方案。对于组织来说，要尽量使人和职务达到最大限度的匹配，这对于调动员工积极性和提高人力资源利用率也是非常重要的。晋升不仅对员工能产生极大的激励效应，也可以使得组织获得更大的收益。

晋升规划一般用晋升条件、晋升比率、晋升时间等指标表示，见表3－2。

表3－2 某组织某一级别的晋升条件

年资	1	2	3	4	5	6	7	8	9	10
晋升比率%	0	0	0	25	35	54	65	0	0	0

表3－2显示，某一级别向上一级晋升的最低年资为4年。第4年的晋升率为25%，第5年为35%，第6年为54%，第7年为65%，其他年资都难有晋升的机会。

组织的晋升机会是分类制定的，每一类都可以用指标清楚地表示出来。组织中不同类别的晋升指标及指标的调整，会对员工的心理产生较大的影响。所以组织的晋升规划需要慎重制定，否则会影响员工的士气。

（3）调配规划。确定组织内人员的职位分配，通过组织内人员有计划的流动来实现。这个计划的作用是，当组织要求某职务的人员同时具备其他职务经验的时候，就可以有计划的流动，培养高素质的复合人才；当工作负荷不均的时候，通过调整工作量来进行调整。

（4）退休解聘规划。为了解决人员冗余问题，要建立组织内部的退出机制。该规划可以降低劳务成本，提高劳动生产率，调动员工的积极性，同时保持组织的竞争优势。

3. 人员补充规划

人员补充规划是组织根据运行的情况，对组织可能产生的空缺职位进行弥补的计划，为的是促进人力资源数量、质量的改进，是组织吸收员工的依据。一般情况下，人员补充规划是和人员晋升规划密切相连的，因为晋升规划会造成组织内的职位空缺逐级地向下转移，最后积累到较低层次的人员需求上来。然而，较高的职位有时候也会出现空缺，也需要在外部劳动力市场上获得。所以，组织需要具备长远的观点来制定人员补充计划。

4. 教育培训规划

教育培训规划的目的是通过内部的努力为组织发展准备所需人才，是为了更好地使人与工作相适应。教育培训规划包括两个方面：对内挑选现有员工，加强对员工进行专业知识和工作技能培训；对外积极猎取社会上稀缺但组织发展急需的人才。该规划需要与晋升规划、调配规划以及职业生涯规划紧密地联系在一起。这些规划之间的互动，使培训的目的性更强，能够调动员工参加培训的积极性，提高培训的效果。

5. 薪酬激励规划

薪酬激励规划对组织来说，一方面，是为了确保组织人工成本与组织经营状况保持恰当的比例关系；另一方面，是为了减少人才流动，提高员工士气，改进员工工作绩效。薪资总额取决于组织内员工不同的分布状况和工作绩效。组织通过薪资激励规划，可以预测组织未来的薪资总额，确定未来时期内的激励政策，如激励方式的选择、激励政策倾斜的重点等，以此来调动员工的积极性。因此该规划需要制定工资政策、激励政策和福利政策等。

6. 职业生涯规划

职业生涯规划有两个层次：个人层次的职业生涯规划和组织层次的职业生涯规划。个人职业生涯规划是个人为自己设计的成长、发展和不断追求满意的计划；而组织层次的职业生涯规划则指组织为了不断增强其成员的满意感并使其与组织的发展需要相一致,制订有关协调组织成员个人的成长发展与组织的需求发展相结合的计划。可见职业生涯规划对个人和组织来讲都非常重要。特别是对有发展前途的员工,组织更要设法将其留下,使其成为组织的财富。这就需要为其设计符合他们发展的计划。

三、人力资源规划的程序

组织的人力资源规划可以分为四个步骤,资料收集阶段、人力资源规划的分析阶段、人力资源规划的制订阶段、人力资源规划的实施和评估阶段,如图 3-1 所示。

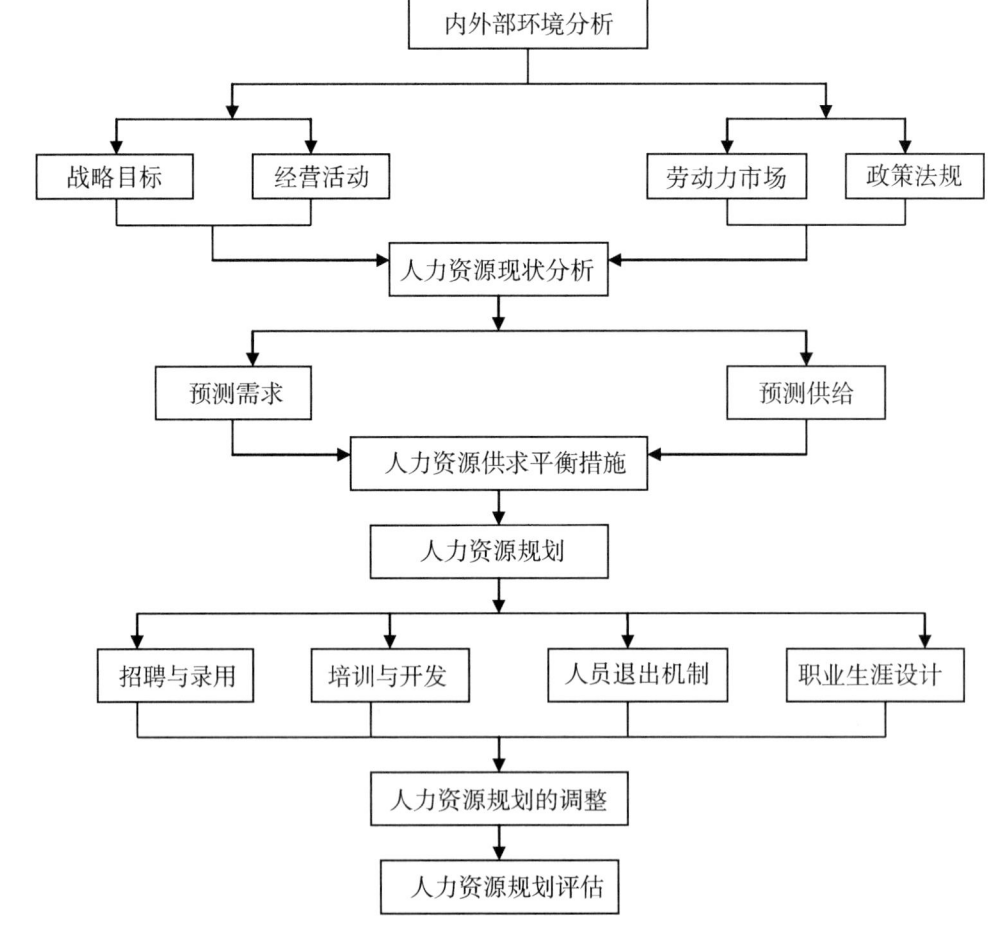

图 3-1 人力资源规划流程图

(一) 资料收集阶段

制订人力资源规划需要大量支撑材料,这是后续分析阶段的前提。资料收集阶段需要收集组织内部和外部的各种有关的信息。组织外部信息主要包括:政府的政策法规、宏观经济发展趋势、相关技术的发展、本行业的发展前景、主要竞争对手的动向、劳动力市场相关人才的供需状况等。组织内部信息主要包括:组织战略、各项经营活动、产品的市场占有率、人力资源战略、组织中人员流动的状况、员工的素质、人力资源的成本及其变动趋势、岗位需求的变化等。

(二) 人力资源规划的分析阶段

1. 对组织内外部环境进行分析

在资料收集的基础上,需要对所收集的资料进行分析。在有些组织中人力资源部门会直接参与组织战略目标的制定;而另一些组织中,人力资源部门并没有参与制定组织战略目标,因此他们需要获取准确、具体的战略目标,以及由战略目标分解后形成的各个战略子目标,各关键部门的战略目标。通过对这些战略目标的分析或参考相关资料来确定组织的业务规划和各项经营活动。同时要对外部劳动力市场的供给状况和竞争对手的人力资源政策进行了解以便做出对策。这为后面进行供求分析提供了依据和保障,也是整个人力资源规划成功的关键。

2. 分析组织现有人力资源状况

在分析了组织内外部环境后,紧接着是确定组织现有人力资源状况,对现有人力资源状况进行分析。在分析的时候,对于各个部门、各个职位、各个层次的人员状况都要进行细致的分析,找出他们的优势和劣势。

(三) 人力资源规划的制订阶段

这一阶段,人力资源规划主要包括以下程序。

1. 预测组织人力资源需求

在分析所收集的人力资源信息的基础上,需要采用定性与定量相结合,以定量为基础的各种统计方法和预测模型,对组织未来的人力资源状况进行预测。在进行人力资源需求预测的时候,需要对组织所需要的人力资源,包括人力资源的数量、质量和结构三个方面进行预测。预测的目的是为了算出在规划期内各类人力资源的余缺情况,即希望得到"净需求"的相关数据。因此,我们需要知道为了达到组织战略目标需要多少数量的员工,在年龄、专业、经验、教育程度等方面组织需要什么样的人力资源,组织现有关键岗位与人员是否匹配。同时还需要详细的了解现有组织和将来组织需要的职位信息,以及任职者所必需的技能、职责和绩效评价标准。另外，职位在整个组织结构中的作用也需要关注。

2. 预测人力资源供给

人力资源的供给预测包括两个方面：一是内部人员拥有量的预测；二是外部供给量的预测。对于内部人员拥有量的预测需要首先对组织内部现有人员的状况进行详细的了解，包括现有人员的数量、技能、职责以及薪酬或工资水平等。在了解这些的基础上还需要考虑人员的变动情况，包括员工的辞职和退休情况，以及人力资源培训和开发方面的情况。而对于外部供给量的预测则先要估算从劳动力市场上获得一定数量和质量的人员成本，这种估算是需要建立在人力资源工资的整体变动趋势上的。组织在进行人力资源预测时，一般会把重点放在内部人员拥有量的预测上。

3. 制定人力资源供求平衡政策

在组织员工未来供给和需求预测的基础上，对组织在人力资源数量、质量和结构的预测结果和组织同期内的状况进行比较分析，可计算出人力资源净需求。计算出的结果一般有三种情况：①当净需求为正时，即人力资源供不应求，这时组织需要招聘新员工、加班、培训、晋升、外包、工作再设计等；②当净需求为负时，即人力资源供大于求，这时组织需要减少临时工数量、实行工作分担制、提前退休、甚至解雇等；③当净需求为零时，即人力资源供求相等，在这种情况下，组织不需要采取重大的人力资源调整，但还是要考虑组织人力资源的结构是否合理。

4. 制订人力资源各项规划

根据组织战略目标、人力资源战略目标以及所确定的人力资源净需求情况制订人力资源规划。针对不同的供需预测结果，需要制订不同的人力资源总体规划和各项业务规划，包括岗位职务规划、人员配置规划、人员补充规划、教育培训规划、薪酬激励规划和职业生涯规划。

（四）人力资源规划的实施与评估阶段

该阶段作为人力资源规划的实施操作过程，需要注意协调好各部门、各环节之间的关系。在实施人力资源规划的同时，如果在实施过程中发现问题要及时记录下来，并根据情况做出适当的调整，还需要进行定期和不定期的评估与审核。对人力资源规划做出评估的原因有以下几点。

（1）通过人力资源规划的评估和审核，可以对人力资源规划的执行形成一定的压力，防止规划的实施流于形式。

（2）在评估和审核的过程中，可以广泛地听取组织内员工对人力资源管理工作的意见和建议，有利于人力资源规划内容的不断完善。

（3）人力资源规划是一个持续的动态过程，需要根据组织的内外部环境的变化进行不断的调整。因此需要对人力资源规划进行适当的修正，以确保规划的可操作性和滚动发展的衔接。

人力资源规划的评估主要是对整个人力资源规划的有效性进行评估。这是为了了解组织的目标是否已经达到，如果没有达到预期目标，那问题出在哪里，原因是什么，应该采取什么样的措施才能真正实现目标，初期制定的目标是否合理。评估的方法可以采用目标对照审核法，即以原定目标为标准进行逐项的评估审核，还可以通过广泛收集相关数据分析的方法，如收集在某一段时间内组织人员的流动状况，员工的生产积极性、满意程度等。为了保证评估结果公正，进行评估审核的人员可以是规划制订者的上级或同级，但不能是规划执行者本人或其下属。

第三节 人力资源预测和平衡

人力资源预测是人力资源规划工作的重点，随着科学技术的发展，当代人力资源规划的预测方法也越来越多，内容涉及各种定性和定量方法，这对人力资源规划人员也提出了更高的要求。

一、人力资源需求的预测

人力资源需求预测指人力资源主管根据组织的战略目标、人力资源规划和工作任务，在综合考虑各种因素的影响后，对组织将来人力资源的数量、质量、结构和时间进行预测的活动。

（一）影响组织人力资源需求的因素

在进行人力资源需求预测的时候，以下几个影响因素是需要考虑的。

1. 组织外部环境因素

影响组织人力资源需求预测的外部因素有社会、政治、法律、经济、技术革新和外部竞争对手等。社会、政治、法律因素比较容易预测，但是对于组织的影响较小；经济因素，如组织未来的发展趋势、社会经济发展状况等，这些都对组织人力资源需求的影响较大，但其可预测性却较弱；技术革新对组织人力资源需求的影响较大，比如机械化的普及，极大地提高了劳动生产率，使得组织对一般性、低层次的操作型员工的需求锐减，而对高层次的技术性操作人员的需求量快速地增加；组织外部竞争对手的易变性致使社会对组织产品或服务需求发生变化，这也使得人力资源需求发生相应的变化。

2. 组织内部环境因素

影响人力资源需求预测的内部因素中最重要的是组织的战略目标。首先，组织的战略目标决定了组织的发展状况，也决定了组织新产品的开发和试制以及产品的覆盖率等。其次，组织产品或服务的销售预测以及组织的预算对人力资源需求也有直接的影响。当销售预测增加的时候，需要增加相关的人员数量，而如果组织的预算在本年度减少，则对于人力资源相关的活动也将相应减少。再次，组织结构的变化也会带来人力资源需求量的变化，尤其当组织增加新的分公司的时候，组织人员的数量和结构将有大的变化。最后，组织的人力资源需求还与劳动定额的先进与合理程度有关。

3. 人力资源本身的因素

组织现有人力资源状况对人力资源需求预测也有重要的影响。比如组织中退休、辞职人员的数量，合同期满后终止合同的人员数量，死亡、休假、外出培训人数等都直接影响到人力资源近期需求的预测。

(二) 确定人力资源需求的程序

组织人力资源需求预测分为现有人力资源需求、未来人力资源需求和未来流失人力资源预测三部分。

1. 现有人力资源需求预测

该阶段人力资源部门的人员需要根据职务分析的结果来确定职务编制和相关的人员配置；再进行人力资源盘点，统计出人员缺编、超编以及是否符合职务资格要求等；最后将上面统计的结果与部门主管进行讨论，修正统计结果，得出的数据就是现有人力资源需求。

2. 未来人力资源需求预测

该阶段需要根据组织的战略目标和发展规划，制定出各部门的工作量。然后根据工作量的变化情况，确定各部门还需要增减的职务和人数，并进行汇总统计。这样统计出的结果就是未来人力资源需求。

3. 未来流失人力资源预测

该阶段首先是对预测期内组织中人员的退休状况进行统计。根据历史数据，对未来一段时间内可能发生的离职情况进行预测，然后将统计和预测结果进行汇总，得出未来流失人力资源预测。

将现有人力资源需求、未来人力资源需求和未来流失人力资源的相关数据进行汇总，就可以得出组织整体人力资源需求预测。

组织整体人力资源需求＝现有人力资源需求＋未来人力资源需求－未来流失人力资源

（三）人力资源需求的预测方法

在考虑了上述因素后，可以采取下面的这几种方法对人力资源需求进行预测。

1. 德尔斐法（Delphi）

德尔斐法是 20 世纪 40 年代末在美国兰德公司的"思想库"中发展出来的一种定性预测技术。德尔斐法一般采用问卷的方式，以书面的形式收集各位专家对组织未来人力资源需求量以及相关因素的分析和评估，并经过多轮反复，最终达成一致意见，因此这种方法也称为专家评估法。

德尔斐法中的专家既可以是外请的，也可以是组织内部的有丰富经验的管理人员或技术人员。德尔斐法的具体过程可以分为四个工作步骤。

（1）预测筹划工作。包括确定预测目标和课题，规定预测要求，选择几名熟悉本课题的专家组成专家小组，并将所需预测的内容编写成若干简明扼要的问题，以问卷的形式列出。

（2）首轮预测工作。将问卷和相关的背景资料一起寄给所选择的专家小组，请各位专家在匿名的方式下独自做出预测。

（3）反复预测工作。对各专家的预测结果进行归纳、汇总和统计分析，最后形成第一次预测结果，并将结果再次反馈给每位专家，请他们修改自己的预测，再将修改后的意见寄回，如此反复进行几轮。

（4）表述预测结果。经过几轮的预测后，把最后一轮的预测结果进行整理和分析，以文字或图表的形式表示出来。

德尔斐法可以有效地避免专家之间由于名誉和地位而造成的对他人的影响，因此能充分表达专家本人的意见，结果较为客观，操作比较简单。另外它不需要专家们面对面地坐在一起，这样就可以使不同地方的专家共同参与到一个课题中来。不过这个方法的不足之处在于费时，如果想要迅速做出决策，这种方法很不适用。这个方法的难点在于问题的提出和专家的回答要有信度和效度。因此，要使得该方法行之有效，应该注意以下几点。

（1）专家人数一般最好不要少于 30 人，问卷的返回率应不低于 60%，以保证调查的权威性和广泛性。

（2）问题应该清楚明确，不要含糊其词，能够量化的地方尽量量化。

（3）问题应该简单精练，与预测内容无关的问题最好不要问。

（4）选择的专家一定是熟悉和精通这一领域的专业人员。

（5）要给专家提供丰富而翔实的资料，帮助他们做出正确的判断。

（6）一定要认真做好归纳分析工作，尽量使用专业术语，使结果尽量精确。

2. 经验判断法

经验判断法是一种主观预测的方法，即管理人员凭借自己多年的经验，根据组织过去几年中人力资源需求状况和自己认为未来一段时间可能发生的变化，来对组织的人员需求进行评估和预测。经验预测法是建立在启发式决策基础之上的。这种决策的基本假设是：人力资源的需求与某些因素的变化之间存在着某种关系。就一般情况而言，组织在未来一段时间内可能发生变化的因素有以下几点。

（1）组织决定进入新的市场或者决定提高产品质量或服务质量，或者组织决定进行新产品的研发。

（2）随着知识经济的到来，技术变革和管理变革给组织带来的变化。

（3）如何获得新的财力资源。由于这种方法主观性较强，所以预测结果的准确性难以得到保证。

3. 趋势预测法（trend analysis）

趋势预测法是根据组织中过去若干年的人事记录，找出过去若干年的员工数量的变动趋势，并绘制趋势曲线，加以修正，从而对组织未来整体或各部门的人员需求状况做出预测。该方法的步骤为：①选择一个对人力资源需求影响比较大的变量（如销售额）；②分析该变量与所需员工之间的关系，而这种比率形成一种劳动生产率指标（如销售额/人）；③计算过去至少5年时间内该指标值，求出平均值；④用平均劳动生产率去除目标年份的变量，就可以得出该目标年份的人员需求预测值。这种预测方法比较简单，易于操作。但是这种方法要求组织人力资源变动的趋势在过去和未来能保持一致。但是这一假设是很难实现的，因为影响人力资源需求的因素总是处于不断变化的状态中。所以仅仅由这种方法来预测组织的人力资源需求量难以保证准确性。

4. 回归预测法（regression analysis）

回归预测法是一种定量预测技术。这种方法是通过建立人力资源需求量及其影响因素之间的函数关系，根据影响因素的变化来推测人力资源需求量的变化。回归预测法有一元的，也有多元的；有线性的，也有非线性的。回归预测法有以下四个步骤。

（1）选取与组织员工需求量相关的组织因素，所确定的因素应与组织的基本特性直接相关。如，对于生产性组织来说，可以是产量；对于销售性企业来说，可以是销售额。同时，这些因素的变化与组织需求量之间必须成比例。

（2）找出在过去的几年中所确定的因素与组织人员数量之间的关系，如生产性组织中员工的数量与产量的关系，销售型组织中员工数量与销售额之间的关系，等等。

（3）根据资料算出过去每年的劳动生产率，分析平均的生产变化和组织因素的变化，确定劳动生产率的变动趋势。

(4) 根据收集的数据分析影响变化的因素，预测未来员工的需要量。

5. 比率分析法（ratio analysis）

比率分析法是根据某种可变指标与所需人员数之间的比例关系进行预测的方法。比例的大小通常来源于本组织的历史数据或本行业的经验数据以及国家颁布的行业标准。与趋势预测法相同，比率分析法也有很多假设条件，因此，当现有产品价格下降、劳动生产率提高或广告费用增加的时候，该方法就需要适当的调整。

6. 散点分析法（scatter plot）

散点分析法借助于散点图，就是把组织经济活动中的某种变量与人数之间的关系和变化趋势表示出来，如果二者之间存在相关关系，则可根据未来组织业务活动量来估计预测相关人员的需求量。

7. 计算机预测法

这是一种利用计算机系统来预测组织人力资源需求量的方法。人力资源专家和直线管理人员将所需要的信息综合在一起，建立起一套人员需求的计算机化预测系统。该方法是所有方法中最复杂也是最精确的一种，但是目前还没有得到大家公认，还没有被广泛地运用于人力资源需求的预测中。

二、人力资源供给预测

人力资源供给预测，指对组织未来一段时期中内、外各类人力资源的补充情况进行预测的过程。

（一）影响人力资源供给的因素

影响人力资源供给的因素可以分为两大类：地区性因素和全国性因素。

地区性因素具体包括组织所在地区的科技文化教育水平，组织所在地区的人力资源供给状况，组织所在地区的就业水平、就业观念，组织所在地区和邻近地区的人口密度，组织所在地区对人们的吸引力，组织所在地区的交通、住房、生活条件，组织本身对人们的吸引力，竞争对手劳动力的需求状况。

全国性因素包括全国劳动人口的增长趋势，全国对各类人员的需求程度，各类学校的毕业生规模与结构，教育制度变革所产生的影响，国家就业法规、政策的影响。

组织人力资源供给的来源主要有两个方面，组织内部和组织外部，与此相对应的组织人力资源供给预测也包括两个方面：组织内部人力资源供给预测和组织外部人力资源供给预测。

（二）组织内部人力资源供给预测

组织目前的人力资源状况是组织满足未来人力资源新需求的基础，是人力资源供给的内部来源。内部人力资源供给是组织人力资源供给的主要部分，而组织在进行人力资源预测的时候也往往是从组织内部供给预测开始的。在进行组织内部人力资源供给的时候，需要考虑以下一些因素：组织内部人员的自然流失，如退休、死亡等；人员离职，如辞职、解聘等；人员内部流动，如晋升、降职、平调等。在进行组织内部人力资源供给预测时，需要详细地评估组织内部现有人力资源的状况和他们的运动模式，即离职率、调动率和升迁率。

人力资源内部供给预测的常用方法有三种。

1. 管理者继任模型

管理者继任模型是预测管理者内部供给最简单的方法，国外的许多组织，如通用汽车等都采用了这种预测方法。制定这一模型的过程有以下几方面。

（1）根据组织未来几年中可能出现的各层次、各部门管理岗位的空缺，确定一份组织中各层次、各部门管理岗位的继任计划。

（2）按照组织图绘制出管理人员的关系图；每个管理岗位确定1~3名继任的候选人，通常从下一层级现任的管理人员中挑选。

（3）评价选择出来的候选人，主要是判断其目前的工作情况是否能达到提升后的要求，可以根据评价的结果将候选人的能力进行分等，例如分成可以马上接任、尚需进一步培训、问题较多三个级别。

（4）确定职业发展需要以及将个人的职业目标与组织的目标相结合，即组织需要根据评价的结果对候选人进行必要的培训，使其能更快地胜任将来可能从事的工作，但这种安排应尽可能与候选人的目标相结合。

（5）当某管理岗位出现空缺时，由具备晋升条件的继任候选人替补。

（6）统计最终岗位空缺数。

为了清楚起见，可以将上述接续计划在组织结构图上表示出来。

2. 马尔可夫法（Markov）

马尔可夫法是通过预测组织内部人员转移来预测内部人员供给的方法，它根据组织以往各类人员之间流动比率的概率来推断未来各类人员数量的分布。这个方法在理论上很复杂，但其应用方法却比较简单。该方法的前提是：组织内部人员的转移是有规律的，而且其转移的概率有一定的规律，如果根据过去的历史数据能够掌握各类人员之间的转移比率（称为移动率），则可以根据马尔可夫法来推断未来人员的分布。

下面我们以一个会计公司的人事变动为例来加以说明，见表3-3（A）、表3-

3（B）。分析的第一步是做一个人员变动矩阵表，表中的每一个元素表示一个时期到另一个时期（如从某一年到下一年）在两个工作之间调动的雇员数量的历年平均百分比（以小数表示）。一般以 5~10 年为周期来评估年平均百分比。周期越长，根据过去人员变动所推测出来的未来人员的变动也会越准确。

例如，表 3-3（A）表示，在任何一年里，平均 80% 的高层领导人仍留在公司内，而有 20% 退出。在任何一年里，大约有 65% 的会计员仍留在原工作岗位，15% 被提升为高级会计师，另有 20% 离职。用这些历年数据来代表每一种工作中人员变动的概率，就可以预测出未来的人员变动（供给量）情况，将计划初期每一种工作的人员数量与每一种工作的人员变动概率相乘，然后纵向相加，即可以得到组织内部未来劳动力的净供给量，见表 3-3（B）。

再看表 3-3（B），如果组织下一年与上一年相同，可以预计下一年将有相同数量的高层领导人（60 人），以及同样数目的高级会计师（120 人），但中层领导人将减少 18 人，会计员将减少 56 人。这些人员变动的数据，与正常的人员扩大、减少或不变的计划相结合，就可以用来决策怎样使预计的劳动力供给与需求相匹配。

表 3-3（A） 某公司人力资源供给情况的马尔可夫分析

	人员调动的概率				
	E	M	S	Y	离职
高层领导（E）	0.80				0.20
中层领导（M）	0.10	0.70			0.20
高级会计师（S）		0.05	0.80	0.05	0.10
会计员（Y）			0.15	0.65	0.20

表 3-3（B） 某公司人力资源供给情况的马尔可夫分析

	初期人员数量	E	M	S	Y	离职
高层领导（E）	60	48				12
中层领导（M）	80	8	56			16
高级会计师（S）	120		6	96	6	12
会计员（Y）	160			24	104	32
预计的人员供给量		56	62	120	110	72

3. 档案资料分析

通过对组织内人员的档案资料进行分析，也可以预测组织内人力资源的供给情况。档案中一般包括了年龄、性别、工作经历、受教育经历、技能等方面的资料，更完整的档案还包括员工参加过的培训课程、本人的职业兴趣、对换岗的态度、业绩评估记录（包括对员工各方面成绩的评价、优点和缺点的评语）、发明创造以及发表的学术论文或获得专利情况等信息资料。这些资料对组织的人力资源管理作用非常之大，可以用于确定培训人员的需求、制订职业生涯规划、制定工资奖励、晋升、工作分配等。过去人们对这些资料的利用效率非常低，但随着计算机的普及，人们通过电子化的管理已经大大增加了这些资料的效用。

（三）组织外部人力资源供给预测

组织外部人力资源供给预测是指在未来一段时间内对劳动力市场上的相关人力资源供给状况进行预测的过程。任何组织都要面临从外部补充人员的情况。组织外部人员供给的来源主要包括事业单位、各类学校毕业生、转业退伍军人、其他组织流出人员等。组织在考虑外部供给的时候，不仅要对当地劳动力市场状况进行了解，还需要对整个社会的劳动力市场状况进行分析，考虑相关的法规、就业观念等，才能准确地把握劳动力市场的人力资源供给状况及其未来发展趋势。

在对外部人力资源供给进行预测的时候，需要注意下面几点。

（1）为了提高外部人力资源供给预测的准确性，需要对一些公开而且可行度高的资料进行仔细的分析和利用。如政府机构公告、经济团体的年度报告和工会发布的信息等都是可以作为人力资源供给预测的信息来源。

（2）外部人力资源供给的状况会因为经济形势的波动、人们受教育和就业观念的改变而发生变化，造成劳动力供给的变化。所以组织需要密切地关注社会经济动态、教育机构的招生情况等。

（3）前面讲到的用于内部人力资源需求预测的德尔斐法、计算机模拟、回归预测等方法同样适用于组织外部人力资源供给的预测。

三、人力资源供需的平衡

组织人力资源规划的最终目标是实现组织人力资源需求和供给的平衡，所以在预测出人力资源的需求和供给之后，就要对两者进行比较，根据比较的结果采取相应的对策。

组织人力资源需求和供给预测的比较，一般会出现以下几种关系：需求和供给在数量、质量以及结构方面都基本持平；需求和供给在总量上平衡，但结构上不匹配；人力资源供不应求；人力资源供大于求。如果出现第一种情况，当然是最好的，但是现实中出现这种情况的可能性几乎为零。然而即使出现了第一种情况，组织也不能放松警惕。因为平衡仅仅是一个时刻的，而供需是一个不断变化的动态过程，所以需要不断地进行调整。组织常常会出现后面三种情况。

(一) 需求和供给在总量上平衡，但结构上不匹配

对于结构性的人力资源供求失衡，一般组织会采取下列措施来实现平衡。

(1) 可以根据组织未来一段时间内业务的变化来进行人员内部的重新配置，通过晋升、平调、降职等方式来弥补那些空缺的职位，满足部分的人力资源需求。

(2) 对人员进行有针对性的专门培训，使他们能尽量地适应将要从事的空缺职务的工作。

(3) 组织可以进行人员置换，解雇一些组织不需要的员工，再补充一些组织需要的人员，来调整人员的结构。

(二) 人力资源供不应求

人力资源供不应求出现最多的组织是技术和技能要求较高的行业。解决的方法可以通过构建合理的奖励和激励机制，加强对现有员工的培训、工作再设计等方式来提高现有员工的工作满意度，增加对外界人员的吸引力。

当人力资源出现供不应求的时候，组织可以利用现有组织内部的人力资源和组织外部的人力资源两部分来进行调整。

1. 外部雇佣

从外部雇佣人员需要考虑外部劳动力市场的状况。如果组织需要的劳动力种类在市场上处于过剩状态，那么获得人力资源将比较容易；相反，如果这类人员在市场上处于紧缺状态，那么获得的难度加大。而组织能否获得它需要的人力资源还取决于组织的实力以及自身的人力资源政策。如果组织实力强大，愿意出高于市场平均价格的工资，即使在人员紧缺的情况下也可能获得组织需要的人员。另外，组织还可以采取返聘退休人员的方法。这一方法最为直接，而且人员上手时间较短。组织在考虑从外部雇佣人员的时候还要考虑是选择全职还是兼职。如果需求是长期的，就可以雇佣全职；而如果需求是短期的，则可以采用兼职或临时的方法。

2. 提高现有员工的效率

提高现有员工的工作效率也是增加供给的一种有效的方法。为了提高工作效率，组织可以采取的方法很多，比如改进生产技术；给员工加薪，提供经济上的激励；进行技能培训，提高员工的工作技能，使其在较少的工作时间内可以生产出较多的产品或降低劳动成本；鼓励员工提建议，重新设计工作程序和方法，改进生产设备和工具等，以便提高生产率。

3. 加班

延长工作时间，让员工加班加点来提高生产。

4. 降低员工流失率

员工离职会导致组织岗位出现空缺，致使组织人员短缺。组织采取相应的人力资源政策，减少员工流失率，可以保持组织现有人力资源规模，避免由于人员流失带来的人力资源供给不足。

5. 加强内部流动

当出现人员供不应求时，可以通过加强内部流动来获得人员使用上的满足。组织人员内部流动包括内部晋升和内部调用。当较高一级岗位出现人员不足时，可以晋升一些低级别的员工；当组织内部各部门之间人员配置不均时，可以采用内部调用的方式，将一些部门的富余人员调到人员短缺的工作岗位上，达到人员供给平衡。

解决人力资源供不应求的具体方法见表3-4。

表3-4 解决人力资源供不应求的方法

方法	速度	可撤回程度
加班	快	高
临时雇佣	快	高
外包	快	高
加强内部流动	快	中等
降低员工流失率	慢	中等
外部雇佣新人	慢	低
技术创新	慢	低

（三）人力资源供大于求

当组织人力资源出现供大于求时，会产生人员冗余的状况，组织可采用的措施有以下几种。

1. 重新安置

当组织局部出现富余人员的时候，组织可以采取将某些岗位富余的人员调整到人员短缺岗位上的方式。但是重新安置有一个前提，即富余人员必须具备新工作岗位所需的知识和技能。因此重新安置需要对富余人员进行培训。

2. 永久性裁员

永久性裁员是解决供大于求最直接的方式。但是由于这一方式不仅会伤害员工本人及其家庭的经济利益和精神状态，而且对整个社会也会产生极大的负面影响，所以在采取永久性裁员的时候一定要非常谨慎。只有在组织经营出现严重亏损，生产难以维系的时候，才能采取永久性裁员。即使在采取永久性裁员的时候，在裁员之前也需要提前告知员工,让他们在心理上做好准备。

3. 其他方法

解决人力资源供大于求的方法还有:临时解雇、减少工作时间、工作分享和降低工资等。这些方法的优势是:当预测到组织出现人员过剩的时候,不是靠永久性裁员来解决问题,而要留有缓冲的余地,让组织和成员共同分担困难,这还有利于组织中组织文化的形成。如果员工个人不愿意维持工作不充分、低工资的现状,可以自行离开,这就减少了对员工和组织造成的伤害。

解决人力资源供大于求的具体方法见表3-5。

表3-5 解决人力资源供大于求的方法

方法	速度	员工受伤害的程度
裁员	快	高
减薪	快	高
降级	快	高
工作分享或工作轮换	快	中等
退休	慢	低
自然减员	慢	低
再培训	慢	低

第四章 人员招聘

开篇案例

H超市的烦恼

H超市是一家非常成功的私营连锁超市，曾荣获地方服务业金奖，员工们意识到H超市已有良好的声誉，但最近，大家却越来越忙了，主要是因为超市规模最近扩大了一倍，超市内部也进行了大规模的装修，上架货品也多样化了。然而到目前为止，H超市还没有招聘到足够的新员工。因此，大部分员工每周工作48小时以上，尽管目前的员工受过良好的训练，报酬较高，工作也比较有保障，但这种紧张的工作开始影响到员工的士气，许多员工认为超市的管理人员似乎并没有打算减轻他们的工作压力。

H超市基本上是通过内部招聘的方式雇佣新员工。在现有的新员工中，50%以上的人都是以前那些员工的朋友，管理层喜欢让雇员们引荐他们认识的亲戚朋友来超市工作，同样，不论是什么情况下，超市都欢迎曾在这里工作过的员工回来工作。但是，目前超市的这种内部征召制度无法提供足够的新员工。现在的员工觉得目前的招工面试都是非正式的（面试就是工作实践，由超市的经理助理进行），超市似乎更注重求职者的性格，而不是做好工作必需的资格，由于总经理不愿尽快雇到新的帮手，或利用外部资源来招聘新雇员以尽快解决问题，员工们也感到十分忧虑。

总经理也很苦恼，因为从来都是以雇员们引荐的方式招聘新员工，对于对外招聘他感到非常生疏，不知道该如何下手。

在知识经济时代下，物质资源获取变得越来越容易，由于物质资源不具备模仿障碍，使其已经不能成为组织创造新的价值的源泉，而人力资源自身所具有的价值性、稀缺性和难以模仿性，使人力资源已经成为组织核心竞争力的重要组成部分。招聘和选拔到适合组织需要的人才，实现人力资源的合理配置，最大化地发挥组织人力投入与财力投入的结合，已经成为组织保持竞争优势的基础。正是因为人力资源对于组织发展的重要意义，如何获得符合组织需要的人力资源以便更好地实现组织目标成为组织人力资源管理的首要任务。

第一节　人员招聘概述

组织在生产经营过程中，经常需要对人员进行补充和调整。当一个组织构建完成或组织成员变动以及组织人力资源结构不合理时，就需要通过人员招聘活动来调整和完善。人员招聘与选拔活动，重点是如何吸引应聘者，通过何种方式来达成人员招聘的目标，以及对整个招聘与选拔过程进行评估。

一、招聘的概念

人员招聘，就是以组织人员需求为基础，以工作分析为依据，通过发布招聘信息来吸引应聘者，从中挑选出适合岗位需求的人员，并向他们分配工作岗位，使其补充到现有的或计划的岗位空缺的过程。从过程上来讲，人员招聘是整个人力资源管理工作的开始，是人力资源管理的重要组成部分，也是人力资源管理其他各个环节顺利开展的基础。

组织的人员结构并非总是稳定的，人力资源会受到多种原因的影响而出现变动，人员招聘正是为满足由于这些原因导致的人员需求而进行的。一般来说，影响人员需求的原因主要有以下三个方面：第一，组织内部正常的离退休使岗位出现空缺；第二，组织由于规模扩大，产生了新的人员需求；第三，组织内部由于伤残、辞职等出现非正常岗位空缺。当这些情况发生时，组织的人力资源会出现变动并带来人员需求。这时，就需要通过招聘活动进行人员补充，以获得人员需求上的满足。组织招聘的目的，就是要使用人需求得到满足，使组织人力资源结构合理化，通过高效率的人力资源配置，使组织的人力、物力和资金投入充分发挥作用，达成组织目标，并使员工个人目标得到充分的满足。

二、招聘的原则

（一）计划性

人员招聘要根据组织的人力资源规划进行，根据已确定的各种人力资源需求，包括需要招聘的职位、部门、数量、质量、层次和结构等，制订相应的招聘计划，发布招聘信息。只有这样，才能及时为组织获取合适的人力资源，保证组织的正常运作。

（二）公开性

人员招聘要做到公开，要遵循国家有关方面的法规和政策，公示招聘信息、招聘方法，将录用工作置于公开监督制下，以杜绝任何以权谋私、任人唯亲等现象。

（三）公平性

在人员招聘过程中，要努力做到公平公正。招聘组织要对所有应聘者一视同仁，以科学的甄选方法、严格的录用标准对候选人进行全面考核，择优录取。这样才能选出适合组织的优秀人才。

（四）合适性

组织在进行人员招聘时要坚持合适性原则，也就是每个岗位上使用的都是相对最合适的人员，是"用其所长""人尽其才"，从而达到组织整体效益的最优化。

三、招聘的意义

人员招聘是人力资源管理的基础职能之一，也是开展其他人力资源管理活动的基础，因此有效的人员招聘对整个组织具有非常重要的意义。

（一）招聘影响着组织能否吸收到优秀的人力资源

人员招聘是组织人力资源形成与积累的起点。一方面，直接关系到组织人力资源的形成与积累；另一方面，直接影响组织人力资源开发与管理的其他环节工作的开展。组织若没有人力资源的吸引与吸收，就不可能有吸纳到优秀人力资源的机会。

（二）招聘影响着组织人员的流动

成功高效的招聘工作，能促进新进员工和岗位之间的匹配，调动员工的积极性、主动性和创造性，有助于降低员工的流动率；若组织在招聘时传递的信息与应聘者进入组织后接受到的信息不符，有可能会导致员工较高的流动率。

（三）招聘影响着组织的对外宣传

人员招聘中组织会通过电视、报刊、广播、多媒体、网络等各种形式发布招聘信息，同时向外界发布自身的基本情况、发展方向、组织文化等各项信息。组织可以通过招聘工作的运作和招聘人员的素质向外界展现组织的良好形象，使社会更加了解本组织，营造良好的外部环境，从而有利于组织的发展。

（四）招聘影响着组织人力资源的管理费用

人员招聘成本是人力资源管理成本中的重要组成部分。招聘应同时考虑三方面的成本：①招聘直接成本，包括招聘过程中的广告费、招聘人员工资差旅费、考核费、办公费用及聘请专家等费用；②重置成本，即因招聘不慎，重新再招聘时所花费的费用；③机会成本，因人员离职及新员工尚未完全胜任工作造成的费用。

四、人员招聘的程序

人员招聘是一个复杂的过程，为了保证招聘工作的科学规范，提高招聘的效果，招聘工作一般有以下几个步骤，如图4-1所示。

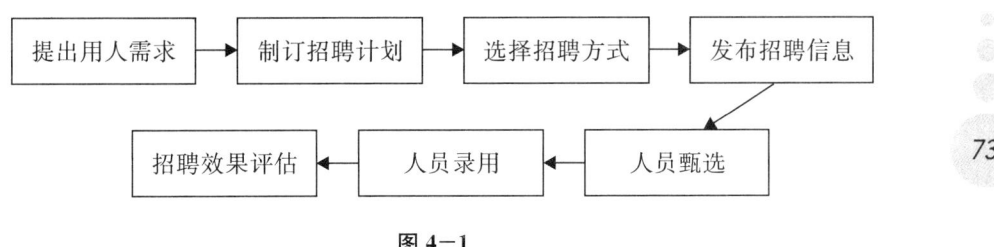

图 4-1

第二节　人员招聘的准备

人员招聘的准备工作主要包括：组织根据用人需求，制订招聘计划、选择招聘方式和发布招聘信息。

一、制订招聘计划

提出用人需求是整个招聘活动的起点，包括对人员数量与质量两方面的要求。只有明确获知组织中的职位以及职位的具体要求后，才能够有效地开始进行员工招聘。用人需求的确定，以组织的人力资源规划和工作分析为基础。在明确组织存在用人需求且需要通过招聘来满足之后，就需要制订招聘计划。员工招聘计划的主要内容包括招聘的规模、招聘基准、招聘的时间和招聘经费的预算。组织在实际工作中可视具体需要增加内容。

（一）招聘的规模

招聘的规模指组织准备通过招聘吸收应聘者的数量。招聘吸收的应聘者应当控制在一个合适的规模，同时还要兼顾到招聘后员工的配置、晋升和退休金支付等问题。

一般组织采用招募筛选金字塔模型的方式来确定招聘工作各阶段的规模，如图4-2所示。使用招募筛选金字塔模型来确定组织的招聘规模主要考虑以下两个方面：一是组织招聘录用的阶段，阶段越多，招聘的规模也就越大；二是各个阶段通过的比例，每个阶段的比例越高，则招聘的规模就越大。

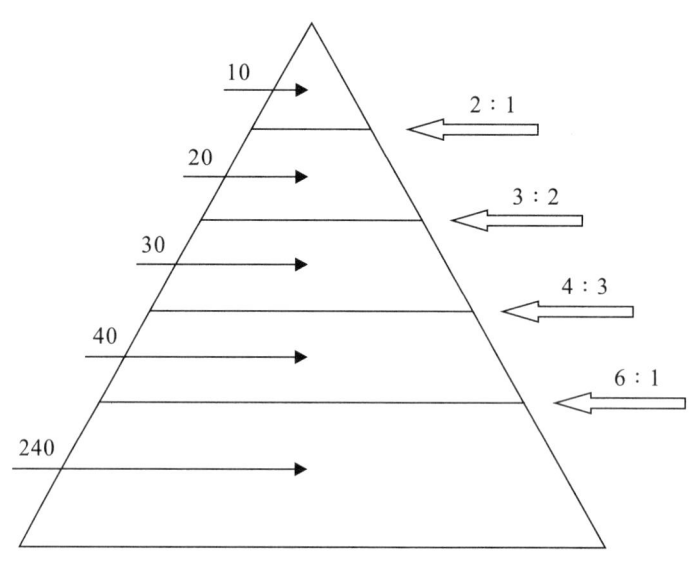

图4-2 招募筛选金字塔模型图

在使用招募筛选金字塔模型确定招聘规模时，一般是按照从上到下的顺序来进行的。如假设组织所需招聘的职位为10个，第二次面试与录用的比例是2：1，那么参加第二次面试的应聘者规模就是20人；第一次面试与第二次面试的比例是3：2，那么参加第一次面试的应聘者规模就是30人；笔试与第一次面试的比例是4：3，那么参加笔试的应聘者规模就是40人，而应聘者与参加笔试人员的比例是6：1，那么组织就需要吸引至少240名应聘者，也就是说招聘的最小规模为240人。

（二）招聘的标准

招聘的标准即确定招聘什么样的人才，主要标准包括：年龄、性别、学历、工作经验、工作能力、个性特征等。针对不同职位的不同情况来限定招聘群体,可以以较低的成本保证录用人员的基本素质。

招聘的标准有基本标准和关键标准两大类。基本标准是确定应聘者能不能胜任这个职位的工作,而关键标准是确定应聘者能不能干好这份工作。两者相互补充,层层递进。

(三) 招聘的时间

组织为了避免因缺少员工而影响正常运作,要合理地安排员工招聘的时间。因为招聘工作本身就需要一定的时间,选拔录用后还须对新录用的员工进行岗前培训等,才能使新录用的员工开始真正融入岗位中去。一般组织会根据自身的实际情况确定招聘的时间。

(四) 招聘经费的预算

招聘费用预算是人力资源管理的总预算的一部分,每个公司可以根据自己的实际情况,按照所采取的招聘方式、招聘对象的不同,招聘人数的多少等因素具体来决定招聘费用预算。

二、选择招聘方式

(一) 内部招聘

内部招聘是指当组织出现了职位空缺的时候,优先考虑组织内部员工并调整到该职位的方法。内部招聘有以下四种主要途径。

1. 提拔晋升

内部提拔晋升给员工以升职、发展的机会,对于激励员工非常有利。内部提拔的人员对本组织的业务工作比较熟悉,能够较快适应新的工作。但内部提拔也有一定的弊端,如内部提拔的不一定是最优秀的。

2. 工作调换

工作调换指在相同或相近级别的职位间进行人员的调动来填补职位空缺。工作调换除了填补空缺外,实际上它还起到许多其他作用,如可以使内部员工了解单位内其他部门的工作,与本单位更多的人员有深入的接触、了解。

3. 工作轮换

工作轮换指短期的、有时间限定的在两个以上的部门中有计划性开展的人员的调动。轮换可以使单位内部的管理人员或普通人员有机会了解单位内部的不同工作,给有潜力的人员提供以后可能晋升的条件,同时也可以减少部分人员由于长期从事某项工作而带来的烦躁和厌倦等。

4. 人员重聘

某些组织由于一定的原因会有一些下岗人员、长期休假人员、已在其他地方工作但关系还在本单位的人员(如停薪留职)等。在这些人员中,有的恰好是内部空缺需要的人员。他们中有的人素质较高,对这些人员的重聘会使他们有再为组织尽力的机会。

一般来说,内部招聘的方法主要有布告法和档案法两种。

(1) 布告法。组织可以将用人信息向内部员工做出通告,将空缺职位信息、用人单位、工作时间与报酬等公布出来,通过公开的方式提高内部选拔的透明度与公平性,使全体员工均有机会进行空缺职位的申请。使用布告法时应注意:布告应发布在组织内部人员都可以看到的地方,以便有资格又有申请意向的员工有机会申请这些职位。布告应保留一定的时间,避免有些员工因外出工作而一时没有看到,错过申请时限。

(2) 档案法。在组织的人力资源管理部门,一般都有员工的个人档案。使用档案法时可以将档案分为人事档案和技能档案两种。人事档案记录了员工的工作经历与工作业绩;技能档案则通过组织人力资源管理信息库,记录员工技能方面的基本信息、教育情况、个性特征、工作技能、参加培训、业绩评估等信息。通过这些信息,组织高层及人力资源管理部门可以筛选出符合岗位需求的人员。使用档案法时应注意:组织记录的员工档案必须真实可靠、全面详细,并且更新及时,这样对于组织才有参考价值,也才能保证筛选出来的人员的质量。同时,通过档案筛选出合适的员工后,还应该征求员工本人的意见,了解其是否愿意进行工作调整。

(二) 外部招聘

当组织内部现有的员工数量与员工结构无法满足组织的人力资源需求时,就要通过外部选拔招聘的方式来获得新的人员。外部招聘的途径是多种多样的,主要有以下几种。

1. 广告

广告是组织外部招聘人才最常用的一种方法。一方面,广告招聘可以很好地建立组织的形象;另一方面,广告的信息传播范围广、速度快,获得的应聘人员的信息量大,层次多样。可选择的广告媒体很多,如广播电视、报纸、杂志。进行广告招聘时,广告费用也是一个不可忽略的问题。与此同时,还应注意广告内容的设计。一般而言,招聘广告主要根据 AIDA 原则来设计:

A (Attention),即广告内容是要能引起求职者对广告的注意;

I（Interest），即广告的内容是要能引起求职者对工作的兴趣；

D（Desire），即广告的内容是要能激发起求职者申请工作的愿望；

A（Action），即最后让求职者看到广告后能鼓励其采取实际行动。

2. 就业服务机构

在全国的各大中城市，一般都有就业服务机构，这些机构常年为企事业用人单位服务。就业服务机构作为一种专业的中介机构，一般建有人才资料库，组织可以很方便地在资料库中查询条件基本相符的人员资料；通过就业服务机构选择人员，针对性强、费用低；就业机构作为第三方，能够坚持公事公办，公开考核，择优录用，公正地为组织选择人才。就业服务机构的劣势在于其不是用人组织本身，可能使较差的求职者通过初选阶段而直接到雇佣他们的主管那里，监督人员又不可能做过多的选择就相信就业服务机构的挑选，最终雇佣了不合适的人。而且，组织要支付中介费，增加了招聘的费用。

3. 猎头组织

猎头组织是一种特殊的就业服务机构，是为适应组织对高层次人才的需求与高级人才的求职需要而发展起来的。社会中具有较好的能力和经验背景的人员通常都具有一份稳定的工作，即使他们对目前的工作并不十分满意，也大多不会天天去关注招聘广告。所以高级管理人员、高级经营人员和高级技术人员的招聘就主要依赖猎头组织。猎头组织在搜寻高层管理人员和专门技术人员方面具有很大的利用价值；他们同许多已经被雇佣并且没有太大积极性变换工作的高级人才都保持着联系；他们能够对组织的名称保守秘密，一直到职位候选人搜寻过程到最后阶段为止；他们还可以替组织的高层管理人员节约时间，因为他们承担着初期性广告工作及可能对数百人进行预先筛选；而且猎头组织可以帮助组织一开始就接触到高素质的应聘者。

4. 校园招聘

学校是人才资源的重要来源，每年我国有几百毕业生走出校门，步入社会。学校毕业生已成为各组织技术人才和管理储备人才的主要来源。对学校毕业生最常用的招募方法是一年一次或两次的人才供需洽谈会，供需双方直接见面，双向选择。除此之外，有的组织自己在学校召开校园招聘会等，还有的则通过定向委培、委托培养等方式直接从学校获得所需要的人才。校园招聘中，组织必须仔细挑选校园招聘工作人员，优秀的招聘人员能传达良好的组织形象。另外，优秀的招聘人员还需要具备娴熟的人际交往处理能力，因为他们在招聘工作中的反应直接影响应聘者的工作选择决定。

5. 假期实习

一些组织在寒、暑假雇佣学生做实习生或在学期中雇佣学生做兼职。实际上，组织中的实习生使用正在快速增长,大部分学生在毕业前都有过至少一次的实习经历。组织开展实习生计划的目的有很多:组织可以发现有才能的潜在雇员;组织可以让实习生担任校园招聘中的"校园大使",协助组织在学校开展校园招聘工作;使用实习生还可以为组织节省一定的人力资源成本。在实习期结束时,组织会通过和实习生的协商,选择是否让实习生转为正式员工。组织在开展假期实习生工作时应注意:组织要明确实习生的不同目的,判断该实习生是为了进入组织,希望被组织正式录用,还是只是为了获取实习经验;同时,组织要把握好实习生工作内容的深度,以防实习生接触到的工作过于简单或太过困难,导致实习生产生失望感或受挫感。

6. 招聘洽谈会

人才交流中心或其他人才机构每年都要举办多场人才招聘洽谈会。在洽谈会中,用人组织或应聘者可以直接进行洽谈和交流,节省了组织和应聘者的时间。随着人才市场的日益完善,洽谈会呈现出向专业化方向发展的趋势,比如有中高级人才洽谈会、应届生双向选择会、信息技术人才交流会等。洽谈会上应聘者集中,组织的选择余地较大,但招聘高级人才还是相对较困难。通过参加招聘洽谈会,组织招聘人员不仅可以了解当地人力资源素质和走向,还可以了解同行业其他组织的人事政策和人力资源需求情况。

7. 网络招聘

随着网络技术、通信技术的发展和普及,网络招聘已成为现在发展最快的一种招聘方法。网络招聘主要有两种:一种是通过职业招聘网站;另一种是在组织的主页上发布招聘信息,以提高招聘的有效性。越来越多的组织用自己的网站进行外部人员招聘,尤其是那些实力雄厚的组织。这种方法对人才的甄选往往更加具有针对性,因为这些应聘者对组织有一定的了解,而且他们往往认同组织文化,这样招聘的效率可以无形中得到提高。

8. 海外招聘

海外招聘主要用于招聘高级管理人才或一些尖端技术的专业人才。海外招聘候选人的数量及质量都与国内的招聘不可同日而语。但是也存在着诸多困难,如何核查各种证书,如何实施其背景调查,招聘录用手续也很烦琐;是否能融入国内组织文化也是一个问题。

(三) 外部招聘与内部招聘的比较与选择

外部招聘和内部招聘两种方式,有不同的优缺点。

(1) 外部招聘人员,具有以下优点。

第一,可以为组织补充新鲜血液,更新组织思想和理念。由于外部招聘进来的人员较少地受到组织内部文化和组织架构的影响,可以为组织带来新的思想和理念。同时,由于外部招聘的员工对于组织历史缺乏参与,因而他们不会有历史包袱,减少了组织原有历史的束缚,能够较好地开展工作。

第二,可以缓和内部竞争。内部员工对于高级职位都有较高的向往度,他们会由于希望得到这个职位而相互竞争,如果他们当中的某个人获得这个职位时,会给其他参与竞争的员工带来打击。当组织从外部招聘新的员工来填补岗位空缺时,可以减少组织内部员工的相互竞争。

第三,组织从外部招聘进来的员工,特别是有工作经历的员工,由于具备较好的工作经验,可以很快进入工作状态,减少组织在人力资源培训中的投入。同时,对于同行招入的员工,还可能为组织带来竞争对手的有价值的信息。

(2)从外部招聘员工也存在一定的问题,特别是要招聘的是一个较高级别的职位时,其劣势就表现得更加明显了。

第一,打击内部员工的士气。由于内部员工对于较高级别的职位都有一定的向往,特别是在自我认可的基础上更是如此。如果组织从外部招聘人员来填补了岗位空缺,将会使内部员工感觉自己得不到重视和认可,导致员工对组织的忠诚度降低,加大组织人力资源的流失率。在这种情况下,外部招聘的人员可能会在组织内部遭到原有员工在工作上的抵触,其开展工作的难度就会加大。

第二,外部招聘人员需要较长的适应过程,使招聘投入增大。由于外部招聘来的员工对于组织内部的人员、文化及工作流程都不熟悉,因而需要通过一个较长的时间来适应工作。外部招聘需要通过一系列的流程来完成,组织在人员招聘上的投入也比较大。

(3)通过内部招聘的方式选择员工,也有其优缺点。其优势在于以下几点。

第一,可以提高员工士气。通过内部招聘的方式可以让员工看到组织对于他们的关注,使他们觉得工作有前途,使他们对自己职业生涯的发展充满希望。内部招聘的方式使每个员工都可以清楚地认识到,只要在工作中积极投入,不断创造较高的工作业绩,那么就有可能受到重视,并可以提升到一个较高级别的职位。这样可以激励员工的工作积极性,从而提升整个组织的士气。

第二,组织与被录用人员相互了解。从内部招聘员工,组织已有的档案和工作绩效可以较为准确地反映出员工各方面的情况,而员工由于在组织中有较长的工作时间与经历,对人员、文化及工作要求都有较好的了解,可以及早进入工作状态。

第三,内部招聘速度快、成本低。通过内部招聘获取人力资源可以减少招募外来求职者所需要进行筛选付出的额外费用。由于内部员工对空缺职位比较了解,很快就能到位并开展工作,相较于对外招聘而言,具有时间上的优势。

(4)但通过组织内部招聘方式选拔人才,也可能存在一些劣势。

第一，造成组织内部近亲繁殖。通过内部提升获得用人需求满足时，员工能否被提拔与上级领导有很大关系，因而会形成一个以上级领导为中心的团体。在人员提升过程中，也会忽视对能力的考察，而更多地倾向于注重关系。

第二，可能导致组织内部不和。由于对人的评判尺度不一，因而当员工受到提拔重用时，会使他周围的一些员工产生不平衡心理，造成未被提升的员工士气受损，使组织内部员工之间出现不和。

第三，会使员工被放在一个不能胜任的位置。被提拔员工，一般是在当前工作岗位上业绩表现突出的员工，但这样的表现只能说明员工对当前工作岗位有很强的胜任能力，而当把他提到一个较高的职位时，可能会出现不能胜任的情况。

不论是采用哪种方式，对组织的人力资源管理都存在一定的利弊，但组织的出发点应主要考虑岗位的用人需求，因此，在保证组织满足用人需求基本目标的前提下，再去权衡外部吸收与内部提拔之间的利弊，从而选择既有利于减少招聘成本投入，又可以保证不损害员工士气的方法。

三、发布招聘信息

制订招募计划后，便可以公布组织的用人需求，以吸引应聘者前来应聘。发布招聘信息，即向可能前来应聘的人群告知组织将要进行人员招聘的消息。为了使招聘信息能够产生足够好的招募效应，应当解决两个问题，即招聘信息的制作和信息发布渠道的选择。

组织发布招聘信息，需要注意以下几个问题。

（一）招聘信息的制作

组织发布招聘信息，重要的是能够把组织所需的人员吸引来应聘，因而在招聘信息的制作上要下足功夫。制作招聘信息要注意以下几个问题。

（1）组织信息介绍。招聘活动是双向选择的过程，组织信息介绍可以加强求职者对组织的认同程度。组织招聘工作除了要招聘到合适的人才外，还要被看作是向外界自我宣传的过程。通过精练的语言来介绍组织，不仅可以吸引求职者，而且可以对外形成一个良好的形象。

（2）对应聘者的要求。在招聘信息中一定要明确对求职者的要求，不仅是为了规范求职者的层次与能力，而且也可以为组织后续的招聘环节减少不必要的筛选成本。

（二）信息发布渠道的选择

通过不同的渠道发布招聘信息，可以使不同群体人员获得组织的需求信息。一般来说，发布信息的渠道选择要注意两个原则。

（1）信息发布面广。只有把组织招聘信息放在一个较大的范围内发布，才有可能吸引到足够多的应聘者，提高组织从中挑选到合适的人员的概率。

（2）信息发布时要注重人力资源的层次性。不同能力的人员总处于不同的层次，因此组织发布招聘信息时，要注重信息对象的层次性，即使是同一次招聘，对不同需求的人员，也可以通过不同层次的渠道进行告知。

（三）信息发布要及时

招聘总是在组织有用人需求时才进行的，因此，组织要及时发布招聘信息，以使人员需求得到及时满足。

招聘活动有不同的信息发布渠道，不同的信息渠道又有不同的适用范围。组织可以针对自身的用人需求，选择不同的信息发布渠道，以使用人需求在不同范围的人群中得到传播。

一般来说，常用的招聘信息发布渠道包括网络、电视广告、报纸、杂志和专业刊物等。不同方式有不同的特点。

不同信息发布渠道具有不同的特点并存在一定的适用范围，组织在选择信息发布渠道时，要考虑以下几个因素。

（1）招聘的成本。不同的信息发布渠道需要的成本投入不同，对渠道的选择受到组织所能承担的招聘预算限制，如报纸平面广告就会比电视广告的投入要少。

（2）招聘的时效性。由于信息传递所需时间不同，因此信息发布渠道的选择还要受到人员需求的紧迫程度影响，如果用人需求比较紧，那么就需要选择信息传递快的渠道；如果人员需求并不十分迫切，则可选择相对慢一些的渠道。时效性还体现在招聘信息传播的持久性方面。

（3）招聘岗位的性质与特点。劳动力市场具有一定的层次性，不同性质的劳动力市场的劳动力供给是不相同的，不同的信息发布渠道所面向的劳动力市场也不尽相同。因此，组织在进行招聘活动时，要根据自身岗位需求的性质和特点，有针对性地选择信息发布渠道。

（4）劳动力市场的供给状况及劳动力市场的流动程度。如果劳动力市场供给存在一定的差异性，而且劳动力流动顺畅，那么，组织为了选拔到适合需要的优秀员工，就要选用覆盖面广的信息发布渠道，以使更多潜在的求职者可以知晓组织的用人需求。

发布招聘信息时，还要向求职人员提供事先制定好的职位申请表，见表4-2。这种统一格式的表格可以使组织重点考察满足用人需求所需要的基本信息，既有利于求职者按要求提交自己的资料，也便于组织后续选拔工作的开展，特别是简历筛选的实施。

表 4-2 职位申请表

编号：　　　　　　应聘职位：

姓　名					照片
性　别		出生年月			
民　族		籍　贯			
学　历					
专　业					
计算机水平		外语水平			
身　高		体　重			
兴趣爱好		特　长			
通信地址					
联系电话		邮政编码			
E-mail					
主要学习经历					
主要工作经历					
主要工作业绩					
备注					

第三节 人员选拔

一、人员选拔的概念

人员选拔,指组织在招募工作完成之后,通过一定的科学方法和手段,从众多的应聘者中审查和筛选出适合用人条件和用人标准的人员的过程。人员选拔过程对于组织的招聘工作具有重要的意义,是组织能否选拔到优秀人才的最终保障。如果组织不能严把选拔关,那么可能会使招聘到的员工能力不足,不能胜任工作,最终会给组织带来损失。员工流失过快也会加重组织招聘成本负担。因此,组织要在招聘过程中注重对员工的选拔,通过选拔测试为组织选拔到满足需要的人才,同时还要在这个过程中充分认识到员工的优缺点,以便在未来的工作中加以利用和防范。

人员选拔的基础是前期工作分析阶段所做出的工作说明书,针对所需岗位的要求,对应聘者是否符合企业用人需求做出判断。

人员选拔的功能和意义有以下几点。

(1) 选拔到适合需要的人员。

(2) 了解员工的工作能力与态度,以确定其岗位分配。

(3) 通过选拔测试过程,可以了解与之相关的信息,对组织未来用人有一定的作用。

二、人员选拔的程序

在发布招聘信息之后,将会得到很多应聘者的应聘材料。面对这些材料,组织需要通过一定的程序从中挑选出适合于组织需要的优秀人员。人员选拔的程序和方法包括简历筛选、人员测试、背景调查、体检和人员试用等,如图4-3所示。

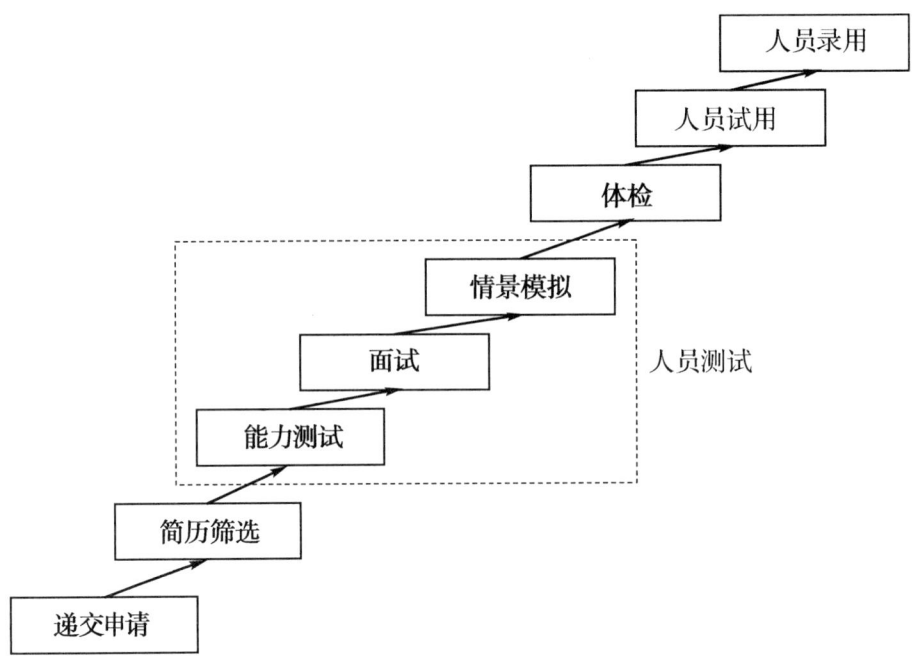

图 4-3　人员选拔程序

（一）简历筛选

一般来说，组织在发布招聘信息时，会特别注明他们对所需人员的基本要求，如对求职者学历、身高、外语水平、计算机水平等方面的要求。这些要求都是一些客观的指标，可以从应聘者的求职简历中反映出来。通过简历筛选，可以以这些客观要求为评判标准，从众多应聘者中初步挑选出符合组织基本要求的求职者进入下一环节的选拔程序。简历筛选程序还需要和制订招聘计划时所设定的淘汰比例相结合，以使组织招聘人员在进行简历筛选时，既保证组织获得优秀人才，又不会因为通过人数太多而给后续的员工选拔环节造成测试负担。

在简历筛选过程中还应当注意以下问题。

（1）对照组织用人标准，根据岗位对人的需求，对不适合要求的人员进行淘汰。由于组织在进行招聘时，会收到数量很大的求职简历，不可能对全部简历信息进行详细的分析，因此，在简历筛选时，可以严格按照岗位提出的一些标准及要求，对符合条件的筛选通过进入下一轮选拔程序，对于不符合条件的则进行淘汰。如有些岗位需要特殊的技能、外语水平或者身体要求等。

（2）注意对应聘者简历时间的审查。有些应聘者的简历中会出现一段时间空白，这就需要招聘人员对应聘者在这段时间的经历进行审查，以确定求职者是否刻意隐瞒了一些对其求职不利的信息。

(3) 求职者的工作经历。主要审查求职者的工作成绩和工作变换程度及其原因，从既往的工作成绩可以间接反映出求职者的工作能力，而工作变换程序及其原因的审查在于了解求职者的工作动机、工作期望以及求职者对待工作和组织的忠诚度。

（二）人员测试

人员测试是通过一些科学方法来鉴定应聘者所具有的能力与性格特征，以确定其是否具备完成工作的能力与素质。通过测试结果，可以为组织人员招聘录用决策提供帮助，并可以建立起组织员工档案，为组织以后的人员配置和培训开发提供信息支撑。通常采用的人员测试方法包括：能力和素质测评、情景模拟、面试。

随着组织在人员招聘过程中越来越多地引入人员测试，使人员测试形成了一个完善的体系，并有一系列的测试方法。但测试并不能解决人员招聘中的所有问题，组织在进行人员测试时还需要注意以下几个问题。

(1) 人员测试可以获得应聘者与工作相关的能力与个性特征等信息，可以为组织选拔到适合需要的人才提供帮助。但是人员测试并不能全面反映应聘者的个人素质。因此，人员测试还要与其他方法综合运用。

(2) 由于每种测试关注点不一样，人员测试选择的失败并不完全说明被试者个人存在不足。

(3) 在测试方法的选择与测试内容的确定上，要对信度和效度有充分的保证。不同测试方法的组合有利于提高测试的有效性。

（三）背景调查

背景调查主要是为了核实应聘者的求职材料和在招聘测试中的表现是否真实可信。背景调查的内容一般包括求职者的学习经历、工作经历、信用状况等与工作相关的内容。一般可以通过与求职者的口头沟通，或通过求职者以前的雇主及其他相关人士获取相关背景信息。

对求职者进行背景调查一般通过公开信息获得，在调查过程中不能涉及求职者隐私。对于组织重要职位的招聘，也可以请一些专业机构来完成背景调查。组织通过对应聘者更深入细致的了解，可以消除组织因员工个人资料不真实而造成的用人失误，从而减少将来可能出现的问题和麻烦。表4-3反映的是美国人力资源管理协会关于经理如何进行背景调查的调查结果。

表4-3 人力资源部背景调查

对下列调查回复的比例	
与申请人提供的推荐人联系	25%
对所上学校和所得学位进行核定	62%
与由推荐人提议的人进行联系	42%
核查驾驶记录	41%
核实由申请人提供的申请信	30%
对信用进行检查	25%

资料来源：Society for Human Resource Management（SHRM）

（四）体检

招聘满足组织用人需要的人力资源，除了要求其具备一定的能力和个性特征外，还需要满足体质上的要求。在组织里，不同的岗位有不同的身体条件要求。对于有特殊体质要求的岗位，必须要求员工进行严格的体检，这样既确保员工有完成工作的体质，又可以减少组织对员工身体的保障而增加的负担。

应聘者进行体检对于组织的人员招聘有重要意义。首先，可以确定待录用员工的身体条件是否符合岗位对体能的需要；其次，确定待录用员工的身体健康状况，以确定员工未来能否在岗位上长期正常工作；最后，可以预测组织对待录用员工需承担的健康风险。这三个方面的信息可以为组织做出正确的录用决策提供帮助。

（五）人员试用

通过招聘选拔程序挑选出来的员工，并不能在测试过程中完全地反映出人力资源的工作能力与工作绩效，而且他们在组织工作过程中，也可能由于对组织不甚了解而产生不适应的情况。通过人员试用，可以降低双方的不适应程度。在试用期内，组织可以考察员工的工作能力、工作态度等，员工也可以考察组织的相关情况，以确定自己能否胜任以及能否满足自己的工作期望等。因此，试用期是组织对员工的再次考察，但并非是组织对应聘者的单方试用，而是组织与录用员工之间相互了解的过程。在员工试用过程中，组织可以考察员工在招聘测试过程中的表现与实际工作能力的差异而最终确定是否录用员工。员工在试用期内也可以加强对组织环境和实际工作的感受，完成"角色调整"，也可以在试用期内决定是否接受组织的录用。

组织在人员招聘过程中设定人员试用程序，是人员招聘双向选择原则的体现，有利于组织和应聘者更深入地相互了解，同时也有利于员工进入工作状态之前的有效磨合。

三、人员选拔测试

人员选拔测试的目的是为了了解应聘者的工作能力与个人特征。通过在选拔测试过程中对应聘者的了解，可以为组织的员工录用决策提供信息。在人员选择测试过程中，组织可以发现应聘者所具备的一些基本能力与素质，同时也可以发现应聘者的缺点与劣势，这有利于组织更好地对被录用人员进行岗位安排，使组织人力资源配置更合理，也有利于加强未来人力资源培训与开发工作的针对性。

（一）人员选拔方法的检验指标：信度与效度

对应聘者进行选拔的测试方法，必须具备三个要素，即是否测试了想要测试的内容、测试结果是否具有可验证性、不同被试者的测试结果之间是否具有可比性。在开始人员选拔测试的具体方法之前，先对人员选拔测试过程中非常重要的两个检验指标进行了解。

1. 效度

效度，即测试内容的准确程度，即测试内容与测试结果的相关性。招聘测试中的效度是指测试内容是否紧紧围绕组织用人需求而对应聘者与工作相关的潜在能力与素质进行了测试。效度是测试的基础和前提，如果测试内容偏离了工作性质和工作要求，那么这样的测试过程对招聘而言是没有意义的。如要招聘一个市场营销经理，需要测试的是应聘者的市场营销能力与管理能力，但如果测试内容是让其去操作生产设备，那么这种测试的效度是很低的。

根据问题的不同侧重点，效度可以分为内容有效和结果有效。内容效度指测试项目是否符合测试目的。如对上列中的市场营销经理进行测试，那么应当选择的内容是与销售知识和销售能力相关的内容，这样测试效度就高；而如果选择的是操作生产设备的测试项目，则测试效度很低。结果有效又称为效表关联效度，指测试结果与应聘者的实际工作绩效是一致的，如果应聘者在测试中显示的工作能力很强，那么他在实际工作中也应取得很好的成绩，这样效表关联效度也就比较高。

2. 信度

信度指测试结果的稳定性，即测试结果并不是随机性结果，而是在测试中具有高度的一致性，即使对同一个人用同一种测试方法进行多次测试，得到的结果也基本一致。需要注意的是，信度高并不能说明测试有效，必须要在测试效度保证的前提下，才能做出信度越高，测试结果越有效的判断。如对应聘销售经理的人员进行生产设备操作测试，虽然应聘者在这个项目上的测试结果保持非常高的一致性，测试却是无效的。但是，如果测试的信度很低，那么也就意味着测试的有效性很低。

（二）人员测评

人员测评可以分为知识测试和心理测试。知识测试主要是通过笔试的形式来测试应聘者的知识深度与广度。心理测试则是通过一系列的心理学方法来测定应聘者的心理素质与个性差异的方法。

知识测试主要有三种：一是综合测试，测试内容可以包罗万象，主要考察应聘者对基本知识的了解程度。二是专业知识测试，针对岗位需求，对完成工作所需要具备的专业知识进行测试，了解应聘者是否具备在岗位上开展工作的专业知识以及知识深度。如招聘财务人员时，就需要对其财务知识及实际运用进行测试。三是与岗位职责相关的知识考试，主要了解应聘者对岗位开展工作需要具备的相关知识的了解程度。如招聘管理人员时，还要对其人际关系协调能力进行测试。

知识测试是目前人员选拔中常用的方法，由于进行知识测试可以较好地测试应聘者的知识掌握程度，因此效果也比较好。知识测试通过同样的试题对所有应聘者进行选拔，知识掌握程度较好的，将会取得好的成绩；而知识掌握比较差的，则成绩也会很差，这样有利于让应聘者感觉到一种选拔上的公正性。同时，知识测试的费用也比较低，只需要找人把试题设计好，而不需要太多的额外开支。知识测试还具有结果会比较迅速地得到、适用性也比较广的特点，组织不同层次的人员招聘都可以采用。但人员招聘中使用知识测试也存在一定的不足。

（1）试题设计可能僵化。由于知识并不完全是一个固定的理解与模式，因而知识测试也需要一定的灵活性，但组织在人员招聘中组织知识测试时，可能出现对问题设计僵化的情况，导致测试结果缺乏科学性。

（2）测试结果的效度不高。由于知识测试的试题覆盖面毕竟有限，求职者对知识的掌握也有所轻重，一方面，这就会导致测试成绩好的人并不意味着知识基础就好，而测试结果差一点的人也不一定在知识积累上就很少；另一方面，还在于知识测试结果的可比性不强，信度较差，一个人在不同的两次测试中取得差距较大的成绩的情况很可能出现。另外知识测试结果受阅卷人的主观意愿影响很大，也可能导致测试结果的不准确。

心理测试可以通过一定的方法了解应聘者的个性特征，还可以测试出应聘者潜在的工作能力。通过心理测试，可以了解应聘者是否适合组织工作岗位，有助于组织进行良好的人事决策，见表4-4，表4-5。

表4—4 某公司员工招聘综合知识测试成绩一览表①

测试日期： 年 月 日

准考证号	姓名	应聘岗位	学科知识											市场营销知识					专业基础知识					总分	备注
			1	2	3	4	5	6	7	8	9	10	1	2	3	4	5	1	2	3	4	5		

测评单位： 项目负责人：_____

填表日期： 年 月 日 主考官：_____ 填表人：_____

---

① 胡君辰，郑绍濂：《人力资源开发与管理》，上海：复旦大学出版社，1999年，第78页。

表 4－5　某公司员工招聘心理素质测试成绩一览表①

测试日期：　　年　月　日

准考证号	姓名	应聘岗位	智　　力				创　造　力				备注
			抽象思维能力	文字掌握能力	分析判断能力	综合能力	快速联想能力	发散思维能力	独特构想能力	综合能力	

测评单位：　　　　　　　　　　　　　　　　　　　项目负责人：＿＿＿＿＿＿
填表日期：　　年　月　日　　　　　　　　　主考官：＿＿＿＿＿＿　填表人：＿＿＿＿＿＿

（三）情景模拟

情景模拟是在测试过程中，假定一个场景，使求职者就在其应聘的岗位上，通过逼真的工作环境，解决该工作岗位在实际工作中可能出现的问题，从而评价其心理素质与工作能力的一种方法。

情景模拟由于提供了一种真实的工作场景，与求职者未来可能承担的职位工作

---

① 胡君辰，郑绍濂：《人力资源开发与管理》，上海：复旦大学出版社，1999 年，第 77 页。

完全一样，因而求职者可以提前感受到实际工作的气氛，也有利于组织更加全面地考察求职者在实际工作中的能力与心理素质，是一种效果很好的测试方法。但是，由于情景模拟需要设计复杂的测试题目，并且需要花比较长的时间准备，测试成本比较高，因而这种测试方法往往只用于高级管理人员或高级专业人才的选拔。

情景模拟的具体方法主要有以下几点。

（1）公文处理。即模拟应聘者正处于工作岗位上，负有所在岗位的职责并享有正式权力，在事先告知应聘者有关组织背景材料后，把文件、备忘录、电话记录、请示、报告等的一些公文交由应聘者，并要求其在规定的时间限度内进行处理。通过这样的测试过程，主要考察应聘者的个人自信心、领导能力、计划安排能力、书面表达能力、分析决策能力、风险态度、信息敏感性等。

（2）无领导小组讨论。由若干求职者组成一个临时小组，讨论事先设定的问题，并要求得出结论，形成决策。在讨论之前并不指定哪一个人为主持人，而由组员自己协调讨论。这样，领导能力相对较强的人便会主动承担起组织讨论的责任。测试人员通过观察每一个组员在小组讨论过程中的表现，从而对求职者的领导能力、决策能力、分析归纳能力等有一定的了解。

（3）角色扮演。即指定求职者扮演组织内部员工的角色来处理组织的日常事务，如扮演管理者向上级汇报工作及向下级发布命令和指示，或者扮演一名营销人员，实际向客户推销产品。通过求职者在扮演角色中的表现，可以综合了解求职者的潜在工作能力和心理素质，还可以反映出求职者对待工作的态度。

（四）面试

面试是招聘中常用的方法，主要是通过主考官与应聘者的口头交流以评定应聘者综合素质和潜在能力的方式。面试适应性强，可以进行双向沟通，使主考官与应聘者之间可以进行更多的信息交流。主考官还可以观察到应聘者的非语言行为，获得更多与应聘者工作相关的信息，从而综合判定应聘者潜在的工作能力和人格特征。在面试过程中，应聘者也可以向主考官发问，以加深对工作岗位及组织相关信息的了解。但面试过程一般持续时间较长，会给招聘主考官带来很大的压力。主考官的评价标准会受自己主观判断的影响，这就使得主考官对面试结果的评定会存在一定的误区。因此，为了保证面试具有较高的信度和效度，需要主考官有丰富的面试经验。

从面试的结构来看，有结构化面试和非结构化面试两种类型。结构化面试是指事先为面试主考官设计好面试提纲，在面试过程中由主考官按照提纲中所列问题对应聘者进行测试。结构化面试可以不完全按提纲顺序提问，但能够较好地围绕面试目的进行。这种面试方式比较适合于经验还不是很丰富的主考官。非结构化面试是指没有事先预设面试提纲，在面试过程中由主考官向应聘者随机发问。由于非结构化面试的内容扩展性比较强，因此要求主考官充分了解应聘者的基本信息。同时，非结构化面试还需要主考官具有良好的沟通技巧和丰富的面试经验，以确保面试过程紧紧围绕面试目的进行。在非结构化面试过程中，还需要主考官提出可以相互对照的问题，以检验应聘者回答的真实性。非结构化面试会有比较和缓的现场气氛，有利于应聘者更好地表现自己，结构化面试给应聘者带来的面试压力则要大一些。但从面试效果来看，结构化面试比非结构化面试要好。

为了使面试具有较高的测试信度和效度，减少主考官个人主观因素对面试结果评价的影响，必须对面试过程进行科学的设计。面试必须围绕组织用人需求的目的展开，对面试者与工作岗位相匹配的能力与个性特征进行测试，只有这样才能使组织在面试中取得良好的选拔效果。

面试设计的内容包括以下三个方面。

（1）开发面试方案。在面试方案中，要对测试的目的做出规定，面试方案要尽量标准化、结构化，使测试目标集中，并对面试的主要观测点做出规定。

（2）设计面试问题。根据面试的测试重点，设计出不同的面试问题。面试问题的设计要注意问题的顺序与不同测试要点的比重。

（3）建立面试环境。对面试过程的场景进行设计。一般来说，为了使被试者充分地展现自己，面试环境会注重淡化面试官与被试者的地位差异，建立缓和的现场气氛。但如果进行的是压力面试，则要在面试环境中加大被试者的压力环境。

面试设计时还必须为面试过程设定一定的程序，以使面试可以有效进行，充分发挥面试在人员选拔中的重要作用。以结构化面试设计为例，基本步骤与程序如下。

第一，职位分析。对应聘职位进行详细分析，明确该职位的具体职责是什么，完成工作所需要的知识、能力和技能，以及是否还需要其他任职条件，并形成职位分析材料。

第二，分析职位信息。对完成应聘职位工作的相关信息进行分析，确定不同因素对人员招聘的影响，从而确定出面试中对应聘者测试的重点，以使面试能够围绕明确的目标进行。

第三，设计问题。面试是围绕职位对人员的具体需求展开的，在面试过程中测试的内容必须与工作内容、性质和能力要求相关。要结合第二步中分析出来的职位信息，有针对性地提出面试问题。

第四，开发评价标准或问题答案。对设计出来的问题，要开发一定的评价方案，主要是确定应聘者回答正确与否，或者回答到何种程度是比较好的，这些都要有一个明确的评价标准，以使面试主考官能够以比较一致的依据去评价每位应聘者对问题的回答。

第五，组织面试团队。组织要指定合适的人员去对应聘者进行面试。在较大的组织中，一般由人力资源管理部门的专门机构负责人员招聘面试工作；在一些较小的组织中，面试主考官往往由一些职能部门人员组成。组织也可以委托外部专业人员或机构来为组织进行招聘面试，见表4-6。

表4-6　面试评价表

编号		姓名		应聘职位	
评价项目	评　　分				
	优	良	中	较差	差
口头表达能力					
自我表现能力					
个性气质					
应变能力					
综合分析能力					
想象力与创造力					
心理素质					
专业知识					
工作经历与业务能力					
工作动机与态度					
团队精神与合作意识					
综合评价				主考官签字	

在面试过程中，常常会出现各种心理偏差，这些偏差通常会对面试信度和效度产生很大的影响。因此，在面试中招聘人员应当要注意一些常见的问题。

一是晕轮效应。晕轮效应是在面试过程中，主考官可能会因为应聘者的某些突出的特征或品质而将其扩展为应聘者的整体印象和看法，从而使应聘者的其他特征或品质被掩盖和忽视。这种突出的特征或品质可能是优点，也可能是缺点，会使主考官对应聘者产生美化或丑化的认识。如，面对一个获过大奖或曾做出过突出贡献的人，主考官可能会对其产生好感，而对一个曾经给企业造成过巨大损失或有犯罪经历的人，则主考官可能会心生排斥，这两种现象都可能导致主考官只关注应聘者的一个问题或一个方面，忽视了对应聘者做出完整客观的评价。

二是与我相似心理。与我相似心理指主考官因为在面试过程中知晓应聘者的某种背景或经历与自己有所相似,而对其产生好感的一种心理活动。如从同一所学校毕业的校友,或同一个地方的老乡,以及相同的奋斗经历等,都有可能会引起主考官心理上的共鸣,从而影响主考官对应聘者的客观判断。

三是第一印象。第一印象是主考官见到应聘者的第一感觉。应聘者在参加面试时,都会对自身形象作一定的修饰,以期给面试主考官一个良好的第一印象。主考官在对面试者进行判断时,既要注意对第一印象的观察,又要避免受第一印象的影响而造成以貌取人。

针对上述可能在面试环节中出现的问题和偏差,可以通过以下方法来提高面试效果。

第一,以面试目的为中心。面试过程中,主考官的发问要紧紧围绕面试的主题,如果在交流过程中,应聘者的表达偏离了面试主题,要加以及时引导和纠正,确保面试中的谈话内容反映面试主题。

第二,注意倾听。在面试过程中,应聘者才是场上的主角,因此主考官不能喧宾夺主,长时间占用面试时间,要有倾听的意识,给应聘者充分发言的机会,并从中发掘出应聘者与面试主题相关的信息。倾听也是对应聘者的一种尊重,有利于应聘者的能力与素质的表现。

第三,注意观察应聘者的非语言行为。心理学研究认为,口头表达可以掩饰说话者的真实意图,而非语言行为则会在无意识状态下反映出说话者的内心真实想法。因此,在面试过程中,主考官要注意对应聘者的表情、动作、语调、目光等非语言行为进行观察,以检验应聘者所说内容是否真实。

第四,对面试过程中的对象一视同仁。由于面试过程持续较长,通常会给面试主考官巨大的体力压力,这会导致主考官因为身心疲倦而出现前紧后松或者对一些人重点面试而其他人则比较敷衍。主考官要注意避免这个问题,对应聘者采取一视同仁的态度,这样才能保证面试具有较高的信度和效度。

第四节　人员录用与招聘评估

一、人员录用

人员录用环节的主要工作包括:应聘者的信息总结、录用决策、人员录取与辞谢。

(一) 应聘者的信息总结

人员甄选阶段结束后,人力资源部门应把应聘者的信息做总结。一是可以检查求职者的信息是否存在前后矛盾、虚假信息等情况;二是通过求职者的信息总结,判断该求职者以后的工作表现及发展方向。

(二) 录用决策

让最有潜力的应聘者与用人部门主管进行诊断性面谈,最后由用人主管(或专家小组)做出决定,并反馈给人力资源管理部门,由人力资源管理部门通知应聘者有关录用决定,办理各种录用手续。

(三) 人员录取与辞谢

1. 录用通知

组织在做出录用决策后,要及时通知录取者。现实中,一些组织因录用通知不及时而损失了重要的人力资源,并影响组织的外在形象。

在录用通知书中,应说明报到的起止时间、报到的地点以及报到的程序等内容,在附录中详细讲述如何抵达报到的地点和其他应该说明的信息。当然,要记得欢迎新员工加入组织。

2. 辞谢通知

许多组织都忽视了辞谢的程序,周到的辞谢方式除了能树立良好的组织形象外,还可能对今后的招聘产生有利的影响。因此,应该用同样礼貌的方式通知未被录用的人员,可以通过电话委婉地通知对方,也可以用信函的方式告知对方,但切忌用明信片的形式。

3. 拒聘的处理

尽管经过努力,组织还是有可能遇到接到录用通知的人员不来就职的情况。如果拒聘的人员正是组织所需要的优秀人员,则组织的人力资源管理部门甚至最高层主管应该主动与之取得联系,采取积极的态度挽留。如果在招聘活动中,组织被许多应聘者拒聘,就应该反思招聘过程中可能存在的问题和障碍。因此,组织从拒聘的调查中,也可以获得一些对今后招聘有用的信息。

二、招聘评估

招聘评估是对组织招聘活动的投入与录用人员量和质的评价。招聘评估最重要的指标是组织的空缺岗位是否有人填补,用人需求是否得到满足。组织招聘工作是否成功，需要进行事后评估。通过对招聘过程的评估，可以了解组织在招聘活动中的投入程度，考察组织的招聘效率，总结此次招聘活动成功与否。招聘评估也可以为组织未来的招聘活动提供一定的经验。招聘评估还可以反映出招聘活动的工作成果，明确招聘活动的开支状况，充分体现组织招聘活动的绩效原则。最重要的是，通过招聘评估，评定录用人员的实际能力与绩效，从而判定组织在招聘过程中使用的测试手段是否正确地反映了员工的实际工作水平，以利于组织招聘活动的改进。对招聘结果的评估可以通过以下几种方式进行。

（一）对招聘成本的评估

1. 招聘成本评估

招聘成本是组织在招聘活动中投入的各种资源。招聘成本可以分为总成本和单位成本。总成本是指在整个招聘活动中投入的各种费用之和。单位成本是录用的每个人所分摊的成本。公式如下。

$$招聘单位成本 = \frac{总成本（元）}{录用人数（人）}$$

对招聘成本的评估是评价招聘活动效率的重要指标。一般来说，在相同投入下，录用到符合要求的人数越多，则招聘成本越低，说明招聘效率越高；反之，则说明招聘效率越低。

2. 招聘预算与决算

在组织制订招聘计划时，会对此次招聘活动的开支情况做一个详细的预算，包括招聘广告预算、招聘测试预算、其他预算等。招聘活动结束后要对招聘活动各个环节的支出情况进行决算，以确定招聘活动的开支情况是否符合预算，并找出其中存在差异的原因。

（二）对聘用人员数量和质量的评估

1. 录用比

组织录用的人数与应聘者总人数的比例，反映的是招聘过程中的录用比率，同时也反映出招聘活动的淘汰比率。公式如下。

$$录用比 = \frac{录用人数}{应聘人数}$$

2. 招募比

应聘人数与组织计划招募人数之比。这个指标主要反映组织招募活动是否达到了招聘计划中所设定的计划招募人数以及要检验组织在发布招聘信息时是否达到了吸引足够多的人前来应聘。公式如下。

$$招募比 = \frac{应聘人数}{计划招募人数}$$

3. 招聘完成比

招聘完成比指录用人数与计划录用人数之比,反映的是招聘计划的完成情况。公式如下。

$$招聘完成比 = \frac{录用人数}{计划录用人数}$$

(三) 招聘质量评估

对组织人员招聘质量的评价,是一个比较复杂的过程,主要是考察招聘录用人员在实际工作中取得的工作绩效。可分为短期评估和长期评估。通过求职人员的数量与实际录用人数之比可以评估短期内的招聘质量,招聘质量的长期评估则可以通过员工的流失情况来评断。

(四) 招聘总结

招聘工作结束后,要对招聘过程中出现的各种问题进行总结。通过对招聘计划、招聘方案选择、招聘信息发布、员工选拔和录用决策全过程的如实反映,分析招聘活动取得的成绩,并指出其中的不足之处。通过每次招聘活动所形成的全面的档案材料,为组织后续的招聘活动提供借鉴与参考。

第五章 员工培训

开篇案例

A 公司员工培训的困境

今天，A 公司进行了年度工作总结。忙碌一年，终于可以松口气了，大家都在憧憬着会后的聚餐，可是，人力资源部负责人张君却高兴不起来，耳边不时回响着王总在会上的讲话：公司今年成绩斐然业务拓展蓬勃开展，但是，内部管理还存在着严重不足，特别是公司制度建设和员工培训，与我们预先设想的目标还有相当大的距离。

王总并没有点名批评人力资源部，相反还批评了其他相关部门负责人配合不力。张君感激王总的支持和理解，但是，培训工作没有做好，自己终归是要负责任的。几天前，财务部还明确提出今年的培训费用太高了，耗时耗力却收效甚微，可以说，人力资源部过去一年主抓的员工培训，基本上是失败的。

张君来 A 公司时间并不长，两年前作为公司招聘主管进入公司，在招聘岗位干了一年，部门负责人调离后，他以诚恳的工作态度和娴熟的专业技能赢得了王总的青睐，提升为人力资源部负责人。走马上任之初，王总单独找张君长谈过一次：近几年来，公司急于业务拓展，员工人数大增，但疏忽了内部管理，再加上前任人力资源部负责人自身能力的关系，员工整体素质大不如前。因此，王总希望，张君上任后能够把整个人力资源管理抓起来，首先用一年时间把员工培训做好。

张君首先走访了各部门同事，特别是各部门负责人和基层的一线员工，听取大家的培训想法和意见。与此同时，张君还组织人力资源部发放培训需求调查表，对公司全体员工进行书面调查。经过两周的访谈和调查，人力资源部分析出了公司全体人员的培训需求，开始着手编写公司培训管理办法。

首先是年度培训费用预算。张君提出，A 公司的培训总预算占上一年总销售额的 1.5%。在公司例会上讨论方案时，各部门负责人表示，培训费用预算太高。在王总的建议下，预算费用削减一半，方案算是通过了。但针对近几年新员工增加比较多，对企业认同感比较低，人力资源部准备请知名培训专家来公司做企业文化培训，由于费用的原因，只好取消了相关计划。

考虑到培训预算，张君决定自行开发课程，编写教材，选拔一批业务熟练、表达能力强的人组成内部讲师队伍。由企业内部培训师培训，不涉及教材的版税，只要员工的工资，再加上一些设备、材料的损耗费，培训费用最低。

张君将培训分成公司培训和部门培训两个层级。人力资源部把公共类的课程和计划早早地编写完，但各个部门叫苦不迭，初次接手课程编写就一下子要编写那么多。专业培训课程迟迟不能出炉，一拖就拖到了年后 3 月份，催了几次才陆续交来，内容和形式大部分都达不到要求。反复修改，勉强定稿，已经是 4 月份，但内部讲师却几乎没有人报名参加，平时工作已经很累，哪有时间和精力备课，报酬又寥寥无几。最后下了任务，每个部门必须指定一人，讲师才基本到位。

但各部门负责人似乎希望人力资源部能全力承担所有的培训工作，基本都没有完成专业培训计划。新入职员工自从人力资源部做完入职培训后，部门几乎就没有再专门做其他培训，一部分经验相对少的员工在试用期内就萌生了离职念头。折腾了一年，公司培训似乎还是原来的样子。张君沉思着，这里面到底有什么问题呢？

资料来源：改编自《人力资源开发》2008 年第 3 期

第一节 员工培训概述

1960 年，美国经济学家舒尔茨在《论人力资本投资》的报告中指出，经济增长的主要源泉，除了靠增加劳动力和物质投资以外，更主要的是靠人的能力的提高。人力资本理论是把对劳动者的培训看成是一种投资，组织投入的财力和时间等换来的是员工工作效率和生产力的提高，一个员工离开组织的可能性越小，组织在该员工身上的投入所得到的回报就越高。可见，员工培训是关系到个人和组织共同发展的一项非常重要的工作，是保持和增进组织活力的有效途径。

一、员工培训的概念

员工培训指组织为了提高员工学习和工作的有关能力，改善员工工作业绩和组织经营绩效而采取的一系列有计划的人力资本投资过程。这种能力包括完成工作所需要的知识、技能、态度等。

要准确地理解员工培训的含义，需要把握以下几个要点。

（1）培训的主体通常指政府部门、事业单位、企业以及其他各类组织。

（2）培训的对象不仅包括组织的全体员工，往往还会包括部分外部利益相关者。

（3）培训的目的在于改善员工的工作绩效，满足员工个人发展需要，全面提高员工素质，从而构建组织的核心竞争力和战略优势，最终实现组织的发展目标。

（4）从性质上看，员工培训是战略性人力资本投资和创造智力资本的过程，是对员工素质发展与学习活动的管理过程和优化活动，是人力资源管理的重要组成部分，具有开发的属性。

二、员工培训的分类

按照不同的标准，可以将员工培训划分为不同的类型。

（1）按照培训对象的不同，可以将员工培训划分为新员工培训和在职员工培训两大类。新员工培训指对刚刚进入组织的员工进行培训，在职员工培训指对已经在组织中工作的员工进行培训。由于培训的对象不同，这两类培训之间存在着比较大的差别。

（2）按照员工所处的层次不同，在职员工培训又可以继续划分为基层员工培训、中层员工培训和高层员工培训三类。由于这三类员工在组织中所处的层次不同，承担的职责不同，发挥的作用也不同，因此培训的内容和方法上也有较大的差别。

（3）按照培训形式的不同，可以将员工培训划分为在职培训和脱产培训两大类。在职培训（on-the-job training，ONJT）指员工不离开工作岗位，在实际工作过程中接受培训；脱产培训（off-the-job training，OFFJT）指员工离开工作岗位，专门接受培训。这两种培训形式各有利弊，组织在实施过程中需要根据实际情况来选择恰当的形式。

（4）按照培训性质的不同，可以将员工培训划分为传授性的培训和改变性的培训。传授性的培训指那些使员工掌握自己本来所不具备的内容的培训，例如员工本来不知道如何操作机床，通过培训使他能够进行操作。改变性的培训指那些改变员工本来已具备的内容的培训，例如员工知道如何操作机床，但是操作的方法有误，通过培训使他掌握正确操作的方法。

（5）按照培训内容的不同，可以将员工培训划分为知识性培训、技能性培训和态度性培训。知识性培训指以业务知识为主要内容的培训。技能性培训指以工作技术和工作能力为主要内容的培训，态度性培训指以工作态度为主要内容的培训。这三类培训对于员工个人和组织绩效的改善都具有非常重要的意义，因此在培训中都应当给予足够的重视。

三、员工培训的作用

员工培训对于组织发展有许多重要的作用，其中主要有以下几点。

（一）提高员工的素质

在科技迅猛发展、市场竞争日趋激烈的今天，组织要想取得竞争的优势，就必须正视知识技能更新与市场情况快速变化的现实，高素质员工已成为实现组织目标极为重要的因素，而只有通过培训，提高员工素质，使他们胜任工作，才能实现组织的发展目标。

（二）提高组织的效益

美国经济学家西奥多·W. 舒尔茨（TheodoreW. Schultz）在其《人力资本学说》一书中得出过这样的结论："只要企业开始有效利用人力资源，并挖掘迄今未发挥的潜力去实现企业的目标，则职工个人生产率提高 50% 并不罕见。"因此，把培训当作回报率极高的投资，通过培训改善人力资源已经成为现代人力资源管理中的重要思想。

（三）推动员工的职业生涯规划与发展

目前，组织员工的职业生涯已从单一型职业生涯发展转向复合型职业生涯发展，员工个人都有自己的奋斗目标，都有自身的理想与价值。因此，员工渴望掌握新的知识和技能，并由此获得更高的报酬和待遇。组织可以通过培训直接或间接地满足员工的需求，一方面，可以完善员工的个人能力；另一方面，也可以降低员工的流失率。

（四）促进优秀组织文化的建立

良好的组织文化对员工具有强大的凝聚、规划、导向和激励作用，这些对组织来说有着非常重要的意义，因此，越来越多的组织开始重视组织文化的建设。通过员工的培训，能够使员工逐步理解并接受组织的优良传统和组织精神，有效地贯彻组织的战略目标，使员工的思想观念和行为有利于组织的运转，与组织融为一体，共同求得生存与发展。

四、员工培训系统

员工培训对组织发展非常重要，培训活动又必须花费大量的资金、时间和精力，所以必须对培训进行精心设计与组织。要有效地做好这一工作，应把它视为一项系统工程，即采用一种系统的方法，使培训活动能符合组织的目标，实现员工个人、岗位工作及组织本身三者的优化。具体地讲，一个完整的员工培训系统包括以下四大模块：培训需求分析、制订培训计划、培训实施活动、培训效果评估，如图5-1所示。员工培训系统的四大模块的具体内容将在本章后面各节做详细阐述。

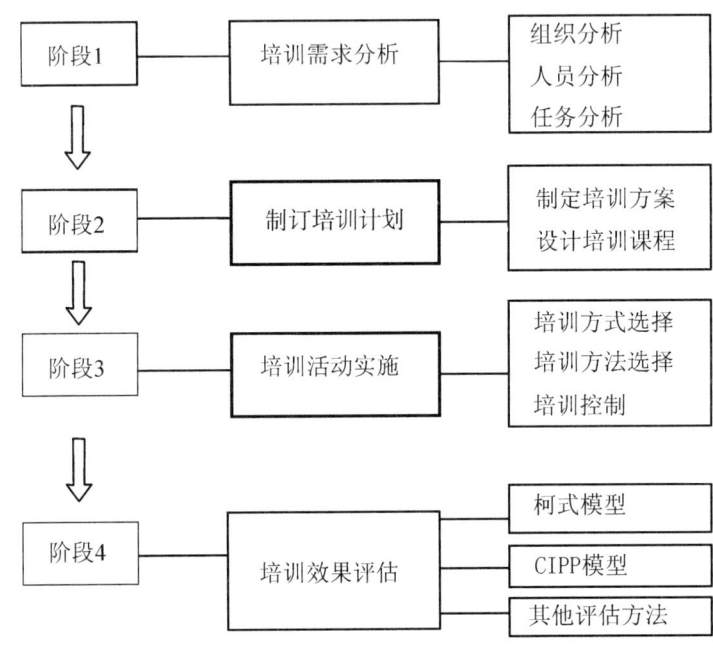

图5-1 员工培训系统模型

第二节 培训需求分析

培训需求分析是指从组织、人员和任务三个方面对培训的必要性、培训的时间以及培训的内容等进行分析。培训需求分析能够保证组织培训工作的有效性，保证组织资源的合理利用，并促进组织现代人力资源管理系统的科学发展。因此，员工培训必须建立在科学的培训需求分析基础之上。

一、培训需求分析的内容

为了保持竞争力,组织必须不断使员工接受良好的培训。但在具体的培训过程中,首先遇到的问题就是为什么要培训和培训内容与目标是什么等问题。没有针对性的培训不能为组织带来任何收益。所以,培训实施过程的第一步就是要确定组织对培训的具体需要,也就是要进行培训需求分析。培训需求的分析可以分为三个层次进行:一是组织分析,着重于确定培训在整个组织范围内的需求;二是人员分析,就是确定哪些人需要进行培训以及培训是否合适;三是任务分析,就是试图确定培训的内容,即员工完成任务,达到令人满意的工作绩效所必须掌握的知识和技能。

(一)组织分析

组织分析就是从整个组织的角度出发,关键是要把培训需求的估计与组织将要达到的目标联系起来。首先确定组织的发展目标和人力资源状况,找到培训的需求所在。然后还要考虑培训发生的环境,也就是对组织内可用于培训的资源以及员工的上司和同事对培训活动的态度等情况进行分析,以明确培训是否符合需要以及培训的可行性。进行组织分析的时候要注意三点。

(1)要有预见性,要以发展的眼光去诊断需要,这就要预测本企业未来在技术上、销售市场上及组织结构上可能发生什么变化。

(2)预测要有根据,必须对组织过去的统计数据进行分析(对生产、成本、安全、质量、设备保养维修等方面指标的仔细检查,从中发现培训需要)。

(3)需要调查,不要只看到那些"硬"的、技术性方面的问题,还应同时注意"软"的、思想方面的问题。而且组织分析还需要关注以下两个方面,一是明确组织的发展目标和人力资源状况。二是分析培训发生的环境。

(二)人员分析

人员分析可以帮助管理者确定谁需要接受培训以及培训是否合适的问题。这常常需要通过对员工的绩效进行评价来找出存在的问题。然而在找出了不良绩效之后,还要考虑通过培训是否能解决这些不良绩效的问题。培训的重点在于促成职工的个人行为发生所期望的转变。没经验的职工绩效不好可能是由于缺乏所需的知识或技能,有经验的职工没做好工作则可能是因为养成了不良的工作习惯或原来的培训水平不高。这些都可以通过个人分析来发现,但还可能是由于工作态度方面存在问题。个人分析是在具体的个别职工水平上进行的。总之,培训是为了解决所发现

的问题，没有问题就无须培训。一般来说，人员分析分为两个部分，一是对新员工的培训需求分析，还有就是对企业现有员工的分析。对新员工的培训主要是帮助他们尽快适应组织、适应工作。而对现有员工的分析主要是通过绩效评估的方式，找出那些与组织期望绩效有差距的员工，分析他们的差距，从而为提供有针对性的培训做好准备。但是在某些特殊情况下，比如对组织发生较大变革或引入新技术、新服务时，可能所有的员工都需要接受培训。

（三）任务分析

任务分析，是指对工作任务进行详细研究以确定工作中需要哪些知识和技能，然后，根据所需知识和技能制订培训计划。任务分析的第一步就是要对工作进行描述，找出对工作有重要意义的具体任务，然后分析成功地完成每一项任务所需的技能和知识。这种分析所用的方法和职务分析所用的方法不同，研究的是职工们怎样具体完成他们各自所承担的职责，即工作的职责，所以又叫作操作分析。不过职务分析的重点是某项职务或任务，任务分析则侧重研究具体的工作者本人的工作行为与期望的行为标准，找出其间的差距，从而知道此人需要接受什么样的培训。任务分析要了解的是：这一工作岗位所要求的绩效标准是什么，即希望人们怎样做这项工作？被研究职工的实际表现与该标准有差距吗？若有，这种差距会造成什么样的后果与损失？这名职工知道对他的期望和要求吗？知道怎样去做才是正确的吗？问题的产生究竟是因为不理解还是没掌握所需的技能？以上问题，归纳起来，就是先对需要分析的工作进行描述，然后分析任务，最后就是确定任务所需技能。

总体而言，培训需求包括组织需求、员工需求和任务需求三个方面。组织需求包括：组织经营战略与发展目标定位、人力资源规划指引的培训背景分析（企业组织人力资源的数量、质量及效率分析）、组织为培训师提供的资源和支持分析。员工需求包括：工作绩效不佳的原因分析；职业生涯分析；谁需要培训，需要何种培训，员工受训需要准备什么。任务需求包括：确定重要的任务（职位工作职责，包括各项工作任务及其难易程度等的分析），确定职位任职资格（员工完成这些任务需要培训的知识、技能和态度倾向、行为方式分析），对工作体系运行状况进行分析。因此，我们不难看出培训需求具有以下几个特点：第一，培训需求分析的主体具有多元性；第二，培训需求分析的客体具有多层次性；第三，培训需求分析的对象具有广泛性；第四，培训需求分析的方法具有多样性；第五，培训需求分析的结果对培训工作具有指导性、前瞻性。培训需求分析是为了给组织的培训活动做好向导，最终都是为了让组织和员工得到共同的发展。

二、培训需求分析的方法

确立一个组织的培训需求,不可只凭猜测,而应尽量使用科学方法,做出需求分析。

(一) 观察法

观察是发现问题、证实问题的最原始和最基本的工具之一。这是一种由受过训练的观察者,通常是人力资源部门的工作人员对照工作说明书,观察体力劳动型或事务性工作型员工的实际操作行为。但观察法本身也有些缺点:易受观察者主观成见的影响,而有损观察的正确性;可能因观察者的有意做作,使获得的资料不正确;有些工作需要长时间才能完成,事实上很难做全盘观察;短期观察很难不碰上突发情况,故不易周详。

(二) 问卷调查

问卷调查是为了确定培训需求,将所需分析的事项设计成问题,请有关人员表达意见,然后加以改正的方法,这主要是了解企业员工对培训的需求内容和态度,依此作为分析依据。它的优点是可同时针对很多人实施,资料来源广泛且节省时间,但也有缺点:调查结果系间接取得,如有问题时无法当面澄清或证实;被调查者在回答问题时,往往倾向"应该如何",而非"事实如何",这种回答态度常影响事实的真实性。

(三) 面谈

主管或教育培训负责人在与员工面谈时,要探询他们对工作或自己的未来抱着一种什么态度和意见,这也是决定培训需求极为重要的参考资料。一般来说,面谈又可分为个别面谈与集体面谈两种。个别面谈记录资料的方法有二:一是当场随听随记,一是利用录音机记录。一般说来,集体面谈比个别面谈可能更有效果,因为集体面谈更容易激发人的积极性,使人提出更多精彩的想法,能取得更好的会谈效果。

(四) 工作考核

准确的工作考核是培训计划的心理来源之一。关于工作效率、员工关系、职业知识以及其他有关方面的表现情况的资料,都是对培养需求有用的信息。如果各组织准备有员工定期的书面考核,则从这些考核资料中可以获得许多有关培训需求的资料。

(五) 人事记录分析

人事部门如果能于平时将人事动态详细记载，则对于培训需求分析有很大益处。它包括如下几方面的内容。

(1) 分析员工定期考核及绩效评估的结果，确定教育培训的对象和内容。

(2) 利用人事档案，对员工情况及历史状况做出调查，确定教育培训的内容。

(3) 使用一套测评员工工作质量的标准统计分析量表，对各类人员素质进行评估，并根据评估结果，确定培训对象与内容。（统计分析量表有工作标准调查表、工作计划与成果记录表等）

(六) 多因素分析法

一个人的工作需要他不仅有能力，而且有志愿，乐于从事此项工作，另外还要有相关条件，比如工作环境。若将意愿、能力、相关条件作为分析工作状况的三要素，排列组合三者，可列出很多种培训状况。

当然，根据每一种不同的排列组合方式，组织就需要有一种不同侧重点的培训需求方式。

(1) "意愿低—能力低—相关低"的状况。在此情况下的培训方式及原则如下：①必须强迫员工参加受训；②以正式的、结构化的培训方式为主；③强调激励与具体的培训活动；④设置一个实际的或模拟的工作场所作为培训地点；⑤施训者应鼓励员工参与，并称赞员工的成就；⑥进行小规模的培训，如此才能提供激励及增强作用。

(2) "意愿低—能力高—相关低"的状况。此状况下的培训目的在于设法提高学员的学习意愿，让他们了解培训与工作的关系。其做法如下：①培训内容略为艰难，以提高学员的兴趣；②培训须在实际的或模拟的工作场所进行，并通过实际动手或模拟操作，增强学习兴趣，增强培训效果，并强调如何将学得的技能应用在工作上；③以强制参加受训或鼓励参加受训来提高学习意愿。

(3) "意愿高—能力低—相关低"的状况。此状况下的做法为：①讲授必须高度结构化，内容宜细分成小单元，并尽可能在工作现场施测；②培训时先示范每一项简单的动作，然后让学员自己动手操作；③在学员逐渐热心学习时，可采用比较放任的方式。

(4) "意愿低—能力低—相关高"的状况。在此状况下进行培训时，须采取下列做法：①由单位强制派训，以免使受训者学习意愿低落；②提供具体的奖励，使学员乐于学习；③经常多给正面的增强效果。

(5)"意愿高—能力高—相关低"的状况。在此状况下需要使学员了解培训与工作的关系,举办短期讲习会,讲习会应在工作场所举行,举办短期性的、周期性的研讨会。

(6)"意愿低—能力高—相关高"的状况。在此状况下须以具体的奖励激发学员学习的兴趣。

(7)"意愿高—能力低—相关高"的状况。在此状况下的培训方式为:①可以采取比较随便的方式;②参加受训的奖励可以不具体;③培训内容必须高度结构化;④让学员有足够的时间,接触各种培训资源,让他自己追求,自己学习。

(8)"意愿高—能力高—相关高"的状况。此状况下,学员不论参不参加受训,都会努力学习,如单位欲进一步培训此类人员,则培训方式只需非正式、少量的培训即可。

第三节 制订培训计划

在明确了培训需求之后,就进入培训计划的设计。制订培训计划是把组织的培训目标具体化,即根据培训目标,确定培训实施的形式、学制、课程设置方案、课程大纲、教科书和参考教材、培训方式、考核方式等问题。组织制订培训计划,受多种因素影响,如组织规模和效益、培训对象的现有水平、国家的政策法规等,特别是组织领导的管理价值观和对培训重要性的认识。

一、培训计划的主要内容

培训的实施计划,要从现实的培训需求出发,结合有关条件具体制订,提高培训的针对性和有效性。它包括培训什么、培训谁、何时培训、在哪里培训、谁培训和怎样培训等方面的内容。

(一)明确培训目标、内容

确立培训目标既要注重近期实效性,又要考虑长期性的员工潜能开发和组织经营战略目标的实现等问题。开展多个层次、多种形式、多样方法以及兼顾组织和员工近、中、远期发展目标的培训开发活动,以满足环境变化的要求和不同的培训需求,这是人力资源开发的本质目标。当然,培训的内容随着培训对象、外部条件、工作性质、管理方式、绩效考核等多种因素的不同而有所不同。

（二）确定培训对象

培训计划要先确定培训对象，然后再确定培训内容、期限、场所、师资和方法等。按照接受培训的对象在组织中扮演的角色，我们可以把培训分为普通员工培训、班组长（骨干员工）培训、中层管理人员（主管人员培训）培训、高层管理人员培训、专业技术人员培训、培训者（包括培训师）的培训等。

（三）确定培训时间

培训的时间可以根据培训的目的、场所、师资和培训对象的素质水平、上班时间等因素来确定。新员工可实施1周至10天，甚至一至两个月的岗前培训。一般员工则可根据培训对象的能力、经验来确定培训期限。培训时间的选定，以尽可能不影响工作为宜。

（四）选择培训场所

培训场所要根据培训内容与手段的需要而定。一般可以分为本组织内部培训基地与外部培训机构两种。培训场所要具有必备的设备。培训场所有教室、会议室、工作现场等，若以技能培训为内容，则决定了最适宜的场所为工作现场，因为培训内容的具体性要求信息传授的具体性，而许多工作设备是无法推进教室的。这些都得视具体的培训情况做灵活选择。

（五）选择合适的培训者

培训者的培训目标即对培训者的角色定位。组织中许多部门的工作人员都承担了培训的责任，他们被赋予了一套共同的价值理念、行为规范和责、权、利配置。培训师无非来源于组织内部和组织外部，要提高培训质量，必须建立一支实力雄厚的师资队伍。因此，培训者必须具备以下条件。

（1）有较高的素质。不仅要有作为一名优秀教师的基本素质，还要有对课程及学员的极大热情。

（2）充分的授课准备。包括授课的技巧、授课的方法、自我形象的设计、课堂授课的控制及课后效果的检验等，都应做好准备。

（3）丰富的培训经验。培训气氛的调动和效果的达成，主要取决于培训师对培训现场的掌握与控制。

（六）选定培训方法和教材

选择策略的唯一标准就是受训者能达到培训与工作所要求的目标。例如，多媒体计算机培训虽然时髦，但对某些培训不一定有效，达不到理想的效果。只有因材施教，选择合适的方法去实现预期目标才是最好的培训。所以说，组织就是要根据不同的培训内容和培训对象等来选定不同的课程和教学方法与教材。

二、培训课程设计

对员工进行培训，是通过培训课程来进行的。所谓培训课程设计，就是根据培训的根本目的，对各种要素（包括课程目标、课程内容、教材、课程实施模式、培训策略、时间、组织七要素）采取不同的方式，做出不同的处理。通过对这些要素的不同选择和处理，就可以设计出各种不同的课程来。开发新课程是一项设计性的工作，也是一项系统性的工作，因此需要富于创造性的工作。如果没有一个指导体系，也不会是有效的培训。在确定了培训需求和目标后，我们需要寻找、挑选、设计或开发出满足需求的培训课程。培训课程开发的广义含义包括对培训内容本身、培训方式、培训媒介、培训资源等一系列与培训有关的元素的开发。课程设计的任务是构建一门课程的形式与结构。因此，在培训领域我们要不断地根据组织要求，发现新的培训需求，开发新的课程和资源。课程设计主要包含七个要素。

（一）课程目标

课程目标提供了学习的方向和学习过程中各阶段要达到的标准。它们经常是通过联系课程内容，以行为术语表达出来，而这些术语通常属于认知范围。在我们所熟悉的一般课程的教学大纲中，最常用的有如"记住""了解""熟悉""掌握"等认知指标。"分析""应用""评价"等较高级的认知行为目标，也是可以表述出来的。但是，根据教育目标分类学理论，在情感领域中的目标，如价值、信念和态度等，虽然也可以在课程的设计中设法表述出来，但在实际中则通常被忽略。培训课程的目标要简单明了，以保证受训者在培训后能够做到。具体说来，一般课程目标包括三个要素：①要求，描述受训者在培训结束时应掌握的东西；②条件，完成目标任务所需要的设备、材料等；③标准，有效测量培训结果的准则。这里的重点是受训者应掌握什么，而不是培训者能教什么。

（二）课程内容

在课程内容的组织上，有两点尤其重要，即范围和顺序。顺序指内容在垂直方向上的组织。范围指对课程内容在水平方向上的安排。范围要精心地限定，使内容尽可能地对学习者有意义并具有综合性，而且还要在既定的时间内安排。对课程内容在顺序上的安排要慎重考虑，先介绍哪些内容，哪些内容做详细讲解，哪些内容用于实践活动，哪些用于最后总结都要安排好。通常安排顺序的原则是由熟悉到不熟悉，由简单到复杂，从某项技能的第一步到最后一步，使受训者通过按照合乎逻辑的步骤不断取得学习上的进步。对培训内容的范围要精心限定，根据目标区分受训者"必须知道"的内容和"最好知道"的内容。当然，培训教师一定要注意信息超载给学习者带来的不利影响。在内容的安排上，要做到重点突出，详略得当。

（三）教材

教材要以精心选择或组织的有机方式将学习的内容呈现给受训者，可以是印刷材料，也可以是投影、幻灯片、录像、电影等。不论何种形式的教材，都必须是事先精心准备的，切合受训者实际需要的并能反映该领域最新信息的材料。在学科课程中，教科书是最常用的教材，也几乎是必备的。教科书的选择，要求内容丰富，有针对性、实用性、操作性强；而且应该是直观简洁，以提示要点、强化认知为重点。

（四）课程实施模式

课程的实施模式，主要指的是学习活动的安排和教学方法的选择，这些安排和选择要与课程的目标和方向直接相关。培训活动的安排和教学方法的选择，旨在促进培训者的认知发展和行为变化。好的实施模式，应当能较好地激发受训者的学习动机，使他们在学习过程中将注意力集中到所希望的方向上。为增强课程的趣味性，使受训者更积极地参与到培训中来，可以使用多种不同的培训方法。

（五）培训策略

培训策略常常是培训活动的一个内在部分，如培训程序的选择、教学资源的利用等应该灵活多样。一个被普遍运用的教学策略是"判断—指令—评价"。在这一策略中，教师分析学生的学习进展情况，判断他们遇到了什么困难，对学习顺序的下一个步骤做出指令；当学员完成指令后，教师做出评价，确定他们是否掌握了课程设计的学习内容。

（六）时间

培训的课程时间是不可再生的有限资源，课程设计者要巧妙地配置有限的课程时间，培训师要使学生在整个课程执行期间积极地参与学习活动，把课堂时间看成是最有价值的。

（七）组织

除了集体授课制以外，分小组教学或者情景模拟等方式也经常被课程设计者运用，分组教学为"因材施教"的个性化教学提供了某种可能。根据培训的目标不同，组织形式可以具有高度的灵活性。

总而言之，培训课程的设计基本程序是：从需求的调查与分析出发，明确课程目标，根据目标要求，进行课程设计。其中包括：安排课程内容、确定教学模式、组织课程执行者、准备培训教材，选择课程策略，做出课程评价方案，预设分组计划、分配时间。初步设计完成之后，要进行论证，确定可行因素，否定不可行的部分。如果是一个多次执行的课程，每一次执行效果的评价都要反馈到下一次的设计当中。

第四节　培训活动实施

制订培训计划和培训活动实施两个阶段紧密联系，相辅相成，计划指导实施，实施依照计划进行，在实施过程中还要根据实际情况进行控制。

一、员工培训的实施方式

重视培训，落实学习，增强人才竞争力，已经是全球共同的趋势；为了更有效地运用培训资源，促进组织的培训效能，建立一个高效、完备的培训体系，更是组织管理与国际接轨非常重要的运作模式之一。培训活动的具体实施与组织的规模和结构关系很大。一般来说，培训活动的实施有下述几种方法。

（一）组织自己培训

大型组织往往设置有专门的教育与培训职能机构和人员，从个别或少数负责培训的职员或干部，到专门的科、处乃至干部，有的还建有专门的培训中心或学校乃至职工大学，配有整套专职教师与教学行政管理干部。在课程开设上，可从个别简单的低层技工培训直至完整的全脱产的学士学位的大学本科课程。培训部门的人员包括培训领导干部督导下的项目协调负责人员和专职培训人员。他们负责分析调查培训需要、确定培训项目的目标、编写考核标准及开发、执行和评估各个培训项目。其中的培训专家还要亲自授课或组织训练活动。许多企业常请车间和科室干部兼课，亲自授课或组织训练活动，更常请有经验的老师傅现身说法。这当然不失为一种有效且成本较低的方法。但培训部门必须意识到，懂得某种知识或掌握某种技能并不一定能保证将其很好地传授给受训者，会操纵一台机器与教会别人也能操纵毕竟是两种不同的能力，后者还需了解教学的基本原理，因此不能忽视对兼职教师本身在教学法方面的训练。

（二）与学校合作

很多组织不惜重金派员工参加培训班或者高薪聘请讲师进行内训，或者我们常见的组织与学校的合作培训。与技工学校、专科学校或高等学校合作，由学校教师向组织提供各类员工培训。与学校合作的产生有其必然性：一方面，组织为寻找合格人才而忧心忡忡，由于竞争加剧，组织在成本考虑上增加了人力资源成本的预算，希望所招人员能尽快胜任本职工作，并具有发展的潜能。另一方面，学校也为本校学生提升就业率而绞尽脑汁。同时，学生本人对社会的认知，以及为适应社会化发展所需具备的各种技能和素质尚待提高。在我国，像开放大学、函授大学、自学考试等各类成人教育项目也常被企业用作培训职工的手段，对特殊需要的人才，选派职工脱产送往高等学府进行定向的正规学制深造的现象，也并不罕见。

（三）专业的培训机构

我国目前的培训市场可谓百花齐放，群雄并起。无数的"英雄豪杰"希望投身到职业培训师行业中，不仅能实现在他人面前一展高见的梦想，也能使自己成为金领一族。谁都希望能够在刚刚进入这个行业之时便接受到最专业的教育，使自己有个好的开始。现在有很多培训机构便以诚信、敬业、务实、创新为办学理念，着力培养高素质、高能力的社会实用型、复合型人才。这些培训机构不仅部分授课老师来自各知名高等学府，而且实现了与某些知名大学的师资共享。这些专业的培训机构办学机制灵活，课程设置新颖独特，教学内容坚持以市场需求为导向，以培养社会急需的或有潜在需求的实用型人才为己任，旨在全方位多层次地为社会提供更优质的服务。

这些专业培训机构的培训项目不同于正规学校的课程教学，而是强调"短、平、快、新"，注重可操作性和实效性，成为学校的系统性理论教学和组织实际运用之间的一个有效转换环节。

（四）选择培训方式

选择培训方式，要从以下几个方面来做决定：首先，确定组织是否具有相应的培训机构和培训师，如果没有，就需要利用组织外部资源实施培训。其次，要依据培训需求与目标。如果培训重在提高实践技能，则可以在组织内部实施培训，如果培训重视个人知识的提升或人格塑造，则选择组织外的培训。

二、员工培训的方法

员工培训的具体实施要选择恰当的方法,以保证培训的效果。一般来说,常用的培训方法有以下几种。

1. 讲授法

讲授法是一种传统的培训方法,使用最为普遍,即通过集中办班的形式,由培训师在固定的场所系统地向受训者讲解某些概念、知识、方法及原理。讲授法主要是培训师讲授知识,受训者记忆知识,在培训中一般会穿插提问环节,由受训者提出问题,培训师进行回答。讲授法的优点在于可以在短时间内向一大批人提供大量的信息。与其他方法相比,讲授法的优点是其培训成本最小,适合于系统地进行知识更新和传授;缺点在于这是一种单向沟通的培训方法,培训效果完全取决于培训师的演讲水平,培训方式单调,互动性不强,缺乏针对性。

2. 案例教学法

案例教学法是由哈佛大学首创的一种教学和培训方法。它通过把实际问题进行典型化处理,交由受训者进行独立研究和讨论,从而提高受训者的分析能力以及解决实际问题的能力的一种方法。案例教学法开放、合作、互动,优点在于学生能够积极地参与培训,进入特定的"现场",深入角色,自主学习,提升自身的综合能力,同时,案例教学针对具体问题,具有很强的现实性和针对性。但由于切合组织实际培训需要的案例存在收集和提炼上的困难,也给这种方法的使用带来了一定的障碍,采用案例教学法,还对受训者有较高的要求。

3. 角色扮演法

角色扮演法是一种典型的亲身体验式的教学方法,指由受训者扮演具体案例中的某个角色,去处理各种问题和矛盾。培训的目的在于提高员工行为的有效性。角色扮演法能够促进员工个人发展和提高员工行为技能,尤其是能够使受训者进行"换位思考",有利于解决现实工作中的矛盾,促进工作中的协调与配合。但这种方法更注重受训者的情境体验,所以不适用于知识和技能的培训。

4. 工作轮换法

工作轮换法指组织为员工在不同职能领域或单一的职能领域中,所做出的一系列的工作任务安排。工作轮换法是一种有效激励和开发员工潜力的培训方式,能够有效扩大员工的知识层面,丰富员工的工作经验,并消除员工由于工作单一而产生的厌烦感,增强员工的工作适应能力和创新能力。在整个工作轮换的过程中,员工能够深入了解各个职位的工作内容,这种方法适用于对管理人员的培养,但不太适用于专业技术性较强的员工。

5. 头脑风暴法

头脑风暴法是由美国创造学家 A·F·奥斯本提出的一种激发创造性思维的方法。这种方法可以使所有参与者能够针对某一特定的问题，畅所欲言地提出自己的想法，并激发彼此的创造性思维。采用头脑风暴法进行培训能够最大限度地发挥员工的想象力，并充分运用集体的智慧，这既是一种解决方法，又可对员工进行解决问题的思维能力训练。

对员工进行培训的方法还有研讨法、情景模拟法、暗示教学法、敏感性培训、公文处理训练等。在具体的培训过程中，组织应根据自身的实际情况，选择适合的方法对员工进行培训。

三、培训控制

培训控制指在培训过程中不断根据目标、标准和受训者的特点，矫正培训方法、进程的各种努力。培训控制是实施培训的一个重要部分，能够保证组织培训紧紧围绕事先确立的培训目的展开。在大型组织的培训中，一般会有管理人员全程听完培训，并对培训及时提出意见和建议，因此，培训控制需要培训师或培训管理人员、受训者和组织管理人员的共同参与。

培训控制主要包括以下三个方面的内容。

（一）观察环境变化，适时适当调整培训计划与方法

培训计划是根据培训需求分析的结果和当时所处的环境来制订的，随着环境的变化，可能会造成培训计划与现实需要不相匹配，如生产工艺的变化、组织战略的调整等，都可能会影响培训计划是否继续执行，这时就需要对培训计划和方法进行适时适当的调整。

（二）跟踪了解培训师、受训者与组织管理者的培训态度和感受

了解受训者的培训需求获得满足的程度，了解培训师在培训中发现的问题，了解培训目标的达成状况，从而加强对培训过程的管理和控制。

（三）加强培训材料的收集整理

对培训资料的收集和整理，可以比较培训现状与目标的差距，发现培训计划执行的偏差，跟进培训计划的执行情况，从而以加强对员工培训过程的管理。对资料的收集和整理有利于下一步培训评估的实施，也可以为以后的员工培训活动提供参考与借鉴。

第五节 培训效果评估

培训效果的测定与反馈对于企业员工培训十分重要。通过对员工培训活动的效果评估，既可以了解培训产生的效益，进而肯定成绩、找出差距，以改进培训工作，又可以为未来的培训打好基础，改进培训工作和提高培训工作的水平。可见，员工培训的效果评估有利于企业人力资源的进一步开发。

一、柯式评估模型

对于培训效果评估的研究，最早是由威斯康星大学（Wisconsion University）的柯当纳（Donald L. Kirkpatrick）于1959年提出的四层次模型（本书简称柯式模型），也是目前最常用的评估方式。这四个层次分别为：一级评估即反应层评估，这是培训评估的最低层次，主要了解学员对于培训项目的看法，包括对培训项目的设计、培训师、培训组织、培训环境和条件、培训方法等的主观感受。一般可以通过问卷调查或者访谈的形式进行。二级评估即学习层次评估，主要评估学员通过培训学到了哪些新的知识、技能。一般采用笔试、现场操作、情景模拟和角色扮演等方式进行。三级评估即行为层次评估，一般由上级、同事、下属、专家或客户等观察学员经过培训后，行为是否有所改善，以及是否将培训中所学的知识和技能运用到工作之中。四级评估即结果层次评估，这是培训评估的最高层次，主要是对学员经过培训后，个人绩效以及组织绩效的提高程度进行评价。一般通过一些具体指标如生产率、事故率、投诉率等来进行衡量。Kirkpatrick认为，这四层的信息是递增的，即低层的信息是更高层次评估的基础，越是往下就越接近实际，评估时要获得的信息量就越大。具体内容见表5-2。

表5-2 柯式的四级评估模型

层次	标准	重点
1	反应	受训者满意程度
2	学习	学到的知识、技能、态度、行为
3	行为	工作中行为改进
4	结果	受训者获得的经营业绩

这一模型不仅对培训结果进行评估，还涉及对培训过程的评估，是一个比较完整的模型，后来它成为最常用的培训评估模型。但是，这一模型主要侧重于培训结

果的评估，对于培训过程涉及很少。而且，其评估是在培训完成后进行的，因此评估结果只能对以后的培训产生影响，而对于本次培训，则基本上没有价值。

二、CIPP 模型

Warr. P，Bird. M 和 Rackham. N 提出了 CIRO（由该模型四项评估的首字母组成）模型，将培训评估分成背景评估、输入评估、反应评估和输出评估四个层次。相对于柯式模型，这一模型增加了事前评估，开始向系统型培训模式所倡导的评估理念靠拢。其后，Daniel Stufflebeam 提出了 CIPP 模型，对 CIRO 模型进行了完善，将培训评估扩展到整个培训过程。这一模型亦包括了四个层次的评估，具体为：①背景评估，这一过程的主要任务是确定培训需求以及设定培训目标。它具体包括：了解相关环境，分析培训需求，鉴别培训机会，制定培训目标，等等。②输入评估，主要任务是评估培训资源和培训项目。它包括收集培训资源信息，评估培训资源，评估项目规划是否有效地利用了资源，是否能够达到预期目标以及是否需要外部资源的帮助，等等。③过程评估，主要是通过评估，为实施培训项目的人们提供反馈信息，以使他们能在后续的培训过程中进行改进和完善。④成果评估，主要是对培训是否达到预期目标进行评估。它包括学员的满意度，知识和技能的增加，行为的改善以及个人和组织绩效的提高，等等。

相对于柯式模型，这一模型具有非常显著的优势：它真正将评估活动介入培训的整个过程，不仅对培训的必要性和可行性进行分析，还注重对培训过程进行监控；并且，培训过程中的评估可以及时发现和总结本次培训的经验和不足，其反馈信息会对本次培训的后续项目产生积极影响。因此，这是一个比较完善的模型。

三、培训效果评估的其他方法

进行培训效果的评估，还可以分别运用问卷法、测试法、考核法和现场成果测定法等方法。

（1）问卷法。用问卷法收集受训者的意见，然后由培训负责人和专家等组成的评估小组，对提出的意见进行分析与评估。

（2）测试法。用测试法测定受训者的学习成果，包括口试、笔试和工作现场的实际操作等形式。

（3）绩效考核法。用绩效考核法测定受训者在接受培训之后的岗位工作中的行为变化。这种考核应当由对受训者的工作情况最为熟悉的上级、下级、同事和本人发表看法，进行分析和评估。

（4）现场测定法。用这种方法可以测定经过培训后受训者对经营成果的具体而直接的贡献。

当然还有其他的方法，诸如追踪法、对照法等。

第六章　职业生涯管理

> 开篇案例

腾讯人才管理的妙招——做好员工的职业生涯规划

腾讯的迅速发展，团队的快速壮大，背后必然有一套好的机制进行管理。腾讯十分重视人才，它会为每一位员工制定各自的职业生涯规划，包括在横向和纵向上，使每一位员工能清楚自己的职业成长方向和每一个阶段的重心、要求，让员工与企业共同成长。

（1）在纵向上，腾讯为员工搭建职业发展阶梯，清晰指引员工发展目标，体现了对员工能力发展的期望与要求。纵向上分为六个等级（由高到低）。

六级——权威，作为公司内外公认的权威，推动公司决策。

五级——资深专家，作为公司内外公认的某方面专家，参与战略制定并对大型项目/领域的成功负责。

四级——专家，作为公司某一领域专家，能够解决较复杂的问题或领导中型项目/领域，能推动和实施本专业领域内的重大变革。

三级——骨干，能够独立承担部门内某一方面工作/项目的策划和推动执行，能够发现本专业业务流程中存在的重大问题，并提出合理有效的解决方案。

二级——有经验者，作为一个有经验的专业成员，能够应用专业知识独立解决常见问题。

一级——初做者，能做好被安排的一般性工作。

在以上六个等级里，每个等级又包含三个子等级，分为基础等、普通等和职业等。

基础等，指刚达到本级别能力要求，尚需巩固。

普通等，指完全达到本级别各项能力要求。

职业等，指本级别各能力表现，成为公司或部门内标杆。

（2）在横向上，腾讯按能力与职责相近的原则，为不同能力的员工设计了不同的职业发展通道。

专业族，包含企管类、财务类、人力资源类、法律类、行政类等。

产品/项目族，包含游戏策划类、项目类等。

技术族，包含软件开发类、技术研究类、设计类、游戏美术类等。

市场族，包含战略类、销售类、营销类、客服类等。

职级晋升的实现步骤包括自愿申报和实现职级晋升。自愿申报必须经过基本资格审核（绩效＋资历）和能力评审（各通道/各职级能力标准）；实现职级晋升必须达到两条标准，不仅要符合基本资格要求，能力也要达到晋级标准。绩效和资历是员工职级晋升的门槛，能否实现专业职级的晋升，最终还要看员工专业能力是否真正得到提升，并达到了目标职级的要求。员工只有不断提升工作能力并创造良好的绩效，才能在公司获得持续的发展。同时员工应认真规划，做好申报准备，积极申报，以实现自身的职业发展。

资料来源：改编自小企鹅的大智慧：腾讯人才管理的妙招——做好员工的职业生涯规划 https：//www. sohu. com/a/232000510_264230

第一节　职业生涯管理概述

一、职业生涯管理的概念

（一）职业

职业（occupation），指不同时间、不同组织中工作性质类似的职务的集合，指人们在社会上从事赖以获得物质报酬的具体工作，是随着人类社会进步、生产力的发展和社会劳动的分工而产生的。此外，职业是联系社会与个人、组织与个体的桥梁。一方面，组织的发展和壮大离不开每一个从事不同职业的人所做的努力，每一个人从事不同职业所取得的成绩推动了社会的进步。另一方面，个人的职业是由组织和社会提供的，社会越发展，组织越壮大，给个人提供的职业机会就越多。也就是说，个人职业发展的好坏离不开社会的进步和组织的发展。

每个人的一生都是与职业紧密联系的。一个人在早期即接受教育时期是为自己将要从事的职业做准备；从进入社会参加工作到退休，则是处于职业生涯时期。就算是退休以后，部分人仍从事着职业，依然与职业脱不了关系。

一个人的职业生涯往往要持续几十年，甚至终其一生。职业选择的好坏关系到一个人的命运。首先，如果选择的职业不好，获得的报酬可能就不高，不能过上宽裕的物质生活。其次，如果从事的职业不是自己的兴趣所在，就会找不到归属感，感觉不到价值的实现和生命的意义；反之亦然。可见，职业对于个人来说是何等重要。

对于组织来说，能否把员工配置到适合的职位上，使组织的每一位员工都能够从事适合自己或自己喜爱的职业，关系到组织能否最大限度地调动员工工作的积极性和主动性，也最终关系到组织是否具有凝聚力和向心力，关系到组织的生存和竞争能力。因此，对于组织来说，研究组织内部职业科学配置的问题是非常重要的。

（二）职业生涯

职业的发展伴随个人的一生，这个过程包含了个人所选择的工作、职业以及各种相应的活动，它受到个人家庭状况、学校教育、宗教信仰以及其他各种社会因素的影响，这就是我们所说的职业生涯。

职业生涯（career）这个概念的含义曾随着时间的推移发生过很多变化。在20世纪70年代，职业生涯专指个人生活中和工作相关的各个方面。随后，又有很多新的意义被纳入"职业生涯"的概念中，其中甚至包含了生活中关于个人、集体以及经济生活的方方面面。

从经济的观点来看，职业生涯就是个人在人生中所经历的一系列职位和角色，它们和个人的职业发展过程相联系，是个人接受培训教育以及职业发展所形成的结果。

从职业发展的过程来看，职业生涯被看成是"在个人的一生中，由于心理、社会、经济、生理及机遇等因素相互作用所造成的工作、职业的发展变化。职业的发展是个人发展中的一个最主要的方面，它跨越人的整个一生并涵盖个人的自我概念、家庭生活以及个人所处的环境、文化氛围的方方面面"。这种观点试图把工作和职业的发展作为一个整体——看成个人生活的一个部分而不是辅助性的以赚钱为目的的活动。

知名学者舒伯（Super）曾将职业生涯定义为：职业生涯是生活中各种事件的演进方向与历程，统合了个人一生中各种职业与生活的角色，由此表现出个人独特的自我发展组型。生涯是人生自青春至退休之后，一连串有酬或无酬职位的综合，除了职位之外，尚包括任何和工作有关的角色，如副业、家庭和公民的角色等。

职业是一种静态的描述，职业生涯则是一个动态过程。职业生涯指一个人一生中在不同职业岗位上工作过的所有经历。职业生涯不仅包含工作或职业，还包含了个人的生活风格，及个人在一生中所从事的所有活动。职业生涯既有时间上的含义,也有空间上的含义。从时间上讲,职业生涯指一个人一生中工作的时间总和;从空间上讲,职业生涯指一个人一生中所从事的各种职业之和。

(三)职业生涯管理

职业生涯管理主要指对组织与个人对职业生涯进行设计、规划、执行、评估和反馈的一个综合性的过程。

从个人的角度来讲,职业生涯管理就是一个人对自己所要从事的职业进行规划和设计,并为实现自己的职业目标而积累知识、开发技能的过程。一般通过选择职业、选择组织(工作单位)、选择工作岗位、提高工作技能、晋升工作职位、发挥个人才干等途径和方式来实现。

组织在进行职业生涯管理时,所考虑的因素主要是组织的整体目标,以及所有成员的整体职业生涯管理,其目的在于通过对所有成员的职业生涯管理,充分发挥成员的集体潜力和效能,最终实现组织发展目标。

职业生涯管理对于组织能否完成组织目标以及个体能否满足个人目标有着重要的影响。对个人来说,职业生涯管理使他们具有洞察力和行动的方向,并且给他们提供了方法去应对模糊的角色要求和组织要求,去识别职业发展的机会,减轻与职业调整相关的压力。对组织来说,职业生涯管理可以用好、开发好人才,提高效率、增长利润、促进组织发展。

二、职业生涯管理的意义

从 20 世纪 50 年代末 60 年代初正式出现"职业生涯"概念开始,西方学者从各个角度对职业生涯理论进行了探讨,提出了各种各样的理论和观点,如萨柏的职业发展阶段理论、约翰·霍兰德的职业性向理论、施恩的职业锚理论等。综合他们的各种观点,可以认为,职业生涯管理既能够最大限度地规划好个人职业,挖掘发展潜能,争取事业上的成功,又能够为组织提供充足的人力资源保证,有效地遏制组织内部人才的流失,进一步加强员工对组织的忠诚度。总的说来,职业生涯管理能够实现个人职业生涯目标与组织发展目标的高度统一,又能极大地促进社会的繁荣和进步。职业生涯管理具有以下三项意义。

(一)提升员工职业能力,促进员工成长

个人和组织在设计和实施职业生涯规划的过程中,都需要依据员工的个体特点、成长需求以及组织的发展需要,有针对性地制订员工的职业生涯规划,设计出适合的职业发展路径,提供有针对性的培训和学习机会,促使员工的职业能力不断提高。

（二）调动员工积极性，促进组织发展

根据马斯洛的需求层次理论，人们寻求职业的最初目的可能仅仅是寻找一份养家的工作，进而可能追求财富、地位和别人的尊重。职业生涯管理可以使员工超越财富和地位之上，追求更高层次的自我价值实现。同单纯的奖惩措施相比，职业生涯管理具有更强的独特性和排他性，组织不仅根据员工的个体特征为其制订职业发展规划，还为其明确职业发展方向，并提供必要的指导，因而能起到更好的激励作用，在提高员工积极性的同时，提升组织效率，促进组织发展。

（三）为社会培养人才，促进社会进步

员工职业能力的提升，是国民素质提高的表现。员工在组织之间的流动，也是社会资源实现优化配置的一个过程，它使个人有机会寻找到更适合于自己的岗位，为社会财富的增长做出更多的贡献。因而组织在实施职业生涯管理、提高员工职业能力、提升组织效率的同时，也在为社会培养人才。事实上，组织发展和个人发展是社会进步的前提，社会进步又为组织和个人提供了更好的发展平台，职业生涯管理的整体功能，就是促进员工、组织和社会的共同发展。

三、职业生涯管理与人力资源管理其他环节的关系

（一）员工招聘

员工进入组织或员工更换组织，正好对应于人力资源管理中的人员招聘工作，个人寻求进入理想的组织和职业岗位，组织也希望能获得符合组织文化、能胜任招聘岗位、有发展潜力的员工。

招聘工作的质量也决定了职业生涯管理工作的难易程度以及人力资源开发的水平。如果招聘工作成功，组织获得了许多优秀的有潜力的员工，辅以成功的职业生涯管理，组织的竞争力就会显著增强；个人也因为价值观契合，更容易适应并融入组织，有利于创造个人职业生涯辉煌。

（二）员工培训

培训的需求供给方向一致，培训便是职业生涯管理的内容。员工参与培训是从自己的职业生涯发展角度考虑的，即对自己的不足专门的学习，实现自己的职业目标，实现自我价值；组织开展培训，希望提高员工生产绩效或提升员工能力从而适

应组织变革的需要。

培训通常能促进员工的职业生涯发展，体现员工的部分利益。培训中对不仅要求员工掌握工作中所需知识和技能，同时还要求员工掌握沟通、团队合作等综合技巧和能力，同时满足组织和个人维持持久竞争力的需要。

（三）绩效管理

绩效管理和职业生涯管理相辅相成。对于个人来说，绩效评估的结果是自我认识的重要途径，也是个人制定职业生涯发展目标的基础。对于组织来说，组织在绩效管理过程中发现员工存在的且可通过额外的培训加以改进的弱点，从而确定如何激励员工提升绩效表现，能帮助员工形成适宜的职业目标；绩效评估的结果是员工的晋升、岗位轮换和培训的依据。将绩效管理与员工职业生涯发展联系起来非常重要的前提是绩效评估指标的全面性以及评估结果的准确性。

（四）薪酬管理

职业生涯管理与薪酬的关系主要通过职业生涯发展的水平联系起来。职业生涯发展好的，晋升比较快，往往薪酬也会比较高。特别是当今社会，比较关注效率，业绩好的人职业晋升快，而职位高的人待遇好。

第二节　职业生涯管理的相关理论

一、职业生涯周期理论

根据每个人不同的人格性向（包括实际性向、技能性向、社会性向、艺术性向、商业性向、常规性向等），其职业选择和职业生涯路径也是各不相同的，但是，都有一个共同点，就是都会经历成长、探索、职业确立、维持和下降等几个阶段。每个人只要能结合自己的性格、特长等多方面因素来认真剖析自我，就必然能找到适合自己的职业生涯发展路径。但是每一个阶段的工作都应该有高度清晰的规划感和层次感，要能够清楚地明确每个阶段该干的具体工作。

职业生涯的发展常常伴随着年龄的增长而变化。尽管每个人从事的具体职业各不相同，但在相同的年龄阶段往往表现出大致相同的职业特征、职业需求和职业发展任务，据此可以将一个人的职业生涯划分为不同的阶段。

关于职业生涯周期理论主要有代表人物金兹伯格的三阶段理论和萨伯的五阶段

理论。其中最著名的是萨伯的五阶段理论。萨伯认为，一个人的职业生涯分为以下五个阶段。

（一）成长阶段（从出生到14岁）

在这个阶段，个人逐渐通过对家人、朋友和老师的认识，与他们相互作用，形成自我的概念，了解自己的兴趣和能力，到这个阶段结束时，才开始从现实的角度思考自己选择各种职业的可能性。

（二）探索阶段（15岁到24岁）

在这个时期，人们开始认真思考自己将来可能选择的职业。他们将会了解各种职业，并将自己的兴趣和能力结合起来，思考适合的职业。一开始，他们选择的并不是某一项具体的职业，而是圈定一个职业范围，可能包括好几种职业。随着对所选职业的深入认识以及对自己的进一步了解，他们会对最初圈定的职业范围进行细分，到这一阶段结束的时候变为选择某一项具体的职业，这表明他们已经准备开始工作了。这个阶段最重要的任务就是尽可能地了解各种职业信息，并对自己的能力和天资进行评价。

（三）确立阶段（25岁到44岁）

这个阶段属于职业生涯的核心阶段。在这个阶段的早期，大多数人能够寻找到适合自己的职业，然后投入这项职业，通过自己的努力取得事业上的成功。

确立阶段又分为三个子阶段：第一，尝试子阶段（25岁—30岁）。在这个阶段，个人会对所选择的职业是否适合自己进行确定，如果发现不适合，就会选择别的职业。第二，稳定子阶段（30岁—40岁）。在这个阶段，人们通常会确定自己的职业目标，制订明确的职业计划。第三，职业中期危机阶段（可能会发生在30岁—40岁的某个时期）。在这个阶段，人们会对自己的职业状况进行重新考量，思考是否已经实现了自己最初设定的职业目标，工作、职业对自己而言的重要程度，以及如何处理工作与生活的关系，等等。通过这样的思考去确认自己到底需要什么，要达到什么目标，以及达到这一目标需要做出多少努力。

（四）维持阶段（45岁到65岁）

这个阶段，人们往往已经在自己的工作中取得了一定的成绩，他们主要是要保持自己的地位。

（五）下降阶段

这个阶段是指临近退休的时候和退休以后。在这个时期，人们必须适应责任减少甚至失去权力的状况。尤其是退休以后，人们不再工作，如何打发精力和时间是需要考虑的主要问题。

总的来说，不同的职业生涯阶段特点不同，面临的职业任务和职业问题不同，职业规划的具体内容也是不一样的。

二、帕森斯的人职匹配理论

1909 年美国波士顿大学教授帕森斯在其著作《选择一个职业》中提出了人职匹配理论。该理论认为，每个人都有自己独特的人格模式，每种人格模式都能找到与其适应的职业类型，就是人与职业相匹配，即寻找与自己特性相一致的职业。帕森斯还认为正确的职业选择需要具备三个要素：第一，了解自己的能力倾向、兴趣爱好、气质性格、身体状况等个人特征。第二，分析各种职业对人的要求，以获得有关的职业信息。第三，上述两个因素的平衡，即在了解个人特征和职业要求的基础上，选择一种适合个人特点又能够获得的职业。由以上可见，注重个人差异与职业信息的收集与利用是该理论的基本特点，实现人职匹配是该理论的核心。

帕森斯的人职匹配理论对于职业生涯管理具有很强的现实意义。通过这个理论，我们可以在职业选择时对自己所选择的职业进行适宜性分析，通过分析、了解每个人的个性特征和不同工作的性质、特点，为每个人寻找到适合的职业。

三、霍兰德的人业互择理论

人业互择理论是美国约翰霍普金斯大学心理教授，著名的职业指导专家约翰·霍兰德于 1959 年提出的。霍兰德认为职业选择是个人人格的反映和延伸，世界上存在着六种基本类型的人格，与此相对应，也存在着六种类型的职业，人格与职业的相互作用决定了一个人的职业选择，见表 6-1。

表 6-1 霍兰德的六种人格类型及相应的职业

人格类型	人格特点	职业兴趣	代表性职业
实际型	真诚坦率，重视现实，讲求实际，有坚持性、实践性、稳定性	手工工艺、机械的、农业的、电子的技术	体力员工、机械操作者、飞行员、农民、卡车司机、木工、工程技术人员等

---

① 孙健敏：《人力资源管理》（一），北京：高等教育出版社，2004 年 12 月，第 301 页。

续表6-1

人格类型	人格特点	职业兴趣	代表性职业
研究型	分析性、批判性、好奇心、理想的、内向的、有推理能力的	科学、数学	物理学家、人类学家、化学家、数学家、生物学家、各类研究人员等
艺术型	感情丰富的、理想主义的、富有想象力的、易冲动的、有主见的、直觉的、情绪性的	语言、艺术、音乐、戏剧、书法	诗人、艺术家、小说家、音乐家、雕刻家、剧作家、作曲家、导演、画家等
社会型	富有合作精神的、友好的、肯帮助人的、和善的、爱社交和易了解的	与人有关的事、人际关系的技巧、教育工作	临床心理学家、咨询者、传教士、教师、社交联络员等
企业型	喜欢冒险的、有雄心壮志的、精神饱满的、乐观的、自信的、健谈的	领导、人际关系的技巧	经理、汽车推销员、政治家、律师、采购员、各级行政领导者等
传统型	谨慎的、有效的、无灵活性的、服从的、守秩序的、能自我控制的	办公室工作、营业系统的工作	出纳员、统计员、图书管理员、行政管理助理、邮局职员等

这六种人格类型与职业类型的对应关系也并非绝对的。通过多次实验，霍兰德发现虽然大多数人可以主要归为某一类人格，但是由于个人适应能力很强，他的人格类型也与另两种类型存在一定的相似性，也能够适应这两种类型的工作。每一种职业类型和其他职业类型既存在着相关性，又相互排斥。霍兰德用一种六边形图对这六种职业类型的相互关系进行了直接的描述，如图6-1所示。

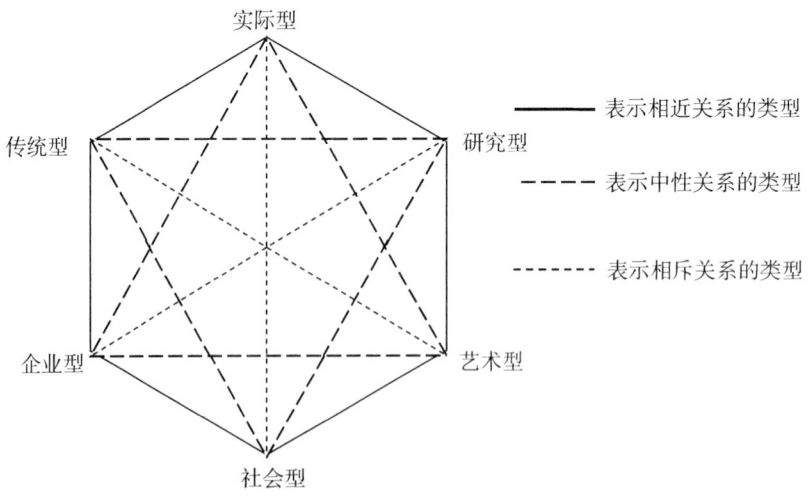

图6-1 霍兰德六种人格类型图①

---

① 孙健敏主编：《人力资源管理》（一），北京：高等教育出版社，2004年，第302页。

霍兰德的人业互择理论认为：只有当一个人选择的职业环境恰好与他的人格类型相重合时，才算是找到了最适合自己的职业。只有在这种情况下，个体才容易得到精神上的满足，才可能在工作中完全发挥自己的才能。当一个人不能找到和他的人格类型完全一致的职业环境时，他可以去寻找和自己的人格类型相近的职业环境。如研究型与实际型和艺术型相近，传统型与实际型和企业型相近。个人只有选择了与自己人格类型相近的职业，才能够适应其职业环境。如果选择了和自己人格类型相斥的职业，就很难感受到这项职业带给自己的乐趣，很难适应这种工作环境，甚至完全胜任不了这份工作。如企业型人格的人在研究型的职业环境中就很难适应。

霍兰德的理论主要是通过研究人格类型与职业类型的匹配程度来阐释职业选择和职业适应问题。不仅人格特征对一个人职业选择和职业成功与否起着重要的影响，除此之外，许多其他因素如个人所处的社会背景和组织也会对其职业选择和职业能否成功产生影响。

四、施恩的职业生涯系留点理论（职业锚理论）

职业生涯系留点理论是美国学者施恩等人对麻省理工学院管理系毕业生进行了长达十几年的追踪研究，进行了大量采访、面谈和态度测量等研究分析得出的。该理论认为，人们大学毕业时的就业动机与职业价值观与十多年以后的心理需求和职业价值观存在着一定的差异。这主要是由于大学毕业生对自己的认识和对外界的认识存在盲目性和不准确性，这种盲目性和不准确性只有经过一段时间的实践才能矫正。此外，施恩还认为，只有真正有了职业经历和工作体验，个人才可能正确、清楚地感知到自身的才能。

这个理论说明了人们只有具备了丰富的工作阅历，才可能找到自己真正乐于从事的职业，并作为自己终身的职业。只有经过长期的职业实践，人们才可能真正认识到自己的"需要与动机、才能、价值观"，寻找到自己最适合的职业特性，即形成人们终身认定的，假定再次进行选择职业时仍然是最不肯舍弃的因素，即"职业生涯系留点"（career anchor）。通过寻找到自己最适合的职业特性即职业生涯系留点，最终确定与自己相适应的职业，我国学者把这一理论形象地称为"职业锚"理论，指人们选中了一种职业，就好像船"抛锚"一样，从此确定下来不再改变。

施恩教授根据自己多年长期研究的结果，发现职业锚可以分成 8 种类型。

（1）技术型或职能型定位。主要关注工作的实际内容，希望能一直在自己擅长的技术或者职能领域工作。

（2）管理才能型定位。从事直线管理工作，而不是在某个职能部门，关注点主要是如何把其他人的努力整合起来，衡量的是总体效果。

（3）自主权型定位。主要考虑自身如何才能不受组织各种规章制度的限制，自行决定工作内容、形式和强度，为了这种自主权，甚至宁可得不到提拔。

（4）安全—稳定型定位。基本出发点是长期保持稳定的职业，希望得到稳定、可预测的工作。

（5）服务和奉献型定位。主要关注的是追求实现某些有意义的结果，例如，从事帮助性职业来改善他人的生活水平。

（6）纯粹竞争型定位。主要工作需求是解决那些看起来无法解决的难题或不可逾越的困难和障碍，强烈追求工作的新鲜感、多变性和挑战性。

（7）企业家型定位。主要目标是追求创新，包括克服某些障碍、敢于冒险和突出个人成就，追求的是拥有按照自己的方式创办组织的自由。

（8）生活方式平衡型定位。主旨在于实现自身生活各主要方面的平衡，追求家庭生活和工作之间的协调一致。

第三节 个人职业生涯规划

一、个人职业生涯规划概述

职业生涯规划指个人根据对自身的主观因素和客观环境的分析，确立自己的职业发展目标，选择实现这一目标的职业，以及制订相应的工作、培训和教育计划，并按照一定的时间安排，采取必要的行动实施职业生涯目标的过程。根据定义，职业生涯规划首先要对个人特点进行分析，其次对所在组织环境和社会环境进行析，最后根据分析结果制定个人的事业奋斗目标，选择实现这一事业目标的职业，编制相应的工作、教育和培训的行为计划，并对每一步骤的时间、顺序和方向做出合理的安排。

职业生涯规划在个人的职业决策过程中必不可少，它有助于个人发现自己的认识目标，平衡家庭与朋友、工作与个人爱好之间的需求。另外，职业生涯规划能使个人做出更好的职业选择：接受还是拒绝某项工作，有无"跳槽"的必要，是否寻找更具挑战性的工作以及何时辞掉压力过大的工作。更为重要的是，职业生涯规划有助于个人在职业变动的过程中，面对已经变化的个人需求及工作需求，进行恰当的调整。

二、个人职业生涯规划的制订

个人职业生涯规划是根据个人自身情况和外部环境制定的发展方向和目标，并设计出实现目标的可行性方案。它是一个通过自我认识、自我肯定、自我成长，最终达到自我实现的个人发展过程。

职业生涯规划一般包括自我分析，环境分析，职业生涯目标的确定，职业选择，职业生涯路线的制定，评估、反馈与修正六大环节，如图6-2所示。

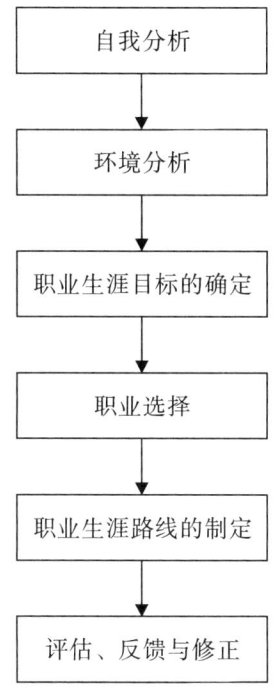

图6-2 职业生涯规划的步骤

（一）自我分析

自我分析就是对自己进行全面的分析，通过自我分析认识自己、了解自己，以便准确地为自己定位。自我分析的过程，实际上是自我暴露和解剖的过程，重点分析自己的条件，特别是性格、兴趣、特长与需求。

自我分析是职业生涯规划的基础，直接关系到个人的职业成功与否。通过自我分析认识自身的条件，进行比较准确的自我评价，并对此做深层次的分析，以便根据自身的特点设计自己的职业发展方向和目标。

自我分析的方法有多种，我们介绍两种：橱窗分析法、自我测试法。

1. 橱窗分析法

心理学家把对个人的了解比成一个橱窗。为了便于理解，可以把橱窗放在一个直角坐标系中加以分析。坐标的横轴正向表示别人知道，负向表示别人不知道；纵轴正向表示自己知道，负向表示自己不知道。坐标橱窗如图6-3所示。

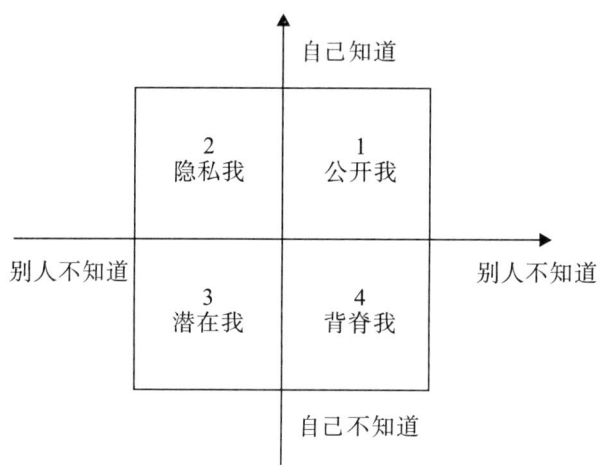

图6-3 橱窗图

在进行自我分析时，重点是了解"潜在我"和"背脊我"这两部分。"潜在我"是影响一个人未来发展的重要因素。因为每个人都有巨大的潜能，许多研究都表明，人类平常只发挥了极小部分的大脑功能。"背脊我"是准确对自己进行评价的重要方面，如果你诚恳地、真心实意地对待他人的意见和看法，就不难了解"背脊我"。当然，这需要开阔的胸怀、正确的态度和有则改之、无则加勉的精神；否则，就很难听到别人的真实评价。

2. 自我测试法

自我测试法是通过回答有关问题来认识自己、了解自己。测试题目是由心理学家们经过精心研究设定的，只要如实回答，就能大概了解自己的有关情况。这是一种比较简便经济的自我分析方法。在自测回答问题时，切忌寻找标准答案，而应该是自己怎么想、怎么认识就怎么回答，这样的测试才有实际意义。自我测试的内容和量表很多，包括方方面面，如性格测试、气质测试、情绪测试、智力测试、技能测试、记忆力测试、创造力测试、观察力测试、应变能力测试、想象力测试、管理能力测试、人际关系测试、行动能力测试等，可供选择和使用。

（二）环境分析

在制订职业生涯规划时，要分析环境的特点、环境的发展变化情况、个人与环境的关系、个人在环境中的地位、环境对个人提出的要求以及环境中对自己有利与不利的因素等。环境分析主要是通过对组织环境特别是组织发展战略、人力资源需求、晋升发展机会的分析，以及社会环境、经济环境等有关问题的分析与探讨，弄清环境对职业发展的作用及影响，以便更好地进行职业目标的规划与职业路线的选择。

1. 对社会环境的分析

社会环境对每个人的职业生涯乃至发展都有重大的影响，它不但影响到我们的职业，还影响到我们生活的方方面面。通过对社会大环境进行分析，可以了解所在国家或地区的经济、法制建设发展方向，寻求各种发展机会。

（1）社会文化环境。社会文化是影响人们行为、欲望的基本因素。它主要包括教育水平、教育条件和社会文化设施等。在良好的社会文化环境中，个人能力受到好的教育和熏陶，从而为职业发展打下良好的基础。

（2）价值观念。个人生活在社会环境中，必然会受到社会价值观念的影响，大多数人的价值取向在很大程度上都是为社会主体价值取向所左右的。个人的思想发展、成熟的过程其实就是认可、接受社会主体价值观念的过程。社会价值观念正是通过影响个人价值观而影响个人的职业选择的。

（3）政治制度和氛围。政治和经济是相互影响的，政治不仅影响到国家的经济体制，而且影响着组织的组织体制，从而直接影响到个人的职业发展；政治制度和氛围还会潜移默化地影响个人的追求，从而对职业生涯产生影响。

2. 对组织环境的分析

对组织环境的分析具体包括对组织内部环境的分析和对组织所面临的外部环境的分析两部分。

（1）对内部环境的分析。一是组织特色，包括组织规模、组织结构、组织文化、人员流动等。二是经营战略组织的发展战略与措施、竞争实力、发展态势等。三是人力评估，包括人才的需求预测、升迁政策、培训方法、招聘方式等。重点了解组织未来需要什么样的人才，需要多少人，对人才的具体要求是什么，升迁政策有哪些规定。四是人力资源管理，包括人事管理方案、薪资报酬、福利措施、员工关系等。

（2）对外部环境的分析。主要包括组织所面临的市场状况，在本行业中的地位与发展趋势以及所从事行业的发展状态及前景。

（三）职业生涯目标的确定

职业生涯目标指一个人渴望获得的与职业相关的结果。职业生涯目标的设定是职业生涯规划的核心。职业生涯目标可以通过很多方式影响个人的行为和表现。

（1）它可以刺激高水平的努力。

（2）它可以给高水平的努力固定方向。

（3）它可以提高朝目标努力的坚持性。

（4）具体的目标有助于形成实现目标的战略。

（5）目标可以量化行为结果的有效性，向个体提供积极的反馈。一个人事业的成败，很大程度上取决于有无正确适当的目标。

在确定目标的过程中要注意如下几个方面的问题。

（1）目标要符合社会与组织的需要，有需要才有市场、才有位置。

（2）目标要适合自身的特点，并使其建立在自身的优势之上。

（3）目标要高远，但绝不能好高骛远，一个人追求的目标越高，其才能就发展得越快，对社会越有益。

（4）目标幅度不宜过宽，最好选择窄一点的领域，并把全部身心力量投进去，这样更容易获得成功。

（5）要注意长期目标与短期目标的结合，长期目标指明了发展的方向，短期目标是实现长期目标的保证，长短结合更有利于生涯目标的实现。

（6）目标要明确具体，同一时期的目标不要太多，目标越简明、越具体，就越容易实现，越能促进个人的发展。

（7）要注意职业目标与家庭目标以及个人生活与健康目标的协调与结合，事业要成功，家庭与健康是基础和保障。

（四）职业的选择

职业选择是个人对于自己就业方向和工作岗位类别的比较、挑选和确定，是人们职业生活的正式开始。美国学者蒂雷曼把职业选择过程分为两个阶段。

1. 期望与预后阶段

第一步，探索。考虑与自己的经验和能力有关的生涯发展目标。

第二步，成形。在上述基础上准备进行具体的定向，这时要考虑个人确定职业生涯新方向的价值、目的和能够获得什么报酬。

第三步，选择。在生涯目标成形后做出决策，找到和确定自己所期望的具体职业。

第四步，澄清。进一步分析和考虑上述选择，解除可能发生的疑问。

2. 完成和调整阶段

第一步，就职。将职业选择付诸行动，得到一个新职位，在这个时候开始对自己的职业生涯目标和职业岗位寻求认可。

第二步，重新形成。人在开始从事工作后，对于所从事的职业及其环境有了现实的了解和把握，这时，个人和组织也存在着互动，存在着相互影响。这也是职业生涯选择目标在现实意义上的再次形成。

第三步，综合。个人达到了解自我，在岗位上也被他人看作是成功，达到平衡。这就是职业选择的完全实现。

（五）职业生涯路线的制定

职业生涯路线指一个人选定职业后从什么方向上实现自己的职业目标。例如，是向专业技术方向发展，还是向行政管理方向发展。发展方向不同，要求就不同。因此，在职业生涯规划时必须对此做出选择，以便安排今后的学习和工作，使其沿着生涯路线和预定的方向发展。在制定职业生涯路线时，可以从以下三个方面考虑。

（1）希望向哪一条路线发展，主要考虑自己的价值、理想、成就动机，确定自己的目标取向。

（2）适合向哪一条路线发展，主要考虑自己的性格、特长、经历、学历等主观条件，确定自己的能力取向。

（3）能够向哪一条路线发展，主要考虑自身所处的社会环境、政治与经济环境、组织环境等，确定自己的机会取向。

（六）职业生涯路线评估、反馈与修正。

在制订职业生涯规划时，由于对自身及外界环境都不十分了解，最初确定的职业生涯目标和路线往往都是比较模糊或抽象的，有时甚至是错误的。这就需要对职业生涯目标和路线进行必要的调整。这一阶段可以分解为以下两个步骤。

1. 评估

随着时间的推移，很多影响职业生涯执行的因素会发生变化。因此，有意识地回顾自己的言行得失，可以检验自己的职业定位与职业方向是否合适。在实施职业生涯规划的过程中自觉地总结经验和教训，可确保规划的可行性和有效性。

2. 反馈与修订计划

通过反馈与修订，纠正最终职业目标与分阶段职业目标的偏差，保证职业生涯规划的行之有效，还可以极大地增强员工实现职业目标的信心。关于修订的时机，必须考虑下列四点。

第一，定期检测预定目标的达成进度。

第二，每一阶段目标达成时，要依据实际效果修订未来阶段目标可采用的策略。

第三，客观环境改变影响到计划的执行。

第四，有效的生涯设计要不断地反省，修正生涯目标。

第四节 组织职业生涯管理

一、组织职业生涯管理的概述

组织职业生涯管理，即从组织角度对员工从事的职业和职业发展过程所进行的系列计划、组织、领导和控制活动，以实现组织目标和个人发展的有效结合。在员工制订和实施其个人职业生涯发展计划的过程中，都需要组织的参与和帮助，员工个人的职业发展是不可能脱离组织而存在的，因此组织在员工个人的职业生涯发展中起着重要的作用。

组织职业生涯管理的内容包括以下几个方面。

1. 建立信息系统

信息系统中要有企业或组织员工的所有相关信息，包括组织的发展战略、职位空缺、各岗位任职资格标准、晋升标准等方面的信息。这个系统是对员工进行职业生涯管理的出发点。组织公布了企业的发展战略，就提供了发展舞台的信息；组织及时、广泛地公开职位空缺信息，就会激发员工向其流动的愿望；组织提供各岗位任职资格标准信息，使员工能对照自己向往的岗位，有计划、有目的地努力，逐步达标，参与这些岗位的竞争；组织提供纵向的晋升标准，员工就有了努力的方向。

2. 开展职业生涯管理的活动

职业生涯管理是由组织有目的、有计划地实施的激励工作，实施者的知识、经验和能力需要培养；职业生涯管理要有专门的渠道、场地、资料、人员；另外，职业生涯管理活动的时间、经费如何保证等也是实施职业生涯管理的重要方面。

3. 职业生涯管理效果的评价

职业生涯管理是一项好的人力资源开发活动，但其所取得的效果往往会因为操作程序、操作内容、实施主体不同而不同。因此，对职业生涯管理落实的情况，需要及时进行总结、评估，在总结和评估时发现问题，寻找对策，逐步使职业生涯管理进入规范化轨道。

二、组织职业生涯管理的目标

（一）员工的组织化

员工的组织化即员工融入组织成为合格员工的过程。在这一过程中，个人要实现对职业岗位的适应、组织文化的适应和职业心理转换，组织则要把没有职业阅历或者有其他单位职业经历的新招聘人员，塑造成为基本符合本单位需要的员工。

（二）协调组织与员工的关系

任何组织都是由从上到下的各层级的一个个员工组成的，组织与员工之间的协调至关重要。协调组织和员工的关系，一般说即是承认员工个人的利益和目标，这能够使员工的个人能力和潜能得到较大的发挥，使他们努力为组织工作，实现"双赢"的目标。推行职业规划，是协调组织与员工关系，并使组织目标和员工目标达到统一的重要途径。

（三）为员工提供发展机会

人力资源是一种能动性的资源，具有巨大的开发潜力。通过职业生涯规划，可以使组织更加了解和科学合理地开发员工的潜能。在组织正常发展的情况下，实行职业生涯规划和管理措施，尽量考虑员工的个人意愿，为员工提供发展机会，也是组织发挥员工主动精神的重要手段。

（四）促进组织事业的发展

实行职业生涯规划的目的，还在于提高员工的综合素质，进而提高组织的效益和应对外部变化的能力。从根本上说，是要促进组织的发展。要做到这一点，必须依靠组织中各方面人员的努力，包括睿智的领导者、认真负责的各层次的管理者和员工们的团结协作。

三、组织职业生涯管理的实施

（一）帮助员工制订和实施职业生涯规划

在组织中，员工的职业生涯规划不能被仅仅当成个人的行为，它也是组织的事情，是组织管理的重要任务，组织要帮助员工制定合理的前程目标，找出达到目标的手段、措施，重点协助员工在个人目标与组织提供的机会之间实现更好的结合。

（二）确定员工不同职业生涯期的职业管理任务

在职业生涯中的不同阶段，组织要根据员工的职业任务、任职状态、职业行为方式的特征，确定相应的职业管理任务，促进员工发展。一般来说，组织适应于员工不同职业阶段的管理任务，大致包括如下内容。

1. 进入组织阶段

这一阶段组织的主要任务是做好员工的招聘、挑选和配置工作，组织员工上岗培训，考察评定新员工，与员工之间达成一种可行的心理契约，接纳和整合新员工。

2. 早期职业阶段

这是员工和组织之间相互发展和相互认同的时期。组织通过试用和赋予员工工作责任，发现员工的才能，帮助员工确立长期贡献区，帮助员工建立和发展职业锚。

3. 中期职业阶段

这一阶段员工的职业发展基本定型，个人特征表现明显，人生情感复杂化，引发职业生涯中期的危险。面对这一复杂的人生阶段，组织要特别加强职业管理。一方面，通过各种方式方法，帮助员工解决诸多实际问题，激励他们继续奋进，将危机变为成长的机会；另一方面，针对不同人的不同情况，分类指导，为其提供和理顺事业发展的职业通道。

4. 后期职业阶段

员工年老，即将结束职业生涯，此时组织的任务依然重要。一方面，要鼓励、帮助员工继续发挥自己的能力和智慧，帮助他们在组织中成为其他成员的良师益友，传授自己的经验；另一方面，帮助员工做好退休的心理准备和退休后的安排，并适时做员工招新和人事调整。

（三）为员工职业发展开辟通道

1. 为员工设置职业道路

职业道路也称工作阶梯，是员工实现职业理想和达到职业生涯目标的制度性路径。组织成员的职业目标能否实现，个人特质和能力当然重要，但是没有外在条件，如组织提供的机会，职业发展也是不可能的。从这个意义上讲，组织设置职业道路是员工职业发展的基本条件。组织要设置员工职业发展道路，首先应当建设主干道，同时又不拘泥于单条路，可以设置多条临近主干道的路。例如，某员工很有才华，适合做高级管理者，他的目标是做一名高级主管。当组织考核认同、计划提拔人后，就要为他设置通道。根据这个人的情况，可以派其去高校学习工商管理专业，为其升迁提供专业知识；或者，可以派其轮流在几个职能部门任职，使其在实践中锻炼，为其升迁提供经验条件。

2. 为员工疏通职业道路

职业发展道路的建立是重要的，但这还不够，路虽已开设，但在行进之中可能会遇到路障，及时有效地扫除通道上的障碍，是组织的又一项重要的工作任务。员工职业发展的障碍，既来自员工自身，又来自组织和家庭，还产生于个人的生物社会生命周期。所以，组织必须从不同类型的员工职业生命空间中发现问题、解决问题。

四、个人与组织职业生涯管理的互动

（一）个人与组织职业生涯管理的互动性

1. 个人职业生涯规划和组织职业生涯管理是一种双向互动的关系

（1）职业目标与组织目标的互动性。与相对具体的组织目标相比，个人目标更为抽象。个人目标受组织目标的影响和制约。当个人目标符合组织目标时，会促进组织目标的实现；反之，则会阻碍组织目标的实现。

（2）个人发展与组织发展相互选择。个人和组织是一个相互选择的过程。个人职业发展不仅取决于个人的追求和努力，也取决于组织的政策、制度和竞争环境。个人选择组织，同时组织也选择个人，相互间的发展是一个"寻找平衡点—平衡点被打破—重新选择—寻找新的平衡点"这样一种动态选择的过程。个人如果想得到所在组织的认可，获得更高的职位，则必须首先要根据自己所在职位的要求做出适当的调整，其次还应该认同所在组织的文化、价值观念和规则，然后要投入自己所具有的各种资源，诸如时间、金钱、社会关系等因素，付出相应的努力，才可能在激烈的竞争中胜出。如果个人不能及时融入组织中去，其结果必然是被淘汰。组织如果想得到众多人的认可，就必须积极吸纳个人的智慧管理组织。鼓励个人对组织的发展方向、管理运作等提出想法和建议，并及时根据调查结果给予积极的反馈，以提高个人对组织的信任度。通过定期会议等多种渠道使个人及时了解组织的策略和最新发展情况，增强个人对组织管理的参与意识。只有这样，个人与组织之间的平衡点才不会被打破，两方在相互选择的过程中才能共同进步。

2. 个人和组织须共同完成职业生涯的规划与管理

在职业生涯管理中，作为个人应保持进取与竞争意识，为将来可能的组织变革提前做好准备。个人应着眼于自己的职业理想、职业兴趣、职业能力等来确定自己的职业生涯规划，但同时必须了解和掌握有关组织各方面的情况，如组织的发展战略、经营观念、人力资源制度和供求情况、职位的空缺等。作为组织可以重新进行人力资源的配置，吐故纳新，以保持其持续经营与发展。组织可以依据自身的发展战略和经营需求，关注如何从环境设置入手帮助个人制订、实施职业生涯规划，同时也需要全面掌握个人的情况，如个人的性格、潜能以及价值观等。这样有利于个人和组织按照职业生涯规划的具体要求做好各项工作，满足各自的需求。由上述分析可见职业生涯规划是一个互动的过程，个人和组织必须承担相应的责任，同时考虑对方的具体情况，共同完成对职业生涯的规划。

（二）个人与组织职业生涯管理互动的本质：利益的统一性

有效的职业生涯设计与开发，要求个人与组织之间相互配合，这表现为所设计的职业生涯能够满足个人和组织的需要和利益。个人要依靠组织提供就业机会和物质精神的奖励，组织则要依靠个人的努力工作实现自身的发展，二者相互依存缺一不可。个人和组织职业生涯规划的侧重点有所不同，之所以能够进行有效的互动，原因在于其根本利益是一致的，其最终目的都是要实现职业生涯发展的效用最大化。

个人发展的成功在于组织的扶持。个人只有加入一定的组织，利用各种"关系"才能从事某项职业工作，也才能使个人的职业才能得到发挥。组织应当根据对个人的分析与定位，给予其合适的岗位。人与岗位的合理调配，在组织发展中，一直是个至关重要又特别困难和复杂的问题。职业是否与个性特征匹配，对个人的工作成效和对社会的贡献有着重要影响。在经济飞速发展的今天，人们不再把自己的工作乃至命运与所在组织简单地捆绑在一起，而是越来越注重所在行业的宏观发展前景，从单纯重视选择组织和行业转变为选择适合自身条件并具有发展潜力的职业及工作岗位。因此，对于组织而言，在考虑个人技能随工作经验的积累而增长的同时，还要考虑如何设计和取得最适于个人发展成长的职业生涯目标与发展机会，这是一个至关重要的问题。

同时，组织的发展也离不开众多的"个人"。众多个人发展的合力，推动着组织的发展。组织本身就是由"人"组成的，离开了忠诚的个人，组织将只剩一副空的"框架"，失去市场竞争力。IBM公司有一句名言："员工能力与责任的提高，是企业的成功之源。"现代组织看到了个人职业发展道路的开发对组织的巨大利益；

能发现人才，就保证了组织在管理层和技术岗位质量的连续性；能实现人尽其才，充分开发本组织的人力资源潜力，才能为组织省下大量的招聘与培训资金；只有不断满足个人的荣誉、自尊与自我发展的需要，引导个人与组织目标一致，才能够保证个人的积极性、创造性和对组织的忠诚及归属感。

总之，一个好的职业生涯规划会随着个人和组织的具体情况和所处环境的发展变化而相应改变，是一个动态变化的过程。但是个人和组织的利益统一性是不会变的，职业生涯规划应该始终是同时满足个人和组织需要，促成组织目标和个人目标实现的互动的过程。

第七章　绩效管理

开篇案例

A 公司的绩效管理

一家国有企业，简称为 A 公司，经过几代人的努力，在业内已具有较高的知名度，并获得了较大的发展，目前公司有员工 1000 人左右。总公司本身下设职能部门和业务部门；并下设若干子公司，分别从事不同的业务。在同行业内的国有企业中，该公司无论是对管理的重视程度还是在业绩上，都是比较不错的。由于国家政策的变化，该公司目前面临着众多小企业的竞争与挑战，为此公司从前几年开始引入了绩效管理。其中绩效考核工作是公司重点投入的一项工作，公司的高层领导非常重视，由人力资源部负责绩效考核制度的制定和实施。

人力资源部在原有的考核制度基础上制定了《中层干部考核办法》，并在每年年底出台当年的可操作的具体考核方案。考核小组由公司的高层领导与相关的职能部门人员组成考核。考核的方式和程序通常包括被考核者填写述职报告、在单位内召开全体职工大会进行述职、民意测评（范围涵盖全体职工），考核小组向科级干部或全体职工征求意见（访谈）、进行汇总并写出评价意见，征求主管副总的意见，上报公司总经理。绩效考核的内容主要有三个方面：被考核单位的经营管理情况，包括该单位的财务情况、经营情况、管理目标的实现等方面；被考核者的德、能、勤、绩及管理工作情况；下一步的工作打算，重点努力的方向。具体的考核细目侧重于经营指标的完成、政治思想品德、综合素质能力。经营指标年初沟通后确定。公司领导会在年终总结会上对考核结果进行说明，并将具体情况反馈给个人。尽管考核的方案中明确说明考核与人事的升迁、工资的升降等方面挂钩，但实际工作中并没执行。

对于一般员工的考核则由各部门的领导掌握。子公司的领导对于下属业务人员的考核通常是从经营指标的完成情况（该公司中所有子公司的业务员均有经营指标的任务）来进行的；对于非业务人员的考核，无论是总公司还是子公司均由各部门的领导自由进行。通常的做法，年度分奖金时，部门领导才会对自己的下属做一个笼统的排序。

这种考核方法，使得员工的卷入程度较高，颇有点儿声势浩大、轰轰烈烈的感觉。公司在第一年进行操作时，获得了比较大的成功。由于被征求了意见，一般员工觉得受到了重视，感到非常满意，领导则觉得该方案得到了大多数人的支持，也觉得满意。但是被考核者觉得自己的部门与其他部门相比，由于历史条件和现实条件的不同，导致年初所定的指标也不同，相互之间无法平衡，心里很是不服。考核者全年访谈 300 人次左右，忙得团团转。该考核方案进行到第二年时，大家已经失去了第一年时的热情。第三年第四年进行考核时，员工考虑前两年考核的结果出来后，业绩差或好的领导并没有任何区别，自己还得在他手下干活，领导来找他谈话，他也只能敷衍了事。考核者认为年年都是那套考核方案，没有新意，只不过是领导布置的事情，不得不照做罢了。

资料来源：改编自《人力资源管理（一）》2019 年 6 月版，高等教育出版社

第一节　绩效管理概述

一、绩效管理概述

（一）绩效

由于绩效考核和绩效管理都是在绩效的基础上进行的，因此我们首先应对绩效有所了解。总的来说，绩效可以分为组织绩效、团队（部门）绩效和个人绩效。其中，个人绩效是组织绩效和团队绩效的基础。在本章中，我们所讨论的绩效都是指个人绩效。

1. 绩效的含义

绩效（performance）指员工在工作过程中所表现出来的与组织目标相关的并且能够被评价的工作业绩、工作能力和工作态度。组织通过对绩效进行考评，能够获得反馈信息，并据此制定相应的决策和改进措施。因此，绩效的考评对组织是具有监控作用的。我们在理解绩效的含义时，应注意以下几点。

（1）绩效是与工作过程相关的，工作过程之外的行为和表现不属于绩效的范畴。

（2）绩效应与组织的战略目标相关。

（3）绩效应该是能够被评价的，不能被评价的行为和表现不是绩效。

(4) 研究绩效必须考虑时间因素。

2. 绩效的性质

根据绩效的定义，绩效可以理解为是员工自身的综合素质与工作因素相互作用的结果。因此，绩效会因为时间、工作环境、工作任务等因素的变化而发生相应的改变，呈现出明显的多因性、多维性和动态性。

(1) 多因性。绩效的多因性指员工的绩效并不是由某种因素单方面决定的，而是受到主观、客观等多方面因素的影响，用公式表示为：$P = f(A, M, E, O)$

其中，P（performance）指绩效；A（ability）指技能；M（motivation）指激励；E（environment）指环境；O（opportunity）指机会。技能、激励、环境和机会是对绩效产生影响的最主要的四种因素。

①技能。技能就是员工所具备的与工作相关的专业知识和技术。员工自身的综合素质、曾经接受的教育、经历、参与过的培训等因素都会对员工的技能水平产生影响。员工的技能是可变的，组织可以通过培训、鼓励员工学习等方式不断提高员工技能。

②激励。激励指员工在工作过程中所受到的鼓励。激励能够改变员工的工作积极性，组织应根据员工的实际情况，选择适当的激励方式以促进员工工作绩效的提高。

③环境。环境可分为组织的内部环境和外部环境。组织的内部环境包括工作环境、组织战略和组织制度、领导方式、工资福利水平、培训与晋升的机会、企业文化等。组织的外部环境包括外部的政治经济环境、行业的竞争等。环境主要通过影响员工的工作能力和工作态度对绩效产生影响。

④机会。机会是偶然的，员工如果抓住了机会，就有可能创造在工作岗位上无法达到的工作绩效。管理者应该善于为员工创造机会。

(2) 多维性。多维性指应该从多个方面去分析和评价员工的绩效，工作结果和工作过程都属于绩效考核的范畴。例如考核一名普通的员工，不仅包括他工作业绩的考核，还包括出勤、团队意识等方面的考核，通过综合评价得出结论。考核者应根据绩效考核的不同目的和不同对象，选择不同的指标对员工进行考核。

(3) 动态性。员工的绩效不是固定不变的，仅仅是对一段时期内工作内容的反映。随着时间、环境等因素的变化，绩效也会发生相应的改变。组织应该确定恰当的考核周期，以便真实、客观地掌握员工绩效。

(二) 绩效管理

1. 绩效管理的概念

绩效管理这一概念的提出始于20世纪70年代后期，随着人力资源管理的发展逐步得到人们的重视。对绩效管理概念的定义也经历了一个逐步完善的过程，历史上人们对绩效管理的定义主要包括以下三种观点。

(1) 绩效管理是管理组织绩效的系统。

(2) 绩效管理是管理员工绩效的系统。

(3) 绩效管理是管理组织绩效和员工绩效的综合系统。

在人们对绩效管理的概念认识不断完善的基础上，本书赞同董克用教授提出的观点，即绩效管理（performance management）指制定员工的绩效目标并收集与绩效有关的信息，定期对员工的绩效目标完成情况做出评价和反馈，以改善员工工作绩效并最终提高企业整体绩效的制度化过程。① 我们在理解绩效管理的含义时，还应注意：绩效管理不是简单意义上的任务管理，任务管理只是为了实现组织某一时期的任务而进行的管理活动；绩效管理则是针对组织的整个战略目标而对员工进行的管理工作。因此，绩效管理具有重要的战略意义。

2. 绩效管理与绩效考核

绩效考核是指根据人力资源管理的需要，运用相应的制度和系统化的方法，测评员工在一定考核周期内对规定职责的履行程度，并评价其工作业绩的过程。

绩效管理是人力资源管理的核心内容，绩效考核是绩效管理的关键环节。绩效管理与绩效考核是密切相关的，但二者并不是等价的。绩效管理是在传统的绩效考核基础上的延伸和发展，是一个包括了计划、沟通、考核、反馈等环节的完整的系统；而绩效考核只是绩效管理的一个环节。绩效管理是一个管理者和员工之间持续双向沟通的过程，最终通过提高员工的绩效来实现组织的战略目标；而绩效考核只是对员工在考核期内工作的总结和评价。二者的具体区别见表7-1。

表7-1 绩效管理与绩效考核的区别②

绩效管理	绩效考核
完整的管理过程	绩效管理过程中一个环节或手段
结果与过程并重	阶段性总结
组织与个人双赢	排序、确定优势
规划性、前瞻性	回顾过去
完善的计划、监督、控制手段	只有考核一个手段
注重能力的培养	注重成绩的大小
事先的信息沟通和承诺	判断和评估，强调事后评价

---

① 董克用，等：《人力资源管理》，北京：中国人民大学出版社，2005年，第230页。
② 林筠，胡利利，等：《绩效管理》，西安：西安交通大学出版社，2006年。

因此，在具体的管理工作中，不能简单地认为绩效管理就是绩效考核。与绩效考核相比，绩效管理更注重对员工潜力的培养，更利于领导者与员工之间协作关系的建立。如果只注重考核结果，而忽视了计划、沟通、反馈等环节，必然会偏离实施绩效管理的初衷。有效的绩效考核依赖于整个绩效管理过程的成功开展。

3. 绩效管理的目的

进行绩效管理的直接目的在于提高组织绩效。科学合理的绩效管理体系不仅能帮助组织完成战略目标，更能实现员工和组织的双赢。但绩效管理的目的并不是固定的，人们对绩效管理的认识是一个不断变化的过程，并且企业根据自身实际情况和需要的不同，进行绩效管理的目的或侧重点也有所不同。归纳起来，绩效管理的目的一般包括以下三点。

（1）战略目的。绩效管理将员工的工作和组织的战略目标联系在一起。绩效管理的前提是组织经营战略目标的确定。绩效管理应当起到沟通公司战略、指引奋斗方向、层层落实推进公司战略实现的作用。企业员工个人绩效的提高能够推动组织整体绩效的提高，绩效管理应使员工工作和组织的战略目标始终保持一致，以达到实现组织战略目标的目的。此外，当组织的战略目标发生变化时，绩效管理系统还应及时进行调整。

（2）管理目的。组织的多项管理决策都会使用绩效管理信息，尤其是绩效考核的结果。绩效考核结果是组织进行薪资管理、晋升、解聘、奖惩等重要的人力资源管理决策时的重要依据。因此，绩效管理的信息必须公开透明、客观公正。绩效管理的直接目的在于更直观地了解企业员工的工作绩效，并给予相应的奖惩以示激励。但是，在实际的绩效考核工作中，管理者一般倾向于给员工基本一致的得分或评价，这样不仅会使绩效管理失去意义，也使得组织的管理决策失去了宝贵的事实依据。

（3）开发目的。人力资源管理的目的在于开发员工的潜力。绩效管理能够发现员工的不足之处，进行有针对性的培训，使员工更有效地完成工作并得到进一步的发展。绩效管理通过组织目标的设定、与员工的沟通以及绩效审查与反馈，能够明显提高员工的工作业绩，最终提升组织整体的工作绩效。

值得注意的是，绩效管理不是为了对员工工作上的差错进行惩罚，而是为在工作过程中发现问题并进一步解决问题，提高员工绩效。绩效管理不仅看重绩效的实现结果，更看重实现的过程。

二、绩效管理的原则

绩效管理（尤其是绩效考核）的结果广泛应用于组织的各项管理决策中。绩效考核是对员工的整个工作过程的全面、正确的评价，既包括对员工工作业绩的考核，也包括对员工工作能力和工作态度的评价。为了确保绩效考核结果的准确性，组织在进行绩效管理的过程中必须遵循以下原则。

（一）公开性和民主性原则

绩效考核的程序、方法和时间等都应及时向被考核者公布，整个考核过程和考核结果应该客观、公正。绩效考核标准的确定应以工作分析所确定的工作内容和职责为依据。考核主体应该对所有的员工一视同仁，避免主观臆断和个人情感等因素对考核结果的影响。

（二）全面性原则

由前面提到的绩效本身具有的多维性，我们可以知道，员工绩效受到多种因素的影响，并从多个方面表现出来。组织在对员工进行绩效考核工作时，应进行全面性的、综合性的考核，不能只凭片面的考核结果而做出相关的管理决策。

（三）差别性原则

绩效管理过程应自上而下完成实施，对不同类型的人员进行考核内容是有差别的。从组织的高层管理者到中层管理者，再到基层员工，绩效管理的关注点应逐渐从财务结果转移到偏重内部运营，而衡量的指标也从结果型指标转向偏重过程型指标。

（四）持续性原则

对任何组织来说，绩效考核工作不是只进行一次就可以一劳永逸的。员工绩效的改进和组织绩效的提高是一个持续不断的过程。绩效考核的目的在于促进员工和组织的持续发展，而不是为了进行惩罚。绩效管理系统应建立在清晰明确的企业战略的基础之上，具体实施时应兼顾企业的长期利益和短期利益。

（五）关联性原则

绩效管理不仅是人力资源管理部门的工作，每一位管理者在绩效管理工作中，都要和下属员工共同商议，确定员工的主要工作目标，并进行指导，以确保绩效的实现。绩效管理过程中还应做好与员工的沟通工作。

（六）及时反馈原则

绩效考核的结果通常与员工的薪酬和晋升相关。但是，奖惩并不是绩效考核的直接目标,绩效考核的目的在于使员工全面认识自己的优缺点,明确自己今后的努力方向,更好地改进绩效。因此,绩效考核的结果应及时反馈给员工。如果绩效管理工作中缺乏了绩效反馈这一关键环节,绩效考核也就失去了意义。

(七)常规性原则

将绩效管理工作纳入日常管理,成为常规性管理工作。

此外,绩效管理还必须与薪酬激励体系和员工职业发展体系有机结合。

三、绩效管理的作用

具体来说,绩效管理主要在以下几方面发挥作用。

(一)绩效管理在组织管理方面的作用

1. 绩效管理能够提高组织绩效

组织绩效是以员工的个人绩效为基础的,绩效管理通过对员工个人绩效的促进,可以达到提高组织整体绩效的目的。绩效管理工作已经日益成为企业增强自身竞争力的有力工具。美国翰威特(Hewitt)公司曾经对美国所有的上市公司进行调查,发现进行绩效管理工作、建立绩效管理系统的公司在许多方面占有明显的优势,见表7-2。

表7-2 绩效管理对企业绩效的影响[①]

指标	没有绩效管理系统	有绩效管理系统
全面股东收益	0.0%	7.9%
股票收益	4.4%	10.2%
资产收益	4.6%	8.0%
投资现金流收益	4.7%	6.6%
销售实际增长	1.1%	2.2%
人均销售	126100美元	169900美元

2. 绩效管理能够促进质量管理

质量管理指确定质量方针、目标和职责,并在质量体系中通过诸如质量策划、质量控制、质量保证和质量改进,而实施的管理职能活动。质量管理是组织绩效的一部分,是一个与组织中所有成员都有关的管理职能活动。绩效管理为管理者提供

---

① 于秀芝:《人力资源管理》,北京:经济管理出版社,2002年。

了进行质量管理的方法和工具。科学合理的绩效管理过程本身就是一个追求"质量"的过程，其目的就是要达到客户的期望，使员工将精力放在质量目标上。

3. 绩效管理有助于组织管理效果的改进

除了利润、成本等关键指标外，从绩效考核的结果也可以看出组织的整体状况。如果员工的整体绩效都比较低，就反映出了组织可能在工作设计、管理制度等方面还存在着一定的问题，需要进一步改进。此外，绩效考核的结果也是组织设计薪酬制度、人事决策、员工培训等管理决策的重要依据。

4. 绩效管理有助于组织适应结构的不断调整

由于处在竞争激烈的国际竞争环境中，许多组织都在适时调整自身结构以适应外部环境的变化，如缩减规模、减少管理层次、适度授权、团队工作及战略性业务组织等。组织结构的调整会导致管理思想及管理风格的变化，如适度地授权给员工，以便更快更好地满足顾客需求；让员工更多地参与管理，提高工作满意度等。而这一切都必须通过绩效系统的建立才能实现。

（二）绩效管理对管理者的作用

绩效管理虽然不能解决所有的管理问题，但能够为管理者理性地处理大部分问题提供科学、可靠的依据。

1. 绩效管理能使员工明确自己的工作任务和工作目标，减轻管理者的工作负担

绩效考核标准的制定为员工明确了工作的努力方向，避免了传统的事务管理中所出现的责任不清、职责不明的现象。员工只要依据绩效标准努力工作，就能够获得满意的薪酬。例如，在以产出结果为衡量标准的传统制造行业，绩效管理不仅能减轻管理者的工作负担，还能够为组织节约大量的监督成本。

2. 绩效管理有助于促进管理者和员工之间的沟通，及时了解工作信息，避免工作误差

在后面绩效管理方案实施中我们将会讲到，绩效沟通是整个绩效管理工作的一个重要环节，贯穿于绩效管理工作的整个过程。绩效考核标准制定的前提条件是管理者和员工之间的良好沟通：管理者需要充分了解员工的工作能力，从而制定出一个科学合理的绩效考核标准；员工需要充分了解管理者对下属的工作期望，并将工作中遇到的困难、发现的问题等信息反馈给管理者。绩效管理者能够有效地促进管理者和员工之间的沟通，使管理者和员工都能及时了解工作信息，避免因信息传递失误而带来的工作误差和损失。

（三）绩效管理对员工的作用

1. 绩效管理有助于员工的个人发展

员工通过对绩效考核结果的了解，能够了解自己的优势和不足，并据此制定更具体实际的自我发展计划，不断提高个人能力。

2. 绩效管理对员工具有激励作用

绩效考核是对员工工作成绩的肯定和鼓励，员工能够得到与自己的付出相匹配的奖励。绩效管理还能使员工了解取得一定绩效后会得到的奖酬，从而努力提高自己的期望值，如主动参加培训等，提升自己的工作能力。通过绩效管理能够达到员工参与管理、组织目标统一、工作目标按时完成等一系列目的，这些都是为了提高组织效率，最终实现组织目标。

第二节　绩效管理的过程

绩效管理是一个连续、循环的过程，这个循环分为五步：绩效计划、绩效执行、绩效评估、绩效反馈、绩效结果的运用，如图 7-1 所示。

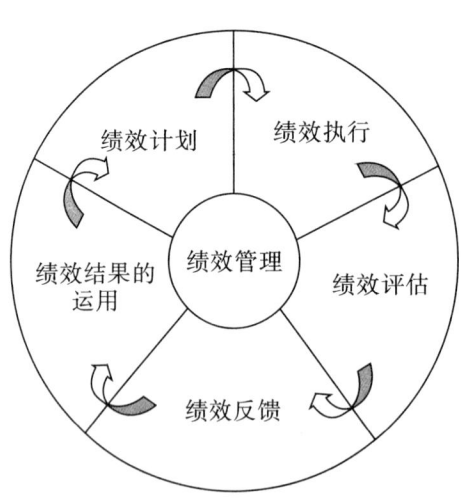

图 7-1　绩效管理的循环图

一、绩效计划

（一）制订绩效计划的步骤

绩效计划是管理人员与员工共同讨论以确定员工考核期内应该完成哪些工作和达到怎样的绩效水平的过程。绩效计划可以帮助管理人员和员工明确目标和努力的方向。故而其在整个绩效管理过程中的地位不亚于绩效评估环节。绩效计划的制订过程分为准备、沟通和确定三个步骤。

1. 绩效计划的准备

为了使绩效计划取得预期的效果，事先必须准备好相应的信息，包括组织的经营计划信息、员工的工作描述和上一个绩效期间的评估结果等。为了使员工的绩效计划能够与组织的目标结合在一起，组织的战略目标、年度经营计划、部门的目标是必须准备的信息。

2. 绩效计划的沟通

绩效计划沟通阶段是整个绩效计划的核心阶段，是一个双向沟通的过程。在这个阶段，管理者与员工必须经过充分的交流，对员工在本次绩效期间内的工作目标和计划达成共识。沟通的过程和方式并不是千篇一律的。通常，绩效计划会议是绩效计划制订过程中进行沟通的一种普遍方式。

在进行绩效计划沟通时，在确保对组织、部门的目标双方没有任何歧义的基础上，需要设定每个员工的工作目标，并把工作目标分解为可评估的绩效指标。绩效指标的设定方式将在下一部分做详细介绍。

3. 绩效计划的审定和确认

在制订绩效计划的过程中，对计划的审定和确认是最后一个步骤，需要注意以下几点。

（1）管理人员和员工应确认双方对目标是否达成了共识。

（2）员工的工作职责和描述已经按照现有的组织环境进行了修改，可以反映本绩效期内主要的工作内容。

（3）完成工作目标过程中可能遇到的困难和障碍，以及管理人员能提供的支持和帮助。

（二）设定绩效指标

绩效指标的有效设定是有效推进和实施绩效评估的前提条件，同时也是将组织经营发展的战略目标（包括组织或部门、团队绩效目标）转化为具体可控、可测的

"绩效指标"、即将复杂、多元的绩效目标转化成具体的"绩效指标"（并尽可能量化）的过程。在现实的组织经营管理运行中，员工的绩效目标通常来源于：组织的经营计划任务与目标、部门或团队的工作任务和员工的岗位职责。

设定绩效指标一般要经历以下三个步骤。

（1）工作岗位分析。根据绩效管理目标，对岗位的工作内容、性质、完成这些工作所应履行的岗位职责和应具备的能力素质、工作条件等进行研究和分析，从而了解该岗位工作所应达到的目标、采取的工作方式等，初步确定出绩效指标。

（2）绩效指标分析。根据绩效管理基本原则，运用绩效指标体系设计方法对所设计的绩效指标进行论证分析，使其具有一定的科学依据。

（3）确定指标体系。整个绩效指标体系要能够反映业绩目标完成情况、工作态度、能力等级的要求，同时也要通过权重的赋予反映各项指标重要程度。

（三）绩效计划的主要工具

1. 关键绩效指标

关键绩效指标（KPI：Key Performance Indicator）是当前组织中常用的一种先进的绩效指标体系。它是通过对组织内部流程的输入端、输出端的关键参数进行设置、取样、计算、分析，衡量流程绩效的一种目标式量化管理指标，是把组织的战略目标分解为可操作的工作目标的工具。KPI 可以使部门主管明确该部门的主要责任，并以此为基础，明确该部门各人员的绩效衡量指标。关键绩效指标是用于衡量工作人员工作绩效表现的量化指标，是绩效计划的重要组成部分。

KPI 符合重要的管理原理——"二八原理"。在一个组织的价值创造过程中，存在着"80/20"的规律，即 20% 的骨干人员创造 80% 的价值；并且在每一位员工身上"二八原理"同样适用，即 80% 的工作任务是由 20% 的关键行为完成的。因此，必须抓住 20% 的关键行为，对之进行分析和衡量，这样就能抓住绩效评估的重心。

（1）建立 KPI 指标，首先，要明确组织的战略目标，并找出组织的业务重点，也就是组织绩效评估的重点。其次，再找出这些关键业务领域的关键绩效指标。接下来，各部门的主管需要依据组织级 KPI 建立部门级 KPI，并对相应部门的 KPI 进行分解，确定相关的要素目标，分析绩效驱动因数（技术、组织、人），确定实现目标的工作流程，分解出各部门级的 KPI，以便确定评价指标体系。最后，各部门的主管和部门人员一起再将 KPI 进一步细分，分解为更细的 KPI 及各职位的绩效衡量指标。这些绩效衡量指标就是员工绩效评估的要素和依据。这种对 KPI 体系的建立和测评过程本身，就是统一全体员工朝着组织战略目标努力的过程，也必将对各部门管理者的绩效管理工作起到很大的促进作用。

（2）指标体系确立之后，还需要设定评价标准。一般来说，指标指的是从哪些方面衡量或评价工作，解决"评价什么"的问题；而标准指的是在各个指标上分别应该达到什么样的水平，解决"被评价者怎样做，做多少"的问题。

（3）必须对关键绩效指标进行审核。比如，审核这样的一些问题：多个评估者对同一个绩效指标进行评估，结果是否能取得一致？这些指标的总和是否可以解释被评估者 80％以上的工作目标？跟踪和监控这些关键绩效指标是否可以操作？等等。审核主要是为了确保这些关键绩效指标能够全面、客观地反映被评价对象的绩效，而且易于操作。

每一个职位都影响某项业务流程的一个过程，或影响过程中的某个点。在订立目标及进行绩效评估时，应考虑职位的任职者是否能控制该指标的结果，如果任职者不能控制，则该项指标就不能作为任职者的业绩衡量指标。比如，跨部门的指标就不能作为基层员工的评估指标，而应作为部门主管或更高层主管的评估指标。

管理者给下属订立工作目标的依据来自部门的 KPI，部门的 KPI 来自上级部门的 KPI，上级部门的 KPI 来自组织最高级 KPI。只有这样，才能保证每个职位都是按照组织要求的方向去努力。表 7-3 列出了某单位人力资源部各岗位的 KPI 指标。

表 7-3　某单位人力资源部各岗位 KPI 指标

岗位	指标（KPI）	指标解释	目标值（达标值）	评价标准
人力资源部经理	员工离职率	月度员工离职人数/公司总人数	5％	每升高一个百分比，扣10分，离职率达到15％以上此项不得分
	关键岗位覆盖率	关键岗位招聘到位人数/计划招聘关键岗位人数	98％	每少到岗一个扣10分，直到扣完为止
	员工培训达成率	实际培训次数/计划培训次数	100％	
	工资发放及时	总公司及分公司员工工资已经过相关领导签批	15日前	每迟发一天扣10分，直到扣完为止；每早发一天奖励15分
	劳动合同覆盖率	签订劳动合同人数/需签订合同人员总数	98％	每降低一个百分比扣10分，签订率在90％以下不得分；每升高一个百分比奖励15分

续表7-3

岗位	指标（KPI）	指标解释	目标值（达标值）	评价标准
员工关系岗	员工入职手续办理及时率	在规定时间内完成员工入职手续办理	100%	推迟一天扣10分，推迟三天此项不得分
	人事信息维护准确性率	确保每月人员信息报表的信息准确	99%	每月由主管领导抽查或其他同事检查，每处错误扣1分
	OA信息处理及时率	在规定时间完成OA平台的信息处理（包括员工入职、转正、调动、离职）	100%	每晚一个小时扣10分，直到扣完为止
	劳动合同签订率	签订劳动合同人数/需签订合同人员总数	98%	每降低一个百分比扣10分，签订率在90%以下不得分；每升高一个百分比奖励15分
	社保完备率	已上社保人数/需上社保总人数	80%	每降低一个百分比扣10分，完备率在70%以下不得分；每升高一个百分比奖励15分
招聘管理岗	招聘计划完成率	每月招聘到岗人数/计划招聘人数	60%	每升高一个百分比奖励5分，每降低一个百分比扣10分
	招聘合格率	复试通过人数/推荐复试人数	50%	
	招聘及时率	规定某岗位招聘到位时间	80%	
薪酬管理岗	工资发放及时	总公司及分公司员工工资已经过相关领导签批	18日前	每迟发一天扣10分，每早发一天奖励15分
	考勤上报及时率	按规定时间上报考勤	每月4日前	每晚报一天扣10分，迟报5天不得分；每早报一天奖励20分
	工资发放准确率	工资数据无误	98%	每发现两处错误以上增加一处扣5分，直到扣完为止

续表7-3

岗位	指标（KPI）	指标解释	目标值（达标值）	评价标准
绩效管理岗	评估工作完成及时性	按照规定完成绩效评估信息的汇总统计	98%	每晚报一天扣10分，迟报5天不得分；每早报一天奖励15分
	绩效评估指标修订及时率	根据业务部门提出指标修订需求，对指标进行修改完善，并在提出需求的下月使用	100%	每晚修改一个月扣15分，晚修改三个月以上此项不得分
	了解员工对公司评估体系运行的意见和建议	收集员工对公司评估体系运行意见和建议的条数不少于5条	5条	每少一条扣20分，每多收集一条奖励10分，上限为50分
	绩效评估结果统计准确率	按照绩效评估结果	100%	

2. 平衡计分卡

平衡计分卡（BSC：The Balanced Score Card）是1992年由哈佛商学院教授罗伯特·卡普兰和复兴方案公司总裁戴维·诺顿提出的。平衡计分卡是企业绩效管理方面的一个重要里程碑，传统的企业绩效衡量主要采用财务方面的指标，而平衡计分卡则强调从财务和非财务的角度综合评估绩效。

平衡计分卡的核心思想就是通过财务、客户、内部流程、学习与成长四个方面的指标以及指标之间相互驱动的因果关系体现组织的战略实施和战略修正过程，并且通过这四个方面的指标实现与战略目标密切相关的绩效管理。

（1）财务角度。主要关注的是我们怎样满足所有者的利益，公司在市场竞争中，必然要通过盈利获取生存和发展，因此财务指标是一个重要的指示器。我们力争改善内部流程，关注学习与成长，获取客户的满意，最终都是为了提升财务方面的表现。

（2）客户角度。主要关注的是客户如何看待我们，我们在多大程度上提供客户满意的产品和服务。在这方面重要的指标有市场份额、客户满意度、客户保有率、新客户开发率等。

（3）内部流程角度。主要关注的是必须在哪些流程上表现得优异才能实现战略目标。例如，为了获得客户的满意，为了提供高质量的产品，为了获取市场领先地位，在内部流程的各个环节上分别应该做到什么程度。

（4）学习与成长角度。主要关注的是我们必须具备或者提高哪些关键能力才能提升内部流程进而达到客户和财务的目标。在这方面最重要的是人力资源管理的效果，公司人力资源的质量将直接决定学习和创新的效果；同时，公司上下应该关注的一个问题就是创建一种支持学习与成长的文化，见表7-4。

表7-4 某软件公司的平衡计分卡

战略目标：通过新产品、新客户获得成功	
财　务 目标： 与新产品、新客户有关的收入增长，收入结构改善 指标： 新产品销售额在总销售额中所占的比例 现有产品在新客户中的销售额占该产品销售额的比例 新产品在新客户中的销售额	客　户 目标： 取得客户对公司产品的认可 指标： 新客户数量 客户对新产品评估指数
内部流程 目标： 新产品研发、加工、系统集成的速度和质量提高，客户开发过程效率的提高 指标： 新产品开发周期 客户需求分析过程 新客户开发数量	学习与成长 目标： 人才队伍形成和人才培养 指标： 核心骨干员工流失率 人才总体成长指数 组织整体学习气氛指数

平衡计分卡在很多企业中主要是在人力资源管理领域应用，单纯为了考核内部的人员而引进平衡计分卡，结果往往是失败的。

平衡计分卡的创始人卡普兰指出，平衡计分卡首先是一种战略执行工具，其次才是一种企业绩效管理工具。如果单纯将平衡计分卡用作绩效管理，结果往往是不理想的。特别是在一些组织中，由人力资源推动平衡计分卡的实施，组织上下缺乏对战略的统一认识，或者战略根本就不清晰，或者沟通不够，很多问题导致平衡计分卡无法推行。

平衡计分卡的作用主要表现在：明确公司战略，制定战略实施的行动方案；检视企业管理方面存在的不足，避免成长中容易出现的过于注重眼前利益的问题，以及业务水平与管理水平不均衡发展的现象；进行公司上下的战略沟通，制订各个级别的绩效指标和行动计划，帮助公司实施战略。

虽然平衡计分卡并不是一个绩效管理的工具，而是一个战略管理工具，但是其核心思想对于指引关键绩效指标的设计是很有帮助的，主要体现在：保证关键绩效指标更为密切地与战略相联系，全面考虑组织成功的各个方面，而不是单纯追求某一方面而忽视其他方面。战略最终毕竟要通过组织中每个人的努力来实现，那么组织的战略目标是如何通过平衡计分卡这样一个工具最终落实到每个人的具体工作上而成为每个人的关键绩效指标的呢？在进行战略目标分解的时候，最常使用的是鱼骨图分解法,如图7-2所示。

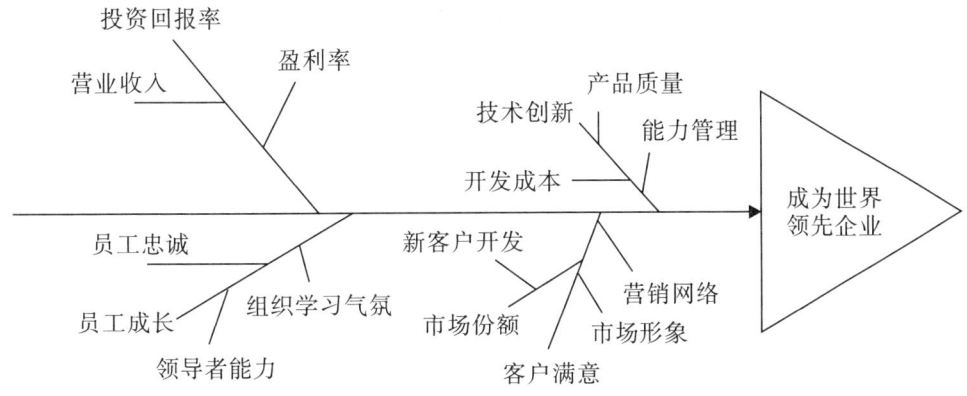

图7-2 成功因素分解的鱼骨图

运用平衡计分卡建立关键指标体系的过程大致如下。

(1)分析组织远景战略的关键成功因素,并将这些因素在财务、客户、内部流程、学习与成长四个方面表达出来。

(2)确保公司层面的每个关键绩效指标都由一个或多个部门负责,每个部门可能负责实现该绩效指标中不同的部分,也就是每个部门对组织战略目标提供的增值产出。例如,公司成功需要在客户开发方面的卓越表现,那么对于市场部来说,支持这个关键绩效指标的具体表现就是提供准确的客户市场分析;对于人力资源部门来说,就是要努力提高相关人员在客户开发方面的能力。

(3)将各个部门的关键绩效指标最终落实到每个人,这就是每个人对组织目标的增值产出。例如,人力资源部门如果想提高公司的客户开发能力,对于培训经理来说,关键的绩效指标就是相关的培训情况;对于招聘经理来说,关键绩效指标就是招聘那些具有客户开发能力和经验的人选。

二、绩效执行

(一)绩效执行概述

绩效执行,又称为绩效的实施、绩效控制,是连接绩效计划和绩效评估的中间环节,也是耗时最长的一个环节。一旦绩效周期开始启动,员工就必须去为达成结果而努力,并且展示出在早些时候自己同意履行的行为,同时满足开发计划所提出的各项要求。在整个绩效周期内,管理者积极指导下属工作,与下属进行持续的绩效沟通,以期达到更好地完成绩效计划的目的,这就是绩效实施的过程。该过程为任务的分配者和执行者提供一个定期交流的机会,使双方有机会讨论各自有何期待以及这些期待目前的实现状况。在这一阶段中,管理者和员工所承担的责任见表7-5。

表7-5 绩效执行阶段:员工和管理者需要承担的责任

员工	管理者
对达到目标的承诺	观察并记录
持续性的绩效反馈和指导	更新
和上级之间的交流	反馈
收集和分享绩效信息	资源
为绩效反馈做好准备	强化

从绩效执行的内容上看,不能将之简单视为对下属工作行为的束缚,而应视为管理者始终关注下属的各项活动,以保证它们按计划进行,并纠正各种重要偏差的过程。那种认为员工在了解绩效计划之后就能够正确地执行计划,等到绩效周期结束后再进行绩效评估的想法,是十分错误的。在整个绩效期间内,管理者与员工之间进行的持续的监督和控制是绩效管理最直接地发挥作用的环节。这个阶段作为连接计划绩效和评价绩效的中间环节,对绩效计划的执行和绩效的公正评价有着极其重要的作用。它要求管理者与员工进行持续不断的沟通,同时这一阶段也是管理者记录员工的关键事件的主要时刻。

(二)绩效辅导

绩效辅导指管理者与员工讨论有关工作进展情况,潜在的障碍和问题,解决问题的办法措施,员工取得的成绩以及存在的问题,管理者如何帮助员工等信息的过程。它贯穿于绩效管理的始终。绩效辅导不仅能够前瞻性地发现问题并在问题出现之前解决,还在于能把管理者与员工紧密联系在一起,管理者与员工经常就存在和可能存在的问题进行讨论,共同解决问题,排除障碍,达到共同进步和共同提高,实现高绩效的目的。绩效辅导还有利于建立管理者与员工良好的工作关系。

通常来说,绩效辅导的作用如下。

(1)了解员工工作的进展情况,以便于及时进行协调调整。

(2)了解员工工作时碰到的障碍,以便发挥自己的作用,帮助员工解决困难,提高绩效。

(3)通过沟通,避免一些考核时的意外发生。

(4)掌握一些考核时必须用到的信息,使考核有目的性和说服力。

(5)帮助员工协调工作,使之更加有信心地做好本职工作。

(6)提供员工需要的信息,让员工及时了解自己的想法和工作以外的改变,以便管理者和员工步调一致。

绩效辅导的根本目的就在于对员工实施绩效计划的过程进行有效的管理，因为只要过程都是在可控范围之内的话，结果就不会出太大的意外。

（三）绩效信息的收集

绩效执行是为绩效评估准备信息的。在绩效执行的过程中就一定要对被评估者的绩效表现做一些观察和记录，收集必要的信息。收集什么样的信息取决于组织的目标，并且主要强调的是与绩效管理有关的信息，包括：组织目标完成情况，证明绩效水平的具体证据，对解决问题有帮助的一些数据，关键事件的具体描述等方面的信息。信息收集的方法包括观察法、工作记录法、他人反馈法等。

三、绩效评估

（一）绩效评估主体的选择

1. 直接上级的评估

这是评估员工使用最广泛的方法，它基于这样的假设，即直系主管是公平地评估员工绩效的最适合的人。这是由于员工的直接上级通常是最熟悉下属工作情况的人。同时，绩效评估作为绩效管理的一个重要环节，为直接上级提供了一种监督和引导员工行为的手段，从而帮助他们促进部门或团队工作的顺利开展。

2. 直属下级的评估

现在，有些组织要求员工或组织成员对管理者及经理的绩效进行评估。这种评估类型的最好例子是，在大学中，学生们在课堂上对老师进行评估。绩效评估同样用于管理人员的发展目标。员工对管理者进行评估有三个优点。第一，在复杂的管理者—员工关系中，员工的评估对确认有能力的经理是非常有用的。第二，这种评估可以使得管理者对员工更加负责。如果管理者把重点放在"和蔼"而不是管理上，那么这个优点将很快变成缺点，因为在很多场合，和蔼但没有其他条件的人并不是一个好的经理。第三，员工的评估对管理者的职业生涯发展也有一定的作用，他可以找出自己哪些方面需要改进。

3. 同事或团队成员的评估

同事或团队成员之间相互评估是评估的另一种形式，它可能会给予帮助或造成伤害。研究表明，这种方式的信度与效度都很高，因为当上级主管没有机会观察到每个员工的工作时，其他同事却看到了，并且团队成员经常以一种与上级不同的眼光来看待同事的工作绩效，他们会更加注重相互之间在工作中的合作情况。但是也有一些人认为这样的方式有负面影响。虽然团队成员对彼此之间的工作会有认同，但他们不会分享它，他们可能会不公平的攻击交情较差的同事。一些组织试图通过匿名评估或由一个顾问或人力资源管理人员来解释团队或个人的评价来解决这些问题。尽管有这些问题存在，团队或个人绩效评估仍然是不可避免的，尤其是在那些广泛使用团队工作的组织。

4. 自我评估

自评是在一定的情形下进行的。作为一种自我发展的工具，它使得员工去考虑他们自身的优点和缺点，设定目标去改进。那些孤立工作或拥有独特技能的员工是唯一能对他们自己做出评价的人。而且，员工对自己的评价不会像管理者对他们的评价那样，他们会使用不同的标准。有证据显示，无论人们更仁慈或更苛求，自我评价通常要高于管理者的评价。尽管如此，对于发展来说，员工的自我评价是一项非常重要的绩效信息的来源。

5. 外界人员的评估

团队以外的人可能被要求来做绩效评估。在这方面，评估方法包括来自人力资源部的人作为评价者，或全部是组织外部的独立的人作为评价者。例如，一个评价小组来衡量一位大学校长或经理的座谈会来评价管理者对组织发展的潜在贡献。这种方法的缺点是，外界的人可能不知道工作团队或组织中的重要需求。顾客或组织的客户是显而易见的外界评估的来源。例如，对于销售或服务工作来说，顾客对于员工的工作行为可能会提供非常有用的信息。一家公司衡量顾客对服务的满意度来决定市场销售经理的奖金。

在《财富》排出的全球1000家大公司中，超过90%的公司在绩效评估过程中应用了全视角绩效评估系统，即360度绩效考评体系。该系统通过不同的评估者（上级主管、同事、下属、顾客和本人等）从不同的角度来评估，从而全方位、准确地评估员工的工作业绩。对于不断增加的工作来说，员工绩效是多维度的，而且是跨越部门、组织，甚至是全球性的。360度反馈的主要目的不是通过收集具有相似意向的观点来增加其相似度，取而代之的是，它需要不同角色的个人员工的评价。

（二）绩效评估中可能出现的问题

在绩效评估中，可能会存在以下几个方面的问题。

1. 评估依据产生的问题

（1）绩效评估标准不清晰。评估标准应该根据员工的工作职能设定；应该建立在工作分析的基础之上，确保绩效评价标准是与工作密切相关的；应该设定合理且具有挑战性的目标。绩效评价标准不严谨，就无法得到客观的绩效评价结果，而只能得出一种主观的印象和感觉。比如，有的评价者非常严厉，而有的评价者则非常宽松；一些员工水平一般，却得到很高的评价等级，这就很不公平。

（2）绩效指标不科学，对于科学确定绩效评估的指标体系以及如何使评估的指标具有可操作性，许多组织考虑得并不周到，缺乏定量判断，定性判断多。比如就工作态度来说，什么样的工作态度可以称作是"好的"，什么样的工作态度可以称作"一般"，不同的人会有很不一样的看法。采用过多的定性指标无法避免评估组织者的主观判断，丧失了评估工作的有效性。

（3）评估的内容不够完整，不能全面地评价工作业绩，或以偏概全，如 KPI 不全等。因此，无法正确评价员工的真实工作绩效。另外，许多组织的评估内容千篇一律，不同类型部门评估内容差别不大，针对性不强。这在很大程度上影响了评估结果的客观性、真实性和准确性。

2. 评估者主观因素产生的问题

在绩效评估中，评估者往往是评定结果可靠性的重要决定因素。但在评估过程中，评估者总是会存在一些心理干扰，影响评估的质量。

（1）晕轮效应。晕轮效应是评估者对某一方面绩效的评价影响了对其他方面绩效的评价。在评估中将被评估者的某一特点扩大化，以偏概全，通常表现为一好百好，或一无是处，要么全面肯定，要么全面否定，因而影响评估结果。例如，对于一个不太友好的考评对象，评估者通常会认为其"与其他人相处的能力"较差，而且也极可能认为该员工在其他方面的表现也较差。这种情况显然会影响评估的客观性。

（2）宽松或严厉倾向。绩效评估要求评估具有某种程度的确定性和客观性，但评估者要做到完全"客观"是很难的。宽松或严厉评估误差的原因主要是缺乏明确、严格、一致的判断标准，评估者往往根据自己的人生观和过去的经验进行判断，在评价标准上主观性很强。

（3）趋中趋势。趋中趋势指给大多数员工的评估得分在"平均水平"的同一档次，并往往是中等水平或良好水平，这也是评估结果具有统计意义上的集中倾向的体现。无论员工的实际表现如何，统统给中间或平均水平的评价。这样做的结果是使评估结果失去价值，因为这种绩效评估不能在人与人之间进行区别，既不能为管理决策的制定提供帮助，也不能为人员培训提供有针对性的建议。这样，绩效评估必定是含糊的，无法对员工形成正面、有效的引导机制。

（4）近因效应。近因效应是由于评估者对被评估者的近期行为表现往往产生比较深刻的印象，从而对整个评估期间的工作表现缺乏长期了解和记忆，以"近"代"全"，只是对最后一阶段的评估。尤其当被评估者在近期内取得了令人瞩目的成绩或犯下过错时，近因效应会使评估者出现偏高或偏低的倾向。

(5) 成见效应。成见效应是评估者由于经验、教育、世界观、个人背景以及人际关系等因素而形成的固定思维对评估评价结果的刻板影响。例如，有研究表明，在工作绩效考评中存在这样一种稳定趋势，即老年员工（60岁以上者）在"工作完成能力"和"工作潜力"等方面所得到的评价一般都低于年轻员工。

(6) 对比效应。对比效应是由于评估者对某一员工的评价受到之前的考评结果的影响而产生的。比如，假定评定者刚刚评定完一名绩效非常突出的员工，紧接着评定一名绩效一般的员工，那么很可能将这名绩效本来属于中等水平的人评为"比较差"。对比效应也很可能发生在评估者无意中将被评估者新近的绩效与过去的绩效进行对比的时候。例如，一些以前绩效很差而近来有所改进的人可能被评为"较好"。

（三）避免绩效评估误差的措施

对工作绩效的真实评估，并保持对员工的有效激励和反馈，组织就能激发起每位员工的工作积极性和创新精神，推动其能力发展与潜能开发，形成一支高效率的工作团队。为了减少绩效评估中的偏差，提高绩效评估过程和结果的正确性，需要采取以下措施。

1. 制定客观、明确的评估标准

在绩效评估中，应保证向所有的评估对象提供明确的工作绩效标准，完善组织的工作绩效评价系统，把员工能力与成果的定性考察和定量评估结合起来，建立客观而明确的管理标准，定量评估，用数据说话，以理服人。绩效评估标准要明确：一是评估指标尽量以可量化的、可实际观察的为主，同时应尽量简洁，否则会加大评估组织者的工作负荷。二是在确定评估指标时，要充分考虑组织的自身特点，建立有针对性的、切实符合组织实际管理要求的指标体系。但无论在何种类型的组织，评估指标体系大体上应包括以下几个方面：即工作任务完成的数量与质量，成本和费用控制及其能够影响到工作业绩的动机与态度，以及工作技能与个性特征等；同时要在"素质"与"业绩"间安排好恰当的比例与权重，在突出业绩的前提下兼顾对素质的要求。

2. 选择评估人员，进行培训

选用较为客观地评估者来进行工作绩效评估，是使评价客观化的一个重要组成部分。要在评估方案实施过程中保证评估的公正性和客观性，必须对承担主要评估职责的评估者进行培训，否则就容易出现诸如晕轮效应、趋中倾向、成见效应等倾向。进行评估培训，首先，要通过培训提高评估者对绩效评估重要程度的认知水平，从而加强其对评估工作的重视和投入。其次，要指导评估者认真学习绩效评估的内容和各项评估标准，使其深刻了解整个评估结果。最后，要通过对评估者认真讲解各项评估指标的含义，使其把握对被评估者进行日常观察的关键点，从而提高其观察力与判断力。此外，还要让评估者了解在绩效评估过程中容易出现的问题、可能带来的后果，以避免这些问题的发生。

3. 注重绩效评估反馈，建立绩效面谈制度

绩效反馈的主要的目的是改进和提高绩效。通过反馈，使被考评者知道自己在过去的工作中取得何种进步，尚有哪些方面存在不足，有待在今后的工作中加以改进和提高。为了有效进行考评结果的反馈，应建立与员工面谈的制度。绩效面谈为主管与下属讨论工作业绩，挖掘其潜能，以及拓展新的发展空间提供了良好的机会；同时上下级之间进行面谈，能够全面了解员工的态度和感受，从而加深双方的沟通和了解。

4. 选择合理的评估方法和评估周期

为了避免评估方法不当而造成的负面影响，组织在进行绩效评估时，要根据评估目的、评估内容等合理地选择评估方法。各种方法都有各自的适应性，因此关键是组织应该选择适合自己特点的评价方法。员工的工作可以从不同的角度划分出许多特征。从工作环境来看，可以有非常稳定的工作环境一直到变动性很强的工作环境；从工作内容的程序性方面来看，可以有非常程序化的事物性的工作内容一直到非常不确定性的工作内容；从员工工作的独立性程度看，可以有非常低的独立性要求一直到非常高的独立性要求。实际上每个员工的工作都是这三种因素的某种组合，相应的，对员工工作绩效的评估就需要有不同的方法。评估方法我们会在第三节做详细的介绍。

另外，评估周期受很多因素影响。可根据奖金发放的周期长短、工作任务的完成周期、员工工作的性质来决定员工绩效评估的周期。如果每个管理人员负责评估的员工数量比较多，工作负担比较重，甚至可能因此影响到业绩评估的质量，也可以采取离散的形式进行员工绩效评估，即当每位员工在本部门工作满一个评价周期时对这位员工实施绩效评估。

5. 建立申诉等审核制度

本着对员工、对组织负责的态度，建立正式的申诉渠道和上级人事部门对绩效评估结果审查的制度。如果发生裁员或辞退事件，应整理相关的工作绩效评估书面材料，对裁员或辞退的原因做出解释，并妥善处理相关事宜。任何公司的绩效评估都不是十全十美的，没有最好的绩效评估方法，只有最适合的方法，简单实用或复杂科学，严厉或宽松，非正式的评估方式或系统性的评估方式，不同规模、不同文化、不同阶段的公司要选用不同的方式。

绩效评估是一把"双刃剑"，好的绩效评估制度可以激活整个组织；但如果做法不当，可能会产生许多意想不到的结果。总之，要真正把绩效评估落到实处，组织在体系设计与组织实施的过程中，就必须要有系统的眼光和思维，同时又要敢于

迈开步伐，在实施绩效评估的过程中适时推动组织的变革前进，把公司推进为一个具有现代意识观念、行为模式以及能力结构的成长型组织。

四、绩效反馈

（一）绩效反馈形式

绩效反馈主要是通过评估者与被评估者之间的沟通，就被评估者在评估周期内的绩效情况进行面谈。在肯定成绩的同时，找出工作中的不足并加以改进。绩效反馈的目的是为了让员工了解自己在本绩效周期内的业绩是否达到所定的目标，行为态度是否合格，让管理者和员工双方达成对评估结果一致的看法；双方共同探讨绩效未合格的原因所在并制订绩效改进计划，同时，管理者要向员工传达组织的期望，双方对绩效周期的目标进行探讨，最终形成一个绩效合约。

1. 按照反馈方式分类

绩效反馈一般通过语言沟通、暗示以及奖励等方式进行。语言沟通指考评人将绩效评估通过口头或书面的形式反馈给被考评者，对其良好的绩效加以肯定，对不良业绩者予以批评；暗示方式是指考评者以间接的形式（如上级对下级的亲疏）对被评估者的绩效予以肯定或否定；奖惩方式是指通过货币（如加薪、奖金或罚款）及非货币（如提升、嘉奖或降级）形式对被评估者的绩效进行反馈。

2. 按照反馈中被考评者的参与程度分类

绩效反馈按照被评估者参与程度分为两种形式：指令式、指导式、授权式。指令式是最接近传统的反馈模式，对大多数管理者来说，他们最习惯于这种方式。其主要特点是管理者只告诉员工：他们所做的哪些是对的，哪些是错的；他们应该做什么，下次应该做什么；他们为什么应该这样做，而不应该那样做。员工的任务是听、学，然后按管理者的要求去做事情。用指导式反馈同样信息时，主管会不断地问员工：为什么认为事情做错了？是否知道怎样做更好？在各种方法中你认为哪种最好，为什么？假如出现问题怎么办？等等。授权式的特点是以问为主、以教为辅，完全以员工为中心。管理者主要对员工回答的内容感兴趣，而较少发表自己的观点，而且注重帮助员工独立地找到解决问题的方法。

3. 按照反馈的内容和形式分类

内容和形式是决定一个事务的两个最主要的方面。采取何种反馈方式在很大程度上决定着反馈的有效与否。根据反馈的内容和形式，绩效反馈分为正式反馈和非正式反馈两类。正式反馈是事先计划和安排的，如定期的书面报告、面谈、有经理参加的定期小组或团队会等。非正式反馈的形式也多种多样，如闲聊、走动式交谈等。

（二）绩效面谈

绩效面谈是绩效反馈中的一种正式沟通方法，是绩效反馈的主要形式。正确的绩效面谈是保证绩效反馈顺利进行的基础，是绩效反馈发挥作用的保障。通过绩效面谈，可以让被评估者了解自身绩效，强化优势，改进不足；同时也可将组织的期望、目标和价值观进行传递，形成价值创造的传导和放大。其作用是多方面的：组织可以提高绩效评估的透明度，突出以人为本的管理理念和传播组织文化；同时员工增强自我管理意识，充分发挥员工的潜在能力等。绩效面谈的内容应围绕员工上一个绩效周期的工作开展，一般包括四个方面的内容。

1. 工作业绩

工作业绩的综合完成情况是评估者进行绩效面谈时最为重要的内容，在面谈时应该将评估结果及时反馈给被考评者，如果被考评者对绩效评估的结果有异议，则需要和下属一起回顾上一绩效周期的绩效计划和绩效标准，并详细地向下属介绍绩效评估的理由。通过对绩效结果的反馈，总结绩效达成的经验，找出绩效未能有效达成的原因，为以后更好地完成工作打下基础。

2. 行为表现

除了绩效结果以外，主管还应关注被考评者的行为表现，比如工作态度、工作能力的关注可以帮助被考评者一起分析绩效不佳的原因，并设法帮助下属提出具体的绩效改进措施。

3. 改进措施

绩效管理的最终目的是改善绩效。在面谈过程中，针对被考评者未能有效完成的绩效计划，考评者应该和被考评者一起分析绩效不佳的原因，并设法帮助下属提出具体的绩效改进措施。

4. 新的目标

绩效面谈作为绩效管理流程中的最后环节，考评者应该在这个环境中结合上一个绩效周期的绩效计划完成情况，并结合被考评者新的工作任务，和考评者一起提出下一个绩效周期中新的工作目标和工作标准。

绩效反馈面谈后，主管需要对面谈的效果进行评估，以便调整绩效反馈面谈的方式，取得好的面谈效果。同时，组织实施绩效反馈后员工工作行为也会发生一些变化。通过研究发现，绩效反馈后员工在工作行为方面有以下四种反应。

（1）积极、主动地工作。这种情况绩效反馈与下属自我绩效评估基本一致。在双方绩效评估均属良好时，领导常常通过情感、奖励、地位等多方面的激励方式来反馈下属的绩效，而下属则以积极、主动的工作态度回报领导对他的绩效的认同。

（2）保持原来的工作态度。这种情况绩效反馈与下属自我绩效评估既可能一致，也可能不一致。在绩效评估基本一致，下属认为其绩效与其需求相当，且无法满足更高需求的可能时，常常采取保持原来的工作态度；而当绩效评估不一致时，下属往往认为领导对其绩效低估了，但又不愿消极、被动地工作，也常常采取这种工作态度。

（3）消极、被动地工作。出现这种情况的主要原因有两点：一是绩效反馈情况与下属自我绩效评估不一致；二是绩效反馈情况基本一致且绩效良好，但下属对绩效反馈的形式不满。

（4）抵制工作。导致这种情况出现的原因除了绩效反馈情况与下属自我绩效评价不一致外，还有绩效反馈双方在情感交流方面发生了冲突。例如，某单位有一员工，尽管尽了力，但由于主客观的原因未能按时完成任务。领导认为他工作不力，对他进行了批评，并扣发了他的薪金。该员工感到很委屈，他认为领导只重视工作结果，不考虑工作过程。由此该员工也对这位领导产生了抵触情绪。

绩效反馈如果做得不好，将直接影响到绩效管理的全过程，所以，每个绩效反馈结束后，我们需要针对在问卷和员工行为观察中了解到的问题提出绩效反馈的改进计划。

五、绩效评估结果的运用

绩效管理制度应该与组织中其他人力资源管理环节密切结合起来。例如，组织中的职位体系、胜任力模型、薪酬奖励制度、培训体系等都应该与绩效管理紧密相连。如果绩效优秀的员工不能得到应有的认可和回报，那么就难以引导员工进行绩效改进。

（一）绩效改进

实施绩效改进计划的具体操作步骤如下。

1. 确定绩效差距

可以通过描述工作要求的绩效与员工的实际绩效差异来确定绩效差距。

2. 分析绩效不好的原因

一般而言，员工绩效不佳并不能简单地归咎于员工工作不努力，而应从员工、主管领导及环境因素三个方面分析原因。

（1）从员工身上找原因，主要有主观和客观的两个方面，主观上最常见的是由于缺乏动力和足够的激励或对现在所从事的工作不感兴趣。而有些是主观上虽然工作意愿很强、积极性很高，但由于自己的能力、工作方法、身体状况、沟通技巧等客观原因而没法达到预期目标。

（2）主管领导也要进行自查。例如工作上缺乏沟通，对员工没有提供足够的帮助和支持，没有给员工适当的信任、授权、鼓励和激励，这些都是主管领导的责任，不能一味把责任推给员工。

（3）组织内外部环境因素。组织内部资源的缺乏、制度不完善（如责、权、利分配不合理）、岗位变动等影响员工的工作效率和工作质量。而组织外部的环境如宏观经济的变动、国家新政策的出台、全行业的萎缩等，以员工个人力量是无法抗拒的，甚至连组织也回天乏术。在这种情况下，要做的不是绩效改进而是绩效目标的调整了。所以在行动之前，要先查明原因，看清方向，避免徒劳无功。

3. 决定是否采取改进措施

确定了具体绩效差距，找到了绩效不佳的原因，然后就是决定是否有必要采取改进措施以消除差距，并采取改进方法。绩效差距总会发生，但有大有小，有轻有重，是否都需要改进呢？理论上应当把时间和精力花费在纠正重大差距上。一旦确定需要采取改进措施，就要帮助员工制订行动计划。

4. 找出可能的改进办法

让员工的直接主管与他们一起，通过"头脑风暴"和"鱼骨图"的方式，找出所有可能的改进办法，最好能按员工、主管领导和外部环境，分门别类，列出一张详细的表格，有针对性地找出问题。

5. 制订绩效改进计划

首先，确定改进目标。目标的选取应由上下级共同完成。基本上应以员工的要求为中心，在反馈面谈中，通过双方的沟通来决定。对于自己选择的，而不是被强加的目标，员工的积极性会更高，动机也更强；而且员工更了解自己的情况，哪些问题确实需要改进。因为有些在上级眼中认为很严重的问题，在员工看来可能根本不是问题。另外，应选择从容易改进的目标着手。如果改进计划顺利完成，就能够树立员工的信心，有助于后续改进计划的实行。

其次，对改进办法进行筛选，选出最有效、最经济的一种办法或几种办法综合考虑，确保计划实际可行。已选中的改进办法为主干，增加具体的行动计划，详细列出每一步工作的具体实行手段。要给每一步的工作制定截止日期，以便检查。

最后，要填写一份书面的、正式的绩效改进计划，单位主管领导和员工都保留一份，如有必要，人事部门也可备案。"色"是美食的重要组成部分，外形美观的菜肴能够引起食客的食欲。同样，一份完整、正规的改进计划，相比一份潦草的草稿或仅仅是口头协议，更能够使员工产生认真对待的心理。

6. 实施、检查、制订新的改进计划

绩效改进计划的实施，可以看成是一个小型的、短期的绩效管理过程。在此期

间，单位主管领导与员工间的沟通依然很重要，提供帮助、不断地督促和检查必不可少。如果员工的总体绩效已达标准，则考察工作停止并通知受考员工。对该员工的工作仍应保持密切的注意。观察其是否有退步的迹象，如确有低落现象，考察需再度开始并告诉员工；如果已有明显进步，但是还需要再继续改进，此时应重拟一份绩效改进计划并与受考察员工一起研究；如果进步甚微或完全没有进步，单位主管领导应清楚地告诉该员工他正在察看阶段，如果在规定期限内不能达到标准，他就会被调职或降薪。此程序继续至该员工的整体考绩达到标准，或期限到期，改进工作终止。

（二）绩效评估结果的其他运用

1. 用于员工报酬的分配和调整

绩效评价结果最主要的一种用途是用于员工报酬的分配和调整。绩效评价最初的目的就是为了更好地评价员工对团队或组织绩效的贡献，以便在薪酬分配过程中体现公平性原则。一般而言，为了强调薪酬的公平性并发挥薪酬的激励作用，员工的薪酬中都会有一部分与绩效挂钩。当然因职位不同，与绩效挂钩的薪酬在总薪酬中所占的比例也会有所不同。如何有效地发挥薪酬的激励作用，寻求绩效管理与薪酬管理有机结合的方式，是大多数组织面临的一个难题。有关绩效薪酬的具体内容后面将做详细的介绍。

2. 用于招聘与甄选

绩效评价的结果是组织做出招募计划的重要依据。另外，在研究招募与甄选的效度时，通常都选用绩效评价结果作为员工实际绩效水平的替代，在人员招聘与甄选的过程中担当重要的效标作用。也就是说，如果甄选是有效的，那么甄选时表现很好的人员的实际的绩效评价结果也应该很好；反之，就有两种可能，要么甄选没有效度，要么甄选评价结果不准确。

3. 用于人员调配

员工绩效评价的结果是人员调配的重要依据。人员调配不仅包括纵向的升迁或降职，还包括横向的工作轮换。如果绩效评价的结果说明某些员工无法胜任现有的工作岗位，就需要查明原因并果断地进行职位调换，将他从现有的岗位上换下来，安排到其他能够胜任的岗位；同时，通过绩效评价还可以发现优秀的、有发展潜力的员工。对于在潜力测评中表现出特殊的管理才能的员工，可以进行积极的培养和大胆的提拔。这种培养还包括在各个职位之间的轮岗，培养其全面的能力并熟悉组织的运作，为其今后在部门间的交流与协调做好准备。

4. 用于人员培训与开发决策

人力资源的培训与开发是组织通过培训和开发项目提高员工能力和组织绩效的

一种有计划的、连续性的工作。从传统的意义上讲，培训的主要目的是使员工获得目前工作所需的知识和能力，帮助员工完成好当前的工作；而开发的主要目的则是使员工获得未来工作所需的知识和能力。通过绩效评价的结果可以发现人员培训和开发的需要，也就是将员工的实际评价结果与职位要求相比较，一旦发现员工在某方面存在不足而导致不能完全胜任工作，但可以通过培训弥补，就需要对员工进行培训。另外，组织也有可能对未来的变化进行考虑，当绩效评价结果显示员工不具备未来所需要的技能或知识时，对员工进行开发是常见的选择。另外，绩效评价结果还可以作为培训的效标，也就是用绩效评价结果衡量培训效度。

第三节　绩效评估的方法

一、相对评估法

相对评估法，简单地说就是"人"比"人"的评估方法，就是将员工的工作行为、工作成果相互比较，从而对每个员工进行评估的方法。它包括排序法、行为锚定法、成对比较法、强制分布法等。

（一）排序法

排序法是根据整体工作绩效或某一维度从高到低依次给员工排序。这是一种简单而又实用的评估方法。表7-6是某企业生产车间运用排序法评估的结果。

表7-6　某车间评估表

员工＼项目	工作数量	工作质量	技能	合作度	积极性	时间效率	综合	排序
A	2	3	2	2	3	3	15	3
B	1	2	3	3	1	2	12	2
C	3	1	1	1	2	1	9	1
D	5	5	4	5	5	4	28	5
E	4	4	5	4	4	5	26	4
总评								
评估人				评估日期				

在表7-6中，评估人员对5位员工通过逐项比较进行排名，再把各项相加得

出最后的名次。这种评估法操作比较简单，国外最新研究成果表明其评估效果优于传统的绝对评估法。排序法一般适用于小企业，而且评估对象必须从事同一性质的工作。对于员工较多的企业或部门，使用排序法则比较困难。

（二）行为锚定法

行为锚定法，全称为行为锚定等级评价法，是以具体描述的特定工作行为是否确实被成功地完成来确定员工绩效的一种评估方法。在某种程度上，行为锚定法的重点不是落在绩效的结果上，而是落在员工的职业行为上，其前提假设是员工的职能性行为将产生有效的工作绩效。行为锚定法的工作步骤有以下几点。

（1）确定工作的相关维度。

（2）对每个工作维度编写出行为锚定。

（3）确定每一锚定行为的分值。

工作维度是指构成工作任务的范畴。每种工作可能有几个工作维度，每个维度应制定独立的评分量表。表7-7是按工作维度编写的行为锚定量表。按表中的文字描述对每个员工的行为在特定的"锚"上打钩。锚定量表上的分值可以给评估者一份一览表，评估者根据所查到的分值与所有的工作维度结合就可以得到一个完整的评估。

表7-7 行为锚定评价表

维度	锚	分值
工作量：员工每个工作日的工作量	非常优异的生产记录	5 优秀（　）
	很勤奋，超额完成	4 良好（　）
	工作量令人满意	3 一般（　）
	刚好达到要求	2 较差（　）
	没有达到最低要求	1 极差（　）
可依赖程度：只需最少监督就能令人满意地完成既定工作	所需要的监督是最低限度的	5 优秀（　）
	需要很少的监督，是可以依赖的	4 良好（　）
	常在适当的督促下能完成规定的工作	3 一般（　）
	有时需要督促	2 较差（　）
	需要密切督促，不可依赖	1 极差（　）

续表7-7

维度	锚	分值
工作知识：员工为取得满意的工作绩效应具备的有关工作任务的信息	已经完全掌握所有的工作阶段	5 优秀（ ）
	理解工作的所有阶段	4 良好（ ）
	能回答工作上的大多问题	3 一般（ ）
	缺乏对工作某些阶段的认识	2 较差（ ）
	对工作任务认识不足	1 极差（ ）
出勤率：每天上班且遵守工作时间的守信性	总是正常及时地出勤，在需要时自愿加班	5 优秀（ ）
	非常及时地出勤，且很正常	4 良好（ ）
	基本正常出勤且准时	3 一般（ ）
	出勤散漫，有时工作准时，或两者兼有	2 较差（ ）
	经常缺勤或者迟到且没有充分的理由	1 极差（ ）
准确性：履行工作职责的准确度	所需监督是最低限度的，几乎总是准确的	5 优秀（ ）
	很少需要监督，多数时候是正确的	4 良好（ ）
	通常是准确的，只犯平均数量的错误	3 一般（ ）
	粗心，经常犯错误	2 较差（ ）
	屡屡犯错误	1 极差（ ）

虽然使用行为锚定等级评价法比使用其他的工作绩效评价法（如评价尺度表）要花费更多的时间，但它具有以下一些优点。

（1）对工作绩效的计量更为精确。由于是由那些对工作及其要求最为熟悉的人来编制行为锚定等级体系，因此行为锚定等级评价法能够比其他评价法更准确地对工作绩效进行评估。

（2）工作绩效评估标准更为明确。评估等级尺度上所附带的关键事件有利于评价者更清楚地理解"非常好"和"一般"等各种绩效等级上的工作绩效到底有什么差别。

（3）具有良好的反馈功能。关键事件可以使评价人更为有效地向被评价人提供反馈。

（4）各种工作绩效要素之间有着较强的相互独立性。

（5）具有较好的连贯性。

但它的缺点有以下几点。

（1）文字描述耗时费力。

（2）表格多，不便管理。

（3）经验性的描述有时易出现偏差。

（三）成对比较法

成对比较法又称两两比较法，指根据某一绩效标准将所有员工通过两两比较的方式来判断谁更好，更好的一方记为"2"，另一方记为"0"，如果两方相等，则各得"1"分，最后将该员工与其他所有员工相比后得到的分数相加，根据所得分数的大小也可为员工排序。与排序法相比，这种方法相对比较客观。表7-8是某电机企业技术科就工作创新程度对员工进行两两比较得出的结果。

表7-8　某科室员工创新程度对比表

	小王	老张	小周	小丁	老李
小王		2	1	2	0
老张	0		1	2	1
小周	1	1		1	1
小丁	0	0	1		0
老李	2	1	1	2	
对比结果	3	4	4	7	2

通过比较，可以初步断定，小丁的工作创造性最好。但评估时也发现：两两比较老李和小周、老张一样好，但最后排名老李最差，似乎有点说不通。该技术科只有5名人员，评估时只需要进行10次比较。有的企业或部门员工数量很大，且评估维度很多，使用成对比较法的工作量太大

（四）强制分布法

强制分布法也称为"强制正态分布法""硬性分配法"，该方法是根据正态分布原理，即俗称的"中间大、两头小"的分布规律，预先确定评价等级以及各等级在总数中所占的百分比，然后按照被考核者绩效的优劣程度将其列入其中某一等级。强制分布法实际上也是对员工进行相互比较的一种排序方法，只不过它是将员工按照组别进行排序，而不是将员工按照个人进行排序。这一方法的理论依据是数理统计中的正态分布概念，认为员工的业绩水平遵从正态分布，因此可以将所有员工分为杰出的、高于一般的、一般的、低于一般的和不合格的五种情况，其分布的典型形式如图7-3所示。在实践中，实行强制分布的组织通常对设定的分布形式做一定程度的变通，使员工业绩水平的分布形式呈现为某种偏态分布。强制分布的优点是可以克服评价者过分宽容或过分严厉的弊端，也可以克服所有员工不分优劣的平均主义。其缺点是如果员工的业绩水平事实上不遵从所设定的分布样式，那么按照评价者的设想对员工进行强制区别容易引起员工不满。一般而言，当被评价的员工

人数比较多，而且评价者不止一人时，用强制分布法可能比较有效。

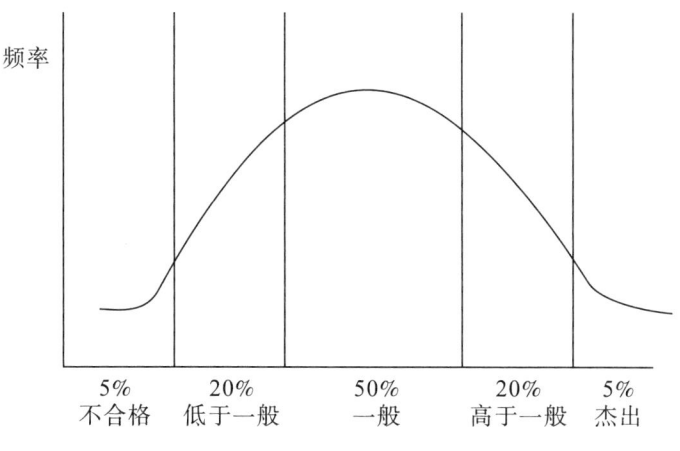

图 7-3 强制分布法

二、绝对评估法

绝对评估法，指按预先设定的评估绝对标准进行评估的方法。属于绝对评估法的有：工作成果评估法、评估量表法、关键事件法、行为评等法、混合标准评法等。

（一）工作成果评估法

工作成果评估法是以工作成果为基础的一种评估方法，类似于目标管理法。确立评估标准的总原则是：提高员工工作绩效，提高企业的生产率和竞争力，与之相对应，工作成果评估法恰好以工作成果或工作业绩为基础，而不是对员工完成工作的过程进行评估。

其步骤如下。

（1）主管和员工共同讨论和制定员工应达到的绩效目标。

（2）共同讨论评估标准，双方都同意该标准确属公平合理。

（3）员工努力实现目标，期间员工和主管定期讨论和衡量目标进度。

（4）到规定期末，双方共同对照原定的绩效目标和评估标准讨论目标完成情况并进行评估。

（5）扬长避短，制定下一阶段的绩效目标。

工作成果考核法为员工的工作成果树立了明确的目标，为员工的工作指明了方向，激励员工为实现目标做出努力。表 7-9 中销售电话机数量的权重系数最大，员工完成情况最好，超额完成 4%；其他几项的完成率随着权重系数的递减而降低。

表7-9　电话机销售人员工作成果评估表

目标名称	目标要求	完成情况	评估分值	权重系数	各项得分
推销电话机数量	100	104	102	40%	40.8
新开辟销售渠道	20	18	90	30%	27
特号产品的销售量	10	8	80	20%	16
售后服务次数	36	24	70	10%	7
总计			342	100%	90.8

（二）评估量表法

评估量表法又称量表评等法，通常由评估人员经过调查、分析、研究后，对照被评估对象的工作说明书而拟订评估项目。这些评估项目不应是对员工个性的评价，而应是对员工工作态度、行为、技能以及工作结果的评估，应该对工作绩效的高低起关键作用，并能量化为数字，有时还附文字说明。评估量表法需做维度分解，每一纬度划分为优秀、良好、一般、较差、很差若干等级。各等级有相应的分值，各项目有权重系数，最后把各项得分加权相加，得出员工的绩效总分。

下面就某制造企业对操作人员的德、能、勤、绩四方面的考核为例说明考核量表法的应用，见表7-10。

表7-10　操作人员绩效评估表

评估项目	评估等级					权重系数
	优秀	良好	一般	较差	很差	
职业道德	敬业爱岗、恪敬职守、勇于奉献	热爱本职工作，责任心较强	有一定的工作积极性，责任心一般	工作积极性不高，有时不够负责	工作消极，出现重大工作事故	10%
工作知识	知识丰富、工作游刃有余	知识较丰富、能做好工作	工作知识能应付所从事的工作	知识略有欠缺，影响工作效果	工作知识不能胜任所从事的工作	5%
操作技能	操作规范、无差错	符合规范，差错不超过1次/月	能注意操作规范，差错控制在2~3次/月	操作不太规范，差错在4~5次/月	经常违反操作规范，差错超过5次/月	20%
出勤率	全勤且常加班	全勤	缺勤不超过2天	缺勤不超过5天	缺勤5天以上	5%
合作程度	配合默契、合作愉快	能主动配合与合作	基本配合，合作较好	不够主动，合作一般	较难配合，缺乏合作精神	5%

续表7-10

评估项目	评估等级					权重系数
	优秀	良好	一般	较差	很差	
产品数量	>1000	800~900	500~799	400~599	<400	25%
次品率	0	<2%	2%~4%	5%~8%	>8%	25%
时间效率	提前完成	按时完成	基本按时	1~2次没按时完成	多次未按时完成	5%
相应分值	100	80	60	40	20	100%

(三) 关键事件法

关键事件法是以收集和记录直接影响工作绩效的关键行为为基础的评估方法。评估人员对员工的日常绩效记录与一般的信息收集是不同的，关键事件法记录的是与工作绩效直接相关的突出事件和行为，见表7-11。

其步骤如下。

（1）当有关键性事件和行为发生时，填在特殊设计的评估表上。

（2）对所记录的事件和行为给予评价和打分。

（3）及时将评估结果通过面谈等方式告知被评估者。

例如，某员工在完成一项任务中表现出优异的创造性和拼搏精神，并因此而为企业赢得了利润，或者某员工某天由于玩忽职守而给企业带来了损失，这些就是关键事件。

表7-11 员工关键事件记录评估表

员工姓名		考核期间	自 年 月 日 至 年 月 日	
优良行为		不良行为		
日期	事项	日期	事项	
×年×月 ×年×月	主动将生病的同事送到医院、并帮助其完成任务 为迎接检查，加班到深夜 ……	×年×月 ×年×月	拒绝接受培训 自己的电动剃须刀在厂部充电，由于该电器质量问题，差点引起火灾 ……	
总评				
评估人		评估日期		

(四)行为评等法

行为评等法也是以员工行为事实为依据而进行评估的方法,但它不是由评估人员选择员工的关键事件和行为加以记录,而是对被评估人员的工作行为进行预期设定,然后将员工发生的行为与之对照进行评估,它比关键事件法更系统、更完善。

其步骤如下。

(1) 进行工作分析,确定适当的评估维度。

(2) 为评估维度确定相应的评分标准并附以行为描述文字(若是多维度评估,对每一维度的重要性分配权数,进行量化)。

(3) 根据员工的行为事实进行评等或打分。

它与评估量表法的区别在于:评估量表法评估项目包括员工在德、能、勤、绩方面与提高绩效相关的几乎所有小项,而行为评等法一般评估员工在一个或少数几个方面的行为表现。表 7-12 是用于评估技术人员在技术研发方面的行为表现。

表 7-12 技术人员行为评等对照表

行为描述	等级
探索所有技术领域的信息,并不断开发新产品	1
探索部分技术领域的信息,在开发新产品方面略有作为	2
主动积极学习新的开发技术,在新产品开发上做了探索但至今未有建树	3
能研读相关技术领域的刊物,有一定的兴趣,但主动探索不够	4
对新技术的兴趣一般,有时阅读有关技术领域的刊物	5
有时对新技术的开发表现出消极态度	6
对新技术开发抱着悲观的态度	7
对自己研究领域的技术没有好奇心	8
对新技术开发抱着坐享其成的态度	9
自己不钻研,还影响其他研发人员的研发热情	10

(五)混合标准量表法

混合标准量表法又叫多重标准尺度法。这种方法衡量特征的尺度并不只是一种,评估者可以从好的、平均的、差的三个层次来描述每一种特征。这些描述被随机排列而形成多重标准尺度。多重标准尺度法能有效地减少传统的评估量表法的主观因素误差,进而提高绩效评估的准确度。表 7-13 是多重标准尺度法的一个实例。

表 7－13　绩效判断表

说明：请指出员工的工作是否高于（＋）、等于（0）或低于（－）以下各标准：
1. 该员工工作遵守职务说明的要求，一贯都是积极地做事，从来不需要上级来督促，而且能及时汇报请示
2. 该员工有一般的学习领悟能力，对新知识、新事物经过讲解可以学懂和掌握
3. 该员工常与别人发生不必要的争吵
4. 通常来说该员工工作还是积极认真的，但是有时候也需要由上级督促提醒
5. 该员工在理解问题的速度方面比别人要慢一点，在学习新东西方面也比别人要花更多的时间，但是并不笨，只是迟钝一点
6. 该员工与每一个人的关系都不错，即使是与别人意见矛盾的时候，也能够与其他人友好相处
7. 该员工经常要上级监督指挥，也不注意汇报请示
8. 该员工非常聪明，学习领悟快
9. 该员工与大多数人相处都比较好，有时也会与别人发生无谓的争吵，但并不激烈

在上面这个实例中，被评估的三个特征维度是：主动性、智力和人际关系。陈述句（序号）与相应的绩效等级的关系见表 7－14。

表 7－14　绩效等级关系

评估特征	陈述句序号/绩效等级		
主动性	1/好	4/中	7/差
学习领悟能力	8/好	2/中	5/差
人际关系	6/好	9/中	3/差

可以根据特定的评分标准来确定每一位员工在每一种维度上的得分，然后获得其在所有维度上的总分。例如，高于"好"的可以得 7 分；等于"好"的可以得 6 分；高于"中"的可以得 5 分；等于"中"的可以得 4 分；高于"差"的可以得 3 分；等于"差"的可以得 2 分；低于"差"的可以得 1 分。

第八章 薪酬管理

开篇案例

如何设计 M 公司的薪酬系统？

M 公司是一家合资公司，成立于 1994 年，是中国重要的电子产品生产销售厂商之一。该公司有员工 500 余人，在全国各省市设有办事处 20 个。随着销售额的不断上升和人员规模的不断扩大，现有的企业整体管理显得比较混乱。管理层希望引进国外先进管理经验，并结合公司的实际，使公司管理水平提高一个台阶。

公司的人力资源管理起步较晚，基础比较薄弱，尚未形成科学体系，尤其是薪酬福利方面问题比较突出。在早期，人员较少，单凭领导两只手、一支笔倒还可以分清楚给谁多少工资，但目前人员激增，只靠过去的老办法显然不灵，这样做带有很大的个人色彩，薪酬的公平性、公正性、对外的竞争性就更谈不上。于是他们聘请著名的管理咨询公司 C 公司就其薪酬体系进行系统设计。

C 公司管理顾问经过系统的分析诊断，就 M 公司薪酬管理存在的问题进行了整理，认为该公司在薪酬方面存在的问题主要有：一是在薪酬分配原则上不明晰，内部不公平。不同职位之间、不同个人之间的薪酬差别，基本上是凭感觉来确定。二是不能准确了解外部特别是同行业的薪酬水平，无法准确定位薪酬整体水平。给谁加薪、加多少，老板和员工心里都没底。三是薪酬结构和福利项目有待进一步合理化。固定工资、浮动工资、奖金的比例应为多少？如何有效地设立保险和福利项目？这些都需要细化。四是没有建立统一的薪酬政策，薪酬的确定和调整还是由领导的一句话决定，薪酬日常管理无章可循。

C 公司管理顾问认为，解决薪酬分配问题需要一系列步骤，首先，需要有职位说明书，作为公司人力资源管理的基础。其次，在职位说明书的基础上，对职位所具有的特性进行重要性评价，确定关键岗位，对该公司的职位等级进行评定，最终形成公司职级图。再次，描绘出公司的薪酬曲线。另外公司应委托专门的薪酬调查公司就同行业、同类别、同性质公司的薪酬水平进行调查，以获得市场上的薪酬数据作为参考，修正公司内部薪酬曲线。依据公司职级图、薪酬调查的数据、公司的业务状况以及实际支付能力，C公司对该公司的薪酬体系进行了设计，此项工作内容包括制定薪酬结构、制定不同人员的薪酬分配方法和薪酬调整办法、测算人力成本等。最后，形成公司可执行、公布的薪酬政策。

经过双方的紧密配合以及C公司管理顾问积极务实的工作方法，M公司领导对最终形成的方案十分满意，因为他再也不用为每月发多少工资的这件事而头疼了。薪酬分配政策的公平性也消除了员工之间的猜疑，增强了其工作热情。

第一节 薪酬与薪酬管理概述

一、薪酬的含义

从广义上来讲，薪酬作为等价交换的结果，包括了员工由于为某一组织所做出的贡献而获得的各种形式的回报。根据是否能够以金钱来衡量，这些回报可以分为两种类型：经济性报酬和非经济性报酬。经济性报酬，指员工所获得的所有直接或间接的经济收入，包括工资、津贴、奖金和各种福利等。非经济性报酬则不能以金钱的形式来表现，如参与决策的机会、较大的职业发展空间、良好的工作氛围与工作环境等。

从狭义上来讲，薪酬则仅指经济类报酬。这也是我们经常所使用的薪酬概念，即员工为某一组织工作而获得的所有各种形式的经济收入。

二、薪酬的构成

（一）基本薪酬

基本薪酬指组织根据员工所在的工作岗位、所具备的工作技能、能力或资历，而向员工支付的稳定性报酬。它是薪酬中相对不变的那部分。

对于员工来说，基本薪酬是非常重要的。因为它给员工提供了稳定的收入来源，为员工的基本生活提供了保障。基本薪酬变动主要取决于以下三个因素：一是社会经济的发展导致基本生活费用的变化，如通货膨胀的因素；二是市场薪酬水平的变化；三是技能、能力的增加，或由此导致的职位的升迁。

（二）可变薪酬

可变薪酬又称为浮动薪酬或奖金，指根据员工是否达到或超过某一事先确立的绩效标准而浮动的报酬。这里的绩效标准既可以是员工个人的绩效，也可以是某一部门、团队甚至整个组织的绩效。

可变薪酬将员工所获得的薪酬与其绩效直接联系起来，因此具有很强的激励性，对于组织提高效率，实现组织目标，有非常积极的作用。因此在薪酬结构中，可变薪酬所占的比例越来越大。根据可变薪酬计划所涉及的时间，可以将其分为短期可变薪酬和长期可变薪酬两种。短期可变薪酬计划建立在员工近期绩效标准基础上，一般时间跨度在一年以内。长期可变薪酬计划则着眼于组织的长期发展，鼓励员工努力实现组织跨年度的绩效目标。

（三）福利

福利又称为间接薪酬。与基本薪酬和可变薪酬相比，福利有其明显的特点：一是一般与员工的劳动能力、绩效和工作时间等的变动没有直接联系；二是往往采取实物、服务或延期支付的方式支付。对于组织来说，福利更类似于一种固定成本。

福利计划一般都具有普遍性，只要是组织的成员就可以享受。但是，为了提高福利计划的激励性，现在很多组织对组织的一些特殊人才实行特殊的福利计划，以提高福利的激励性。一般，福利可以分为国家法定福利和组织自愿福利两种。国家法定福利是由国家法律强制性规定组织必须为其员工所提供的各种保障。我国的法定福利项目包括法定社会保险（养老保险、失业保险、医疗保险、工伤保险和生育保险）、住房公积金和法定休假等。组织自愿福利是组织在法定福利的基础上，自主为其成员提供的额外的保障和服务。如组织为其员工提供的企业年金计划、补充的健康保险计划、心理咨询服务、子女教育补助等。

三、薪酬的作用

关于薪酬的作用，我们可以从三个方面来讨论。

（一）员工方面

1. 提供经济保障

市场经济社会，薪酬是绝大多数劳动者的主要收入来源。首先，薪酬满足了员工及其家庭吃、穿、住、行等基本生活的需要，从而保证劳动力的生产和再生产。其次，薪酬还能够满足员工更高层次的一些需要，包括娱乐、学习和自我发展等方面的需要。

2. 产生激励作用

根据激励理论，人的行为是由其需要引起的。合理的薪酬水平能够满足员工基本生活的需要、公平的需要，同时也为其自我发展、自我实现需要的满足奠定了经济基础。需要的满足会激励员工更加努力工作，从而提高其绩效水平。

（二）组织方面

1. 吸引和留住人才

根据美国某调查机构的调查结果显示，在影响就业选择的众多因素中，薪酬仍然是绝大部分人的第一选择。因此组织所提供的薪酬水平会直接影响到组织在劳动力市场上的竞争力。而具有竞争力的薪酬水平，更容易吸引并留住组织发展所需要的优秀人才。

2. 控制经营成本

虽然较高的薪酬水平会为组织吸引和留住更多的优秀人才，但较高的薪酬水平会提高组织的劳动力成本，影响组织在产品市场上的竞争力。因此，有效控制劳动力成本对于组织来说也是非常重要的。

（三）社会方面

对于整个社会来说，薪酬构成了全体成员的可支配收入。薪酬水平的高低将决定整个社会的消费水平，直接影响到国民经济的正常运行。同时，薪酬的公平分配也是一个重要问题。如果薪酬分配不公平，会引发很多社会问题，严重时甚至会引发社会动荡，影响社会稳定。

四、薪酬管理及其主要内容

薪酬管理，指组织确定员工所应得到的报酬的过程。在这一过程中，组织需要就薪酬体系、薪酬形式、特殊群体薪酬、薪酬管理政策等重要问题做出决策。

（一）薪酬体系

薪酬体系的确定，需要涉及三个方面的决策。

1. 确定基本薪酬模式

目前，国际上比较常用的薪酬模式主要有三种：职位薪酬模式以工作本身的价值来确定基本薪酬，技能薪酬模式和能力薪酬模式则分别以员工所掌握的技能水平和员工所具备的能力来确定基本薪酬。

2. 确定薪酬水平

薪酬水平指组织支付给各职位、各部门或整个组织的平均薪酬水平。薪酬水平决定了组织的外部竞争力。组织需要根据市场或竞争对手的情况，结合本组织的支付能力，来决定采取领先型、追随型、滞后型还是混合型的薪酬水平政策。

3. 确定薪酬结构

薪酬结构指同一组织内部不同职位或不同技能等级所获得的薪酬之间的相互关系。薪酬结构实际上反映了不同职位或技能对于组织的价值。薪酬结构决定了薪酬的内部一致性。

（二）薪酬形式

薪酬形式指员工所获得的总薪酬的组成成分。如前所述，薪酬形式一般表现为基本薪酬、可变薪酬和福利。薪酬的支付形式取决于不同薪酬构成的性质。通常来讲，基本薪酬和可变薪酬从货币形式支付给员工，福利往往通过一些具有经济价值的服务或者实物支付给员工。

（三）薪酬运行管理

薪酬运行管理主要涉及薪酬的发放与调整、薪酬成本与预算控制、组织薪酬制度、薪酬是否保密以及薪酬诊断和薪酬调整等问题。薪酬运行管理的质量关系着薪酬管理的成功与否，良好的薪酬运行管理有利于保障薪酬体系实施的效果，有利于培养员工与组织之间的良好关系，有助于实现组织和员工的个人目标。

五、薪酬管理的原则

（一）公平性原则

薪酬的公平性是员工对组织薪酬制度和薪酬管理过程是否公平的一种感知，一般可以分为三个层次。

（1）外部公平性。指本组织的薪酬水平应该不低于同一行业、同一地区或同等规模的不同组织中的类似职位。

（2）内部公平性。指同一组织内部不同职位所获得的薪酬应该与其所做出的贡献成正比。

（3）个人公平性。指个人所获得的薪酬与同一组织内部其他相同或相似职位的人所获得的薪酬具有可比性。

（二）激励性原则

虽然薪酬管理要尽量做到外部、内部和个人三方面的公平，但公平不是平均主义。应该根据职位的重要性、技能和能力水平以及绩效水平等要素，适当拉开薪酬水平的差距。这样，才能激励员工更加努力地工作和学习，提高绩效水平和技能、能力水平，获得更好的职位，从而真正实现按贡献分配。

（三）竞争性原则

在当今市场经济时代，组织所提供的薪酬水平必须具有竞争力，才能够在劳动力市场上吸引到本组织所需要的人才，也才能留住优秀人才。如前所述，组织根据市场或竞争对手的薪酬水平、组织所需人才的供求状况以及本组织的支付能力等因素，确定本组织的薪酬水平应该在市场价格的哪个范围。但是一般来说，要具有竞争力，组织所提供的薪酬不能低于市场平均薪酬水平。

（四）经济性原则

虽然较高的薪酬水平可以提高组织的竞争力和激励性，但是，也会导致组织经营成本的上升，影响组织在产品市场上的竞争力。因此，薪酬水平的制定，一定要考虑到本组织的实际支付能力，尽量控制劳动力成本，在竞争力、激励性和经济性之间寻求一个平衡。

（五）合法性原则

所谓合法性，指组织的薪酬制度和薪酬管理过程必须符合国家法律和相关政策的规定。相关的法律主要涉及最低工资规定、反歧视法和社会保险法等。

第二节　基本薪酬

一、薪酬模式

（一）职位薪酬模式

1. 职位薪酬模式的概念

职位薪酬模式，指根据职位在组织内的相对价值，而为在该职位工作的员工支付相应薪酬的一种基本薪酬决定制度。

在组织中，不同职位由于其涵盖的职责和责任不一样，对人的技能和能力的要求不一样，它对于组织的价值和重要性也是不一样的。因此，在不同职位上工作的员工，应该根据他们所从事的工作对组织的贡献程度，来领取相应的报酬。在这种薪酬制度下，基本薪酬的确定只考虑工作本身的因素，而对于个人所具有的技能或能力，则很少考虑。

2. 职位薪酬模式的适用条件

（1）职位的职责和责任必须明确，而且是相对固定的。组织各项职位的职责和责任明确了，才能对这些职位进行工作分析，从而对其在组织中的相对价值进行判断。而只有职位的职责和责任相对固定，这一相对稳定的薪酬体系才有存续的基础。

（2）组织中有相对较多的职位等级。在职位薪酬模式中，员工要获得薪酬的增长，主要依靠职位的晋升。因此，组织必须通过相对较多的职位等级，为员工提供较多的职位晋升机会；否则，员工晋升的机会少，薪酬增加的空间小，会严重挫伤其工作积极性。

（3）有按工作能力安排工作岗位的制度。职位薪酬模式实际上暗含了这样一个前提，即在某一工作岗位上工作的员工恰好拥有该工作岗位所要求具备的能力水平。否则，个人能力不足，则不足以担任相应工作；个人能力超过岗位要求，则会产生不公平。因此，在这一体系中，随着个人知识、技能和能力的提高，其职位也应相应提升。

3. 职位薪酬模式的评价

职位薪酬模式的优点有以下几点。

（1）采用同工同酬的方式，较好地实现了内部公平。

（2）将薪酬的增长与职位的晋升联系起来，激励员工更加努力地工作以获得晋升的机会。

（3）按照职位体系进行薪酬管理，操作简单，管理成本低。

职位薪酬模式的缺点有以下几点。

（1）可能因为晋升机会小而影响员工的工作积极性。由于将薪酬与职位直接挂钩，没有晋升机会的员工，就没有相应的薪酬增加，这样必然会影响员工的工作积极性。

（2）相对稳定的制度可能不利于对变化做出迅速反应，也不利于灵活地吸引和留住关键人才。

（二）技能薪酬模式

1. 技能薪酬模式的概念

技能薪酬模式，指组织根据员工所掌握的知识、技能、能力支付相应薪酬的一种基本薪酬决定制度。这种薪酬制度适合于所需知识、技能、能力比较容易被界定的技术型员工组织。

近年来，技能薪酬模式的运用已经越来越广泛，成为一种重要的薪酬决定模式。

2. 技能薪酬模式的评价

技能薪酬模式的优点有以下几点。

（1）为专业技术人才提供了专业领域的职业发展通道，有利于留住专业技术人才。同时，还可以避免组织出现"多了一个平庸的管理者，少了一个优秀的技术专家"的现象。

（2）将员工所获得的薪酬与其所具有的技能联系起来，激励员工努力提升自己的知识和技能水平。

（3）员工知识技能水平的提高，也有利于对变化特别是人员配置方面的变化做出迅速反应，提高组织灵活性。

技能薪酬模式的缺点有以下几点。

（1）技能薪酬模式要求组织对人力资源特别是培训给予更多的投资。

（2）技能薪酬模式的设计和管理都比较复杂，管理成本高。

二、基本薪酬体系设计

基本薪酬体系的设计，通常要考虑两个方面的问题：一是薪酬的内部一致性，主要通过职位评价来实现；二是薪酬的外部竞争力，主要通过薪酬调查来实现。组织在建立薪酬体系的过程中，尽量要在这两者之间寻求一个平衡。尽管如此，不同组织或同一组织内的不同职位等级，对于薪酬的外部竞争力和内部一致性考虑的侧重点也会不同。基本薪酬体系设计流程主要有五个步骤。

（一）确定薪酬策略

要设计出科学的薪酬体系必须首先确定组织的薪酬原则和战略，收集有关组织结构、部门设置、岗位职责等方面的信息，了解工资总额的构成及各部门之间的分配比例，同时还应该了解组织现阶段的主要任务和战略需求，所有这些信息都是明确组织薪酬政策的有效信息来源。管理者还应该根据权变理论，以适应本组织的战略需要为目标，根据不同的组织战略制定不同的薪酬策略，组织的薪酬策略和组织战略结合得越紧密，企业的经营效率也会越高。

（二）工作分析与职位价值评价

工作分析应当以满足组织战略为目标，以国家法律法规和定员定编为基础，分析组织内部人力资源拥有状况,在科学分析的基础上编制各个岗位的《工作说明书》,明确各岗位的职责、权力以及任职者所需具备的资格,如知识、技能、素质等。职位价值评价主要用于衡量组织中各工作岗位的价值。其主要流程是通过收集与工作相关的信息,比较各岗位在职责范围、难易程度、工作时间、工作环境、所需技能等方面的差异,进而判断该岗位对组织的价值。常用的岗位价值评价方法主要有排序法、分类法、要素比较法、要素计点法等,国际上通用的职位评价方式还有海氏职位评估法。

（三）薪酬水平调查及确定

薪酬水平指以一定的维度考察员工薪酬高低的程度。这种维度可以是某一地区、某一行业,也可以按照性别、年龄、货币购买力等维度衡量。薪酬水平的确定通常取决于宏观经济状况、劳动力供给状况、通胀情况、组织支付能力、组织文化、员工的资历和绩效等因素。薪酬调查是收集和分析外部劳动力市场尤其是竞争对手所支付的薪酬水平。薪酬调查主要着眼于解决薪酬的外部竞争性。组织在确定薪酬水平时需要参考外部劳动力市场上同等岗位的薪酬水平。

（四）薪酬结构设计

薪酬结构指组织内部不同职位或者技能薪酬水平的排列形式,强调组织内部薪酬的一致性问题。完整的薪酬结构通常包含薪酬的等级数量、同一薪酬等级内部的薪酬变动范围（最高值、中值、最低值）以及相邻薪酬之间的重叠关系。不同的企业有不同的薪酬结构,可以说薪酬结构反映了不同企业的分配哲学。薪酬结构设计是平衡薪酬内部一致性和外部竞争性这两个基本原则后的结果。

（五）薪酬体系运行与调整

薪酬体系确定之后,需要把不同职位上员工的现有薪酬与新方案中规定的薪酬进行比较,提前了解薪酬体系改革对员工薪酬收入的影响,并提前和员工进行薪酬沟通,争取员工的理解和支持。薪酬体系在运行中需要不断针对内外环境的变化和压力进行评估、修正和控制,对薪酬体系设计中存在的问题、实施中存在的偏差予以纠正,保证薪酬系统有效实施。

职位评价,指组织根据对职位之间相对价值的评价,建立一个职位等级结构的过程。职位评价的目的,是通过对每一职位的职责、责任等的相互比较,按照职位对组织的贡献,公平地确定各职位的薪酬水平。

三、职位价值评价

(一) 职位价值评价的原则

职位价值评价主要评价的是企业所有职位之间的相对价值，为了保证结果具有一定的稳定性和可比性，必须坚持以下原则。

(1) 评估所使用的方法和标准一致。为了保证结果的规范性和可比性，职位价值评价必须统一评估的方法和标准。

(2) 适宜性原则。职位价值评价采用的评估模式、评估方法和技术必须适合组织的实际需要，这样评价的结果才能反映组织的实际情况。

(3) 针对职位进行评价。职位评价的对象是企业所有的职位，而不是针对从事该工作的任职者的评价。

(4) 透明原则。在职位价值评价过程中，应适当鼓励员工参与，以增加评价结果的合理性和员工对职位评价结果的认同感。组织应该公布职位价值评价的标准和流程，并公布价值评价的结果，以提高员工对结果的支持度和满意度。

(二) 职位价值评价的方法

职位评价方法有很多种，具体可以分为量化评价法和非量化评价法。非量化评价法有排序法、分类法等，量化评价法有要素计点法、要素比较法等。下面分别进行介绍。

1. 排序法

排序法有简单排序法、交替排序法和配对比较排序法三种。评价工作可以由熟悉所有职位内容的某一个人进行，也可以由这些人组成一个工作委员会来进行。

(1) 简单排序法。指按照职位在组织中的相对价值或重要性大小，简单地将组织所有职位从高到低或从低到高进行排序。这是最早，也是最简单的一种方法。

(2) 交替排序法。指按照职位在组织中的相对价值或重要性大小，从所有待评价职位中选出一个最高职位，再选出一个最低职位，然后，在剩下的待评价职位中，再选出一个最高职位，选出一个最低职位，如此循环，直到所有的职位排列完为止。

(3) 配对比较排序法。指按照职位在组织中的相对价值或重要性大小，将每项职位与其他职位逐一比较，然后根据职位的最终得分排定职位顺序，见表 8-1，分别将列中的职位与行中的职位进行比较，如果行中的职位比列中的职位重要，则在对应方格中标"√"；相反，如果列中的职位比行中的职位重要，则在相应的方格中标"×",最后,统计列中各职位所得的"√"号个数,根据统计结果对职位进行排序。"√"最多表明该职位最重要,以此类推。表 8-1 中,最重要的职位是 A 职位,而最不重要的职位是 F 职位。

表 8-1 配对比较排序法举例

	A	B	C	D	E	F	总计
A	—	√	√	√	√	√	5
B	×	—	√	√	√	√	4
C	×	×	—	×	×	√	1
D	×	×	√	—	×	√	2
E	×	×	√	√	—	√	3
F	×	×	×	×	×	—	0

排序法的优点在于简单、快捷,费用较低。但是,其缺点也很明显:首先,由于只是笼统地从整体上对职位的相对价值进行判断,受个人主观意志影响较大。其次,排序结果只是解释了职位之间的相对重要性,而具体差异的大小,则无法解释。最后,排序法仅仅适用于职位较少的组织,一般来说不能超过 15 个。

2. 分类法

这是预先设置职位等级,然后将具体的职位放入对应等级的一种评价方法。具体做法如下。

首先,根据组织内职位类型的多少,职位之间差异的大小以及组织薪酬理念等因素,决定合适职位等级数量。

其次,界定各职位等级,编写职位等级定义。由于不同职位等级会包含各种不同类型的职位,因此职位等级定义对职位特征的描述,一般都是比较宽泛的。一般包括:职位内容的简单描述、任务的复杂程度、任务的重要程度、对知识和技能的要求和所实施或接受的监管等。

再次,将组织内所有职位进行分类,如管理类、研发类、营销类、操作类等等,再将每个工作类别进行等级划分,并编写相应职位等级标准。例如,技术类的职位级别系统如下。

技术 1 级:简单操作,无特殊技能要求,无监管下属职责。

技术 2 级:简单工作,要求初级技工,有监管下属职责。

技术 3 级:中等复杂工作,要求中级技工,有监管下属职责。

技术 4 级:复杂性工作,要求高级技工,有监管下属职责。

最后,可以根据各类各级职位类别的相对价值或重要性程度,分别归入组织事先确定的工作等级内,见表 8-2。

表 8-2 分类法举例

工作等级	各工作等级中的工作类型	等级分类标准
6 级	总经理	1级：从事简单工作，通常处理程序性的问题。非程序性问题的处理一般需要交给其主管人员。除直接工作部门的同事和上司外，与外界接触很少。要求从事这一级工作的人员具备基本的技术和能力，并了解自己所从事的工作的办事程序。
5 级	高级经理	
4 级	中级经理	
	技术 4 级	
3 级	主管级	
	技术 3 级	
	销售 2 级	
2 级	职员 2 级	
	技术 2 级	
	销售 1 级	
1 级	职员 1 级	
	技术 1 级	

分类法简单、快捷，容易管理。一旦这一等级体系建立起来，就很容易将大量职位纳入这一系统。当职位内容发生变化，或出现新的职位时，也很容易将其归入相应类别。这一方法尤其适用于存在大量相似职位的组织。

这一方法也有其缺点：首先，很难建立起通用的职位等级定义。特别是在职位类型较多，职位差别较大的复杂性组织中，难度就更大。其次，跟排序法一样，分类法也不能解释不同职位之间的具体差异的大小。

3. 要素计点法

这是根据各职位在预先设置的报酬要素上的得分，来判断它们相对价值的一种量化的职位评价法。

步骤一：选取报酬要素并对其进行定义。报酬要素即各职位中所包括的有助于组织目标实现的要素。常见的报酬要素有以下四种：工作技能、努力程度、工作责任和工作条件。通常情况下，在主要报酬要素选定以后，还会选择其相关子要素。如工作技能的子要素会包括专业知识、技术水平、经验等。报酬要素选定以后，还要对报酬要素进行定义，见表 8-3。

表 8-3 外部沟通定义界定及等级划分

要素名称：外部沟通	
要素定义：主要指职务要求的与直接工作部门以外的人员交往的强度。其主要依据与外界交往的程度和所要解决问题的重要性进行判断	
等级	等级定义
1	除直接工作部门的同事和上级外，极少与外界交往
2	与外界较少接触，沟通量不大
3	与外界有中等程度交往，解决常规性的问题
4	与外界有中等至频繁程度交往，一般解决常规性问题，涉及少数非常规性问题
5	与外界有频繁交往，要求解决大量非常规性问题

步骤二：对每一报酬要素进行等级划分。等级划分的依据是组织中各职位在该报酬要素上的差异程度。差异越大，则报酬要素的等级数量越多。表 8-3 给出了一个关于技术水平要素定义及等级划分的例子。

步骤三：确定各报酬要素的权重。根据各报酬要素在整个评价体系中的重要程度，确定其所占的百分比，见表 8-4 前两列。

步骤四：确定各报酬要素及其内部各等级的点值。首先，要确定整个评价体系的总点数。一般来说，待评价的职位数量越多，总点数就越大。其次，根据各报酬要素所占权重，计算出各报酬要素相应的点数。最后，确定每一报酬要素内部各等级的点值。这一过程可以采取经验判断的方法，但是为了保证评价的客观性，一般采用等比或等差等有规律的方法，见表 8-4。

实际上，表 8-4 是以要素计点法建立的一个评价标准体系。

表 8-4 报酬要素等级点数确定

报酬要素	报酬要素权重（%）	对应总点数	等级划分	等级点数
决策	25	250	1 2 3 4 5	50 100 150 200 250
监督管理责任	25	250	1 2 3 4 5	50 100 150 200 250

续表8－4

报酬要素	报酬要素权重（%）	对应总点数	等级划分	等级点数
知识	20	200	1 2 3 4 5	40 80 120 160 200
技能	10	100	1 2 3 4 5	20 40 60 80 100
任务的复杂性	15	150	1 2 3 4 5	30 60 90 120 150
工作条件	5	50	1 2 3 4	14 26 38 50
合计	100	1000	—	—

步骤五：运用报酬要素评价标准体系，评价各待评价职位，并根据评价结果建立职位等级结构。在进行评价时，评价者要考虑被评价的职位在各个报酬要素上所处的等级，然后加总这些等级所对应的点数，就得出该职位所获得的总点数，即最终评价结果，见表8－5。待所有待评价职位的总点数都计算出来以后，根据点数的大小对所有职位进行排列。

表8－5　某职位的评价过程及其结果

职位名称：×××		
报酬要素	报酬要素等级	点值
决策	4	200
监督管理责任	2	100
知识	3	120
技能	2	40
任务的复杂性	4	120
工作条件	1	14
合计	—	594

相对于非量化的职位评价方法，要素计点法有其明显的优点：首先，计点法的评价结果更加精确，且能够解释不同职位之间差异的大小，更容易被员工接受。其次，通过相同的评价体系，可以对不同类型的职位进行比较。正是由于这些优点，这一方法成为运用得最为广泛的职位评价法。

这一方法的缺点是成本高，方案的设计和应用需要投入相对较多的时间和资金。

4. 要素比较法

这是根据与标准职位付酬因素的比较，确定其他职位薪酬水平的一种量化的职位评价法。其具体做法如下：

步骤一：选择报酬要素。在进行全面的工作分析，得出标准、规范的职位说明书的基础上，根据组织的具体情况，选择报酬要素。在要素比较法中，常用的因素有技能、智力、体力、责任和工作条件等。

步骤二：选择典型职位并确定典型职位的薪酬水平。典型职位一般具有以下特征：①职位内容众所周知、相对稳定，且得到从事该职位雇员的广泛认可；②这些职位的供求相对稳定，且不受最近变化的影响；③这些职位能代表当前所研究的完整的职位结构；④这些职位上有相当数量的劳动力被雇佣。[①] 典型职位必须能够代表组织的职位结构，要覆盖到组织职位结构的各个类别和各个级别。在确定典型职位后，组织还要根据外部市场状况和组织实际情况，为这些典型职位定价。

步骤三：在每一个报酬要素上，对所有的典型职位进行排序，见表8-6，以对技能的要求来说，职位A对技能的要求最高，职位C对技能的要求最低；而从对体力的要求来说，职位B的要求最高，职位A的要求则最低。

表8-6 典型职位在各个报酬要素上进行排序的举例

	技能	智力	体力	责任	工作条件
职位A	1	1	2	1	2
职位B	2	3	1	2	1
职位C	3	2	3	3	3

步骤四：确定各典型职位每一报酬要素的薪酬。将步骤二确定的典型职位的薪酬水平，按照各要素对职位的重要性，分配到各要素上去，见表8-7。

[①] 乔治·T·米尔科维奇等，董克用等译：《薪酬管理》，北京：中国人民大学出版社，2002年，第213页。

表 8-7 按报酬要素分配薪酬举例

	技能	智力	体力	责任	工作条件	合计月薪（元）
职位 A	800（1）	520（1）	200（2）	400（1）	80（2）	2000
职位 B	360（2）	120（3）	360（1）	120（2）	240（1）	1200
职位 C	320（3）	240（2）	80（3）	80（3）	80（2）	800

步骤五：对比步骤三和步骤四的两种排序结果，剔除不适合的典型职位。一般来说，步骤三和步骤四所得出的各典型职位在各个报酬要素上的两种排序结果应该是一致的。如果差异太大，则该职位就不适合成为典型职位，应该剔除掉。

步骤六：建立典型职位报酬要素等级基准表，见表 8-8。

表 8-8 报酬要素等级基准表举例

薪酬水平（元） \ 报酬要素	技能	智力	体力	责任	工作条件
880					
840					
800	职位 A				
760					
720					
680					
640					
600					
560					
520		职位 A			
480					
440					
400				职位 A	
360	职位 B		职位 B		
320	职位 C				
280					
240			职位 C		职位 B
200				职位 A	
160					

续表8-8

薪酬水平（元） \ 报酬要素	技能	智力	体力	责任	工作条件
120		职位 B		职位 B	
80			职位 C	职位 C	职位 A、C
40					
0					

步骤七：根据典型职位报酬等级基准表来确定其他职位的薪酬水平。如职位 D 对技能的要求介于职位 B 和职位 C 之间，则其在这一要素上的薪酬可以确定为 340 元；同样的，确定职位 D 在其他四个要素上的薪酬分别为 180 元、220 元、100 元、160 元，则职位 D 的月薪为五个要素上的薪酬的总和，即 1000 元。

要素比较法作为一种系统的量化职位评价法，比较客观，也比较准确；同时，比较容易向员工解释。但是，这一方法非常复杂，既耗费时间、精力，也耗费金钱。因此，在实践中这一方法并不常用。

四、薪酬调查与薪酬定位

（一）薪酬调查

薪酬调查，就是组织通过收集、处理信息来了解市场薪酬状况的过程。如前所述，组织在建立薪酬体系的过程中，不仅要关注薪酬的内部一致性，还要关注薪酬的外部竞争力。组织必须提供不低于市场平均水平的薪酬，才能够保证组织对于人才的吸引力。薪酬调查具体做法如下。

1. 调查之前要考虑的问题：调查的目的是什么？调查是否有必要？调查采用哪种方式

薪酬调查的目的不同，相应所需要的薪酬信息也会不一样，从而是否有必要进行调查、调查的职位、目标组织以及内容等的选择都会不一样。因此，组织必须首先明确这一问题。组织进行薪酬调查的目的一般包括：①了解竞争对手的薪酬水平，以便进行相应调整，保持本组织薪酬的竞争力；②调整本组织的薪酬结构；③收集与薪酬有关的如保险、休假等相关信息。

在市场经济社会的今天，每年都有很多机构进行各式各样的薪酬调查，其结果是很容易获得的。因此对于组织来说，如果现有的薪酬调查信息足以或能够在很大程度上满足组织的需要，则没有必要自己进行市场薪酬调查。但是，需要引起注意的是，在选择和利用外部薪酬调查信息时，应注意信息本身的质量及其对于本组织的适用性。

如果市场上现有的薪酬调查信息不能满足组织的需要，则组织需要考虑由谁来做调查的问题。组织可以考虑自己来做薪酬调查，也可以考虑聘请商业咨询公司来做，也可以采取自己主持，由商业咨询公司配合的方式。

2. 选择需要调查的职位

考虑到调查的费用和时间，组织不可能对所有的职位都进行调查。因此，根据调查的目的，组织首先需要确定需要调查的职位的级别和类型；然后，在准备调查的职位级别和类型范围内，选择典型职位。需要注意的是，在典型职位选定以后，最好提供一个关于典型职位的职位描述。这样，有利于提高调查的准确性。

3. 界定相关劳动力市场，确定调查的目标组织及其数量

现实中，组织在多个劳动力市场进行竞争。因此，组织需要根据薪酬调查的目的，界定相关劳动力市场，确定调查的范围。相关劳动力市场可能包括这样一些组织：与本组织竞争从事同一职业或具有相同技能的员工的组织，与本组织在同一地理区域内竞争员工的组织，或与本组织竞争同类产品或服务的组织等。

虽然从统计学的角度来说，样本越大，参与调查的组织越多，所获得的信息就越接近真实情况。但是出于时间和预算方面的考虑，参与调查的目标组织数量又不可能太多。因此，组织应综合考虑调查的目的、预算、时间等因素，来选择调查的目标组织及其数量。

4. 选择需要调查的项目

调查项目的选择也是由调查目标决定的。一般来说，薪酬调查包含的项目有：组织性质、规模等方面的信息，典型薪酬构成方面的信息包括基本薪酬及其结构、可变薪酬的水平及形式、补充福利计划等，典型职位的职责、责任大小及在职者的个人信息，薪酬政策方面的信息，等等。

5. 进行薪酬调查

一般来说，需要首先设计好调查问卷，调查问卷应该包括所选定的所有调查项目。问卷调查时，可以采取面谈或电话访谈的方式，也可以采取邮寄调查问卷的方式等。

6. 处理调查结果

首先要对收回的调查问卷进行审核，确定调查数据的有效性，剔除不合格的问卷。然后运用统计学处理方法，对问卷数据进行处理，得出相关市场薪酬的信息。

（二）薪酬定位

薪酬定位指确定组织薪酬水平在外部劳动力市场地位的过程，目的在于确定合

理的薪酬水平，合理控制劳动力成本，保留和激励员工并对外树立良好的组织形象。薪酬定位是薪酬管理的关键环节，它直接决定了组织薪酬的对外竞争性。

薪酬定位通常有领先型、追随型、滞后型三种基本形式。领先型指组织的薪酬水平明显高于劳动力市场的平均水平，追随型指组织的薪酬水平与劳动力市场的平均水平基本持平，滞后型指组织的薪酬水平低于劳动力市场的平均水平。另外，有些组织还针对不同的员工类型采取了不同的薪酬定位策略，如对研发类和营销类员工采用领先型薪酬定位，对管理类员工采用追随型薪酬定位，对辅助人员采用滞后型薪酬定位，从而形成混合型的薪酬定位策略。各类薪酬定位策略与薪酬目标的关系见表8-9。

表8-9 薪酬策略与薪酬目标关系表

薪酬定位	薪酬目标				
	人才吸引力	人才保持力	成本控制	降低对收入的不满	提高劳动生产
领先型	好	好	不确定	好	不确定
追随型	中	中	中	中	不确定
滞后型	差	不确定	好	差	不确定
混合型	不确定	不确定	好	不确定	好

五、薪酬结构设计

（一）薪酬结构的内涵

完整的薪酬结构通常包括薪酬等级数量、同一薪酬等级内部变动范围以及相邻薪酬等级之间的交叉重叠关系三部分。薪酬等级指薪酬结构所确定的不同薪酬层级的数目，薪酬等级的多少取决于组织的结构设计和工作流程；同一薪酬等级内部变动范围指某薪酬等级内部允许变动的最大幅度。理论上讲，相邻薪酬等级的薪酬区间可以设计成交叉重叠的，也可以设计为无交叉重叠的薪酬结构，但在实践中，多数组织倾向于设计有交叉重叠的薪酬结构。薪资结构模型如图8-1所示。

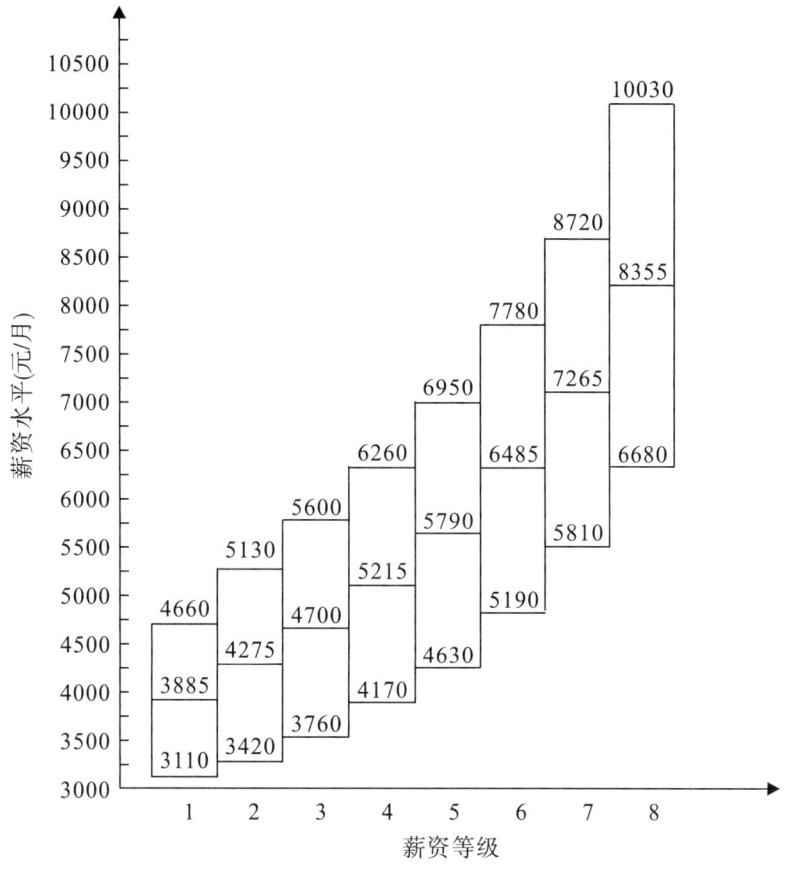

图 8-1 薪资结构模型

（二）薪酬结构设计的步骤

1. 按照职位评价确定的职位点数对职位初步分组

经过职位价值评价之后，各个岗位的点值可能会有所不同，但有一些岗位的点值会和另一些职位的点值非常接近，因此可以将这些职位点值较为接近的职位分为一组，初步划分职位的等级。

2. 确定职位等级的数量以及点数变化的范围

在初步分组的基础上，需要考虑职位等级的数量。这取决于组织中职位的数量和职位之间的差异，同时还受组织薪酬理念、组织文化以及组织业务运行模式的影响。合理的职位等级数量有利于组织在不增加薪酬的情况下对员工合理调配。通常先确定某一职位等级的最低点数和最高点数，通过职位等级点数恒定比率或差异比例的方法确定组织职位等级的数量以及各个等级最高和最低的点数值。

3. 确定薪酬区间的中值和浮动幅度

将薪酬调查的数据和职位评价的点数一一对应起来，经过一系列数据处理之后会得到各个职位等级所对应的薪酬区间中值。按照经验判断,高级管理职位的浮动幅度通常为 60%～120%,中级专业或管理人员的浮动幅度通常为 35%～60%,而办公室文员和生产职位的浮动幅度为 10%～25%。

4. 建立薪酬结构

在充分考虑各职位内部价值差异和外部劳动力市场竞争性的前提下,通过确定各个职位等级薪酬区间的变动建立起合理的薪酬结构。一般来讲,薪酬结构中相邻的两个职位等级会出现不同程度的重叠,同一职位等级中的不同小层次也会出现一定程度的重叠,重叠程度取决于组织的薪酬文化和对职位的价值判断。

第三节 可变薪酬

可变薪酬是根据员工是否达到或超过某一事先确立的个体、部门、团队或整个组织的绩效标准而浮动的报酬。相对来说,可变薪酬在薪酬构成中,是激励性最强的一种薪酬形式,在战略性薪酬管理的理念下,可变薪酬在整个薪酬系统中作用越来越重要。

对于可变薪酬计划,我们一般可以从两个角度来进行分类。根据可变薪酬计划所激励的对象来看,可以分为个人可变薪酬计划和群体可变薪酬计划;从可变薪酬计划所涉及的时间来看,可以分为短期可变薪酬计划和长期可变薪酬计划。

一、个人可变薪酬计划

个人可变薪酬计划,指根据员工个人是否达到某一确定的绩效标准,而提供奖励的一种报酬制度。事实证明,个人可变薪酬计划能够有效激励员工提高生产率、降低生产成本等,从而提高员工个人的整体薪酬水平。但是,在知识经济的今天,组织成功越来越依赖于团队合作,其在实践中的运用有越来越削弱的趋势。

个人可变薪酬计划主要有以下几种形式。

(一)计件计划

计件计划即以员工个人的产出水平来支付相应薪酬的一种报酬制度。具体又可以分为以下几种形式。

(1)直接计件计划。这种计划首先确定单位产品的工资率,然后根据员工的实际产出计算员工应得的报酬。显然,在这种制度下,员工所获得的收入直接取决于其生产率,会产生极大的激励效应。但是,实践中,工资率的确定往往是一件比较困难的工作;同时,员工往往只追求产品的数量,而忽视对质量的精益求精。不过,这仍是运用得最为广泛的一种可变薪酬计划。

(2) 差额计件计划。它主要包括泰勒差额计件计划和莫里克多级差额计件计划。

泰勒制的主要内容为:首先制定一个预定的产量标准,对于低于标准产量的员工,实行低工资率,而对高于标准产量的员工,则实行较高的工资率。显然,相对于直接计件计划,这种制度的激励效应更大。

相对于泰勒制的两种工资率,莫里克多级差额计件计划包括了三种计件工资率:假定完成标准任务83%以下的员工,适用的工资率为R,则完成标准任务83%~100%适用的工资率是1.1R,完成标准任务100%以上的则适用1.2R的工资率。

(二) 计时计划

计时计划即以员工完成工作的时间来支付相应薪酬的一种报酬制度。具体有以下几种形式。

(1) 标准工时计划。这种计划首先确定完成某种工作任务的标准时间及相应的工资率。当员工在标准时间内完成工作任务时,仍然获得按标准工资率计算的工资。工作时间缩短,实际上也就相当于既定时间内的工资率提高。显然,这种制度对于激励员工缩短工作时间,提高生产率,有很大的激励作用。

(2) 以标准工时为基础的收益分享计划。它主要包括海尔塞50—50奖金制和罗曼奖金制。

海尔塞50—50奖金制的主要内容为:如果员工在低于标准工时的时间内完成了工作任务,则员工可以分享因节约时间而产生的收益的一半。

罗曼奖金制与海尔塞奖金制的不同之处在于,随着所节约时间的增加,员工因节约时间而获得的收益分享比例也逐渐上升。如某项工作任务的标准工时为5小时,某位员工只用4个小时就完成了工作,则他可以获得因节约时间而产生收益的20%;如果只用了3个小时就完成了工作,则他可以获得的奖金就是因节约时间而产生收益的40%。

(三) 佣金计划

佣金计划一般用于销售行业,即以销售人员所获得的总销售收入的一定比率来计发奖金的一种报酬制度。一般有以下几种形式。

(1) 单一佣金计划。其薪酬计发公式为:

$$收入 = 产品单价 \times 提成比率 \times 销出产品数量$$

(2) 混合佣金计划。其薪酬计发公式为：
收入＝底薪＋产品单价×提成比率×销出产品数量
(3) 超额佣金计划。其薪酬计发公式为：
收入＝（销出产品数量－定额产品数量）×产品单价×提成比率

（四）一次性可变薪酬计划

一次性可变薪酬计划指根据员工的绩效考核结果，一次性给予员工其基本薪酬一定百分比的奖金。一次性可变薪酬绩效考核的周期比较随意，可以按月、按季度，也可以按年度计发。例如，某位员工的基本薪酬为2000元，月绩效考核为优秀，则按照规定，组织计发其基本薪酬6%即120元作为其一次性奖金，他以后各月的基本薪酬还是2000元。

绩效加薪与一次性可变薪酬有明显的区别。绩效加薪属于基本薪酬范畴，是基本薪酬增长的因素之一。在绩效加薪计划下，如果某位员工的基本薪酬为2000元，其第一年度绩效加薪的比率为6%，则第二年度其基本薪酬就是2120元。因此，与一次性可变薪酬相比，绩效加薪有以下三个特点：一是对于组织来说，绩效加薪有累积效应，会给组织未来造成较大的成本压力；二是绩效加薪的周期一般较长；三是绩效加薪可能会导致某些员工的基本薪酬超过其等级的薪酬区间，影响组织薪酬制度的规范性。因此，对于组织来说，一次性可变薪酬的优势是很明显的。而对于员工来说，从长远来看，则更愿意选择绩效加薪，长期绩效加薪累积的数额会比一次性可变薪酬高很多。

二、群体可变薪酬计划

顾名思义，群体可变薪酬计划指以部门、团队或整个组织的绩效为标准，来支付奖金的一种报酬制度。群体可变薪酬计划促使员工更多地从整体绩效角度来思考问题，促进团队合作，从而有利于整体目标的实现。在知识经济的今天，组织成功越来越依赖于团队合作，它在实践中的运用也越来越广泛。但是，群体可变薪酬计划也有一个非常重大的潜在问题，即经济学上所说的"搭便车"的行为。因此，在实践中，群体薪酬计划最好还是要辅以对个人绩效的考察，奖金在个人之间的分配，并不一定要绝对平均，适当考虑个人绩效效果会更好。

群体可变薪酬计划主要有以下几种形式。

（一）利润分享计划

利润分享计划指按照某一事先设计好的公式，在组织达到某种绩效指标（通常是组织利润）时，向员工计发奖金的一种报酬制度。利润分享计划一般包括三个方面的内容：一是员工能够分享的奖金数量。一般来说，组织会规定在利润达到一定标准时，员工可以分享组织整个利润或超过标准的部分利润的一定百分比；二是奖金的分配方式。组织通常会采取平均分配或以职位级别等进行分配；三是奖金的支付形式。一般有现金支付、与养老金相联系的延期支付、两者相结合的混合制三种形式。

利润分享计划有利于引导员工关注组织整体发展，团结合作以获取较高的利润，同时，也有利于组织根据经营状况灵活地控制成本。但是，利润分享计划的缺点也很明显：对于大多数员工来说，其努力工作对于组织利润增加并没有直接的影响，因此这一计划对于员工的激励效应就不会很大。相对来说，利润分享计划更适用于小型组织或大型组织中的小型经营单位。

（二）收益分享计划

收益分享计划指按照某一事先设计好的公式，员工可以分享组织因生产率提高、成本节约和质量提高而带来的收益的一种报酬制度。比较典型的收益分享计划有斯坎伦计划、拉克计划等。

相对于利润分享计划，收益分享计划有其自身明显的特点：首先，收益分享计划使用的是某一部门或团队的绩效指标，其激励性更强。由于它与生产率、产品质量和成本节约等指标联系在一起，对于员工来说，相对于利润，这些具体的指标更容易被看成是他们可以控制的，员工的工作积极性也就更高。其次，收益分享计划奖金支付的周期更短，更为频繁，能够对员工的绩效进行及时的奖励，强化效应更强。

（三）小组奖励计划

小组奖励计划属于群体可变薪酬计划，指小组实现了预先设定的有关产量、成本节约等方面的绩效标准后，由组织发给小组一定的奖金。

组内奖金分配的方式通常有三种：第一，不论贡献多少，平均分配奖金；第二，根据组员对小组贡献的大小确定奖金金额；第三，根据每个组员基本工资占小组成员工资总数的比例确定奖金金额。小组奖励计划奖励员工的集体绩效而非员工的个人绩效，增加了员工对决策的参与程度，促进了团队创新，不仅提高了生产效率，而且有利于引导团队精神的培养和提高组织忠诚度。

三、短期可变薪酬计划与长期可变薪酬计划

根据可变薪酬计划所涉及的时间，可以将其分为短期可变薪酬计划和长期可变

薪酬计划两种。

(一) 短期可变薪酬计划

短期可变薪酬计划指根据员工短期（一般周期在一年以内）绩效目标达成的情况而提供奖励的薪酬计划。上文个人绩效计划与群体绩效计划所涉及的周期基本都在一年以内，因此，都属于短期可变薪酬计划的范畴。

短期可变薪酬计划由于涉及的时间周期短，因此频率相对较高，而且又非常及时，这样，可以对员工有利行为进行及时的强化，使其保持工作积极性，从而促进短期目标的实现。但是，短期可变薪酬计划也有明显的缺点，即可能造成员工的短视，使其为了实现短期的绩效目标而损害组织长期的利益。

(二) 长期可变薪酬计划

长期可变薪酬计划则指根据员工跨年度绩效目标实现的情况，提供相应奖励的报酬计划。长期可变薪酬计划主要采取股票所有权计划的形式，但也有其他的一些经济形式，如按照某一跨年度项目完成的情况，其工作团队可以获得项目收入一定百分比的提成。

股票所有权计划指通过股票的形式，对员工跨年度绩效目标的实现提供奖励的报酬计划。传统的股票所有权计划一般都只针对组织的高层管理人员，以促使他们关注组织长远的发展。但20世纪50年代以来，员工持股计划开始逐渐流行。虽然员工并不能看到自己努力工作与组织股票价格上涨之间的联系，从而不可能为了使股票价格上涨而更加努力工作。但是，通过员工持股，心理上使员工真正感受到自己所有者的身份，从而积极地参与组织决策，也更加努力地工作；经济上，股票升值也会增加员工的收益。在国外的一些组织特别是高科技组织，员工持股计划获得了极大的成功。美国相关调查显示，实行员工持股计划的组织与同类组织相比，劳动生产率高1/3，平均利润率高50%，平均工资高25%～60%。[1]

常见的股票所有权计划主要包括：现股计划、期股计划和期权计划。

现股计划指通过公司奖励的方式向员工直接赠予公司股票，或参照股票当前市场价格向员工出售公司股票。这种计划下，员工立即获得了现实的股权，从而也就成为公司现实的所有者，拥有与其股票数量相应的表决权。同时，也就拥有了股票的增值收益权，也要承担相应的贬值风险。

期股计划指公司和员工约定，在未来某一时期员工要以一定价格购买一定数量的公司股票。购买股票的价格一般参照股票当前市场价格确定。这样，如果未来公

---

[1] 孙建敏：《人力资源管理》（一），北京：高等教育出版社，2004年，第256页。

司股票价格上涨，员工则可以获得股票购买价格和市场价格之间的差价；如果未来公司股票价格下跌，则员工也要承担相应的损失。

期权计划跟期股计划相似，但有一定区别：在这一计划下，公司给员工在未来某一时期以一定价格购买一定数量公司股票的权利，但是，员工到时可以选择行使这一权利，也可以选择放弃这一权利。购买股票的价格一般还是参照股票当前市场价格确定。这样，如果未来股票价格上涨，员工可以获得相应的收益；但是，如果未来公司股票价格下跌，员工可以选择放弃这一权利，从而可以规避股票贬值的风险。

在这三种计划下，一般都规定，员工在购入股票的一定时期内，不能出售所持有股票。这样，就促使员工在实行股票购买权利之后，仍然努力工作以提高组织绩效，同时也更加关注组织长远的发展。

第四节 员工福利

一、员工福利概述

员工福利，指组织为更好地满足员工的生活需要，向员工及其家属提供的各种间接性经济报酬和服务。如前所述，与基本薪酬和可变薪酬相比，福利有其明显的特点：一是一般与员工的劳动能力、绩效和工作时间等的变动没有直接联系；二是往往采取实物、服务或延期支付的方式支付。因此对于组织来说，福利更类似于一种固定成本。

员工福利包括各种不同的福利项目，在不同的组织中，这些福利项目的选择和运用都是不一样的。一般来说，可以将员工福利划分为两大类：法定福利和非法定福利。

（一）法定福利

法定福利指由国家相关法律法规强制性规定的组织必须为其员工提供的各种福利保障。从我国目前的情况看，国家法定福利主要包括以下几个项目。

1. 社会保险

社会保险指国家通过立法的形式，在劳动者遭遇年老、失业、疾病、伤残、生育和死亡等风险时，为劳动者及其家属提供物质帮助，以维持其基本生活水平的一种保险制度。它主要包括养老保险、医疗保险、失业保险、工伤保险和生育保险五大基本保险。

2. 法定休假

我国目前法定休假福利包括以下几方面。

（1）公休假日。它是指对劳动者工作一周后的休息时间的规定。我国目前劳动者每周的公休假日为两天。《中华人民共和国劳动法》第44条规定，休息日安排劳动者工作又不能安排补休的，支付不低于工资的200%的工资报酬。同时第38条规定，用人单位应当保证劳动者每周至少休息一天。

（2）法定休假日，即国家法律规定的法定节日休假。我国目前法定休假日包括元旦、春节、国际劳动节、国庆节和法律法规规定的其他休假节日。《中华人民共和国劳动法》第44条规定，法定休假日安排劳动者工作的，支付不低于工资的300%的工资报酬。

（3）带薪年休假。《中华人民共和国劳动法》第45条规定，国家实行带薪年休假制度。劳动者连续工作一年以上的，享受带薪年休假。

3. 住房公积金

根据我国《住房公积金管理条例》规定，住房公积金指由单位和员工本人按照"个人缴纳、单位资助、专项使用"的原则建立起来的长期住房存储金，具有强制性、专业性等特点。住房公积金由单位和个人共同按照一定的比例缴纳，所缴纳的资金全部计入员工个人账户，归员工个人所有，用于购买住房、装修或大修住房等，有利于逐步缓解员工购房或建房的压力，提高员工的居住条件。

非法定福利是组织为了提高员工的生活水平，满足员工不同层次的需求而提供的附加福利。非法定福利的项目丰富多样，其目的在于提高员工对组织的依赖度和忠诚度，提高组织的凝聚力，同时在社会上树立企业良好的社会形象，提高对优秀人才的吸引力。非法定福利的分类见表8-22。

表8-22 非法定福利的分类

补充保险	服务	补贴	健康及保健
・补充养老保险 ・团体人寿保险 ・团体意外伤害险 ・健康医疗保险	・员工帮助计划 ・理财咨询 ・教育援助 ・儿童看护 ・老人看护	・独生子女补贴 ・交通补贴 ・通信补贴 ・饮食补贴	・羽毛球协会 ・网球协会 ・登山 ・旅游

二、员工福利管理

（一）员工福利规划

在进行员工福利规划时应当充分考虑福利覆盖的对象、福利资金的来源、福利与其他薪酬的比例、员工选择的自主性。

员工福利规划应当针对不同的覆盖对象设计不同的福利项目。例如，对"单身汉"不能设计子女抚养或者子女教育的薪酬项目，而对于双方都在工作的夫妻而言，子女看护将是非常有激励性的福利。出于成本考虑的因素，还要对不同的对象设定不同的福利水平，通常来讲在组织服务的年限越长、对组织的贡献越大，则相应的福利水平也会越高。

福利资金的来源通常有组织公费、半自费和员工自费三种，对于不同的福利项目、融资的来源也不一样，员工福利当中以半自费的福利最为常见。

福利作为薪酬的重要组成部分，组织应当充分考虑基本薪酬、可变薪酬、员工福利三者在总薪酬中的比例，应当根据组织规模、经济实力、竞争对手的变化、不同的地区等因素及时调整，保持福利在薪酬总额中的合理比重，避免取消员工福利或者员工福利无限制地增长。

（二）员工福利沟通

通常来讲，员工对福利在很长时间内是不能切实感受到的，如果员工不了解福利的价值，就很难发挥福利的激励作用。因此，组织应当有计划地、持续地和员工进行福利沟通，让员工充分了解员工福利带给大家的好处。一般可以通过以下方式进行绩效沟通。

（1）通过内部互联网。组织可以在内部网络或者 BBS 上开通有关员工福利的专门板块，就员工关心的福利问题进行讲解，宣传组织的福利政策，减少因沟通不畅带来的各种纠纷和牢骚。

（2）定期公布员工福利信息。每季度或每半年就福利计划的使用范围和福利水平、福利成本等向全体员工进行披露。

（3）制作福利手册。通过编写福利手册系统而详细地向员工介绍各类员工福利计划，包括福利计划的意义、手续办理等，内容应当尽量简明扼要，尽量少使用专业术语。

（三）员工福利成本控制

随着经济的发展和员工需求的日渐丰富，员工福利占薪酬总额的比重也在逐步增加。福利的不断增长导致了组织劳动力成本的不断增长，并最终影响了组织的市场竞争力。为了提高员工福利的效率，控制福利成本，美国的一些公司在福利成本控制方面做了一些改革，主要的方法有以下几种。

（1）控制雇员人数。

（2）尽可能多地由员工承担一定的费用。

（3）按照销售收入的一定比例规定福利的上限。

（4）给组织中不同类型的员工提供不同标准的员工福利。

（5）福利业务外包，由外部更专业的人力资源咨询公司设计和办理福利业务，运用专业的知识增加对福利成本的控制。

（6）降低福利项目的收费标准。

第五节 薪酬管理的新发展

随着全球化步伐逐渐加快，国际竞争日益激烈，出现了全球范围内的全面重组和兼并，客户对组织的期望持续提高，对组织的整体能力和员工的素质提出了更高的要求；而员工也不断提高对组织的要求，忠诚度有所下降，这些给薪酬管理带来了很大的挑战。为了应对挑战，薪酬管理将会更加动态化和全面化。在薪酬设计方面，不同组织的薪酬将出现较大的分化，弹性设计和多轨制薪酬体系将更加流行，在管理过程中，将更加强调组织战略的领导作用和人性化因素。

一、战略性薪酬管理

战略性薪酬管理指以组织的发展战略为目标，在薪酬决策中针对组织经营环境中的机会和威胁，充分考虑组织的宗旨和价值目标，将薪酬作为实现组织战略、赢得和保持竞争优势的手段，因此战略薪酬管理对组织的目标和组织面对的环境压力相当敏感。战略薪酬管理涉及以下问题。

（1）薪酬管理的目标：薪酬管理如何支持企业的经营战略？

（2）实现薪酬内部公平性：如何构建公平合理的薪酬体系？

（3）实现薪酬外部竞争性：组织在劳动力市场的薪酬水平定位。

（4）科学管理薪酬系统：科学管理薪酬系统的设计、调整、运行和维护等。

（5）薪酬的有效性：合理控制薪酬成本，提高薪酬成本的生产效率。

与传统的薪酬体系相比，战略薪酬管理更侧重根据组织的愿景、使命、组织战略、组织文化、以内部公平性、外部竞争性为原则，通过设立合理的薪酬管理体系，使薪酬管理成为实现组织目标、提高组织竞争力的重要促进因素。

二、宽带薪酬

宽带薪酬是对多个薪酬等级及薪酬级差进行重新组合，从而形成相对的具有较少的薪酬等级及更宽的薪酬变动范围的薪酬结构，它是对薪酬等级过多的窄带垂直型薪酬结构的改进和替代，是一种新的薪酬结构设计方法。宽带薪酬主张对工作难度和价值相当的薪酬等级合并，从而拉大薪酬等级的薪酬差距。典型的宽带薪酬结构不会超过 10 个薪酬等级，每个薪酬等级最高值和最低值的变动比率可能达到 200%～300%。

相比于传统的薪酬结构模式，宽带薪酬更支持知识经济时代的扁平化组织结构，有利于组织保持结构的灵活性和对外部环境的适应能力。在宽带薪酬体系下，员工的薪酬通常是由业绩水平和自身的综合素质决定的，淡化了职位概念，有利于组织内部统计职位调动，鼓励员工重视个人技能的发展和业绩的提高；有利于培养复合型人才，提高组织自身的竞争力。同时，宽带薪酬体系中的薪酬水平是通过市场薪酬调查结合本组织战略和支付能力确定的，定期对市场薪酬水平进行调查分析和及时地调整，有利于控制薪酬成本。

三、全面薪酬战略

20 世纪 90 年代以来，组织扁平化、柔性化管理和跨文化管理逐渐成为组织关注的焦点，而传统的基于组织科层体系和职位结构的薪酬结构不能满足现实组织发展的需要，近年来逐渐发展出以客户满意度为中心、鼓励创新、鼓励绩效改进的全面薪酬战略。

全面薪酬战略主要由以技能为基础的弹性工资体系、可变薪酬体系和间接薪酬体系三部分组成。与传统的薪酬管理相比，全面薪酬战略更加强调薪酬水平对劳动力市场的敏感性而不是内部的一致性，强调以绩效为基础的可变薪酬，鼓励员工横向流动和团队贡献。在全面薪酬战略下，竞争性的薪酬与竞争性的绩效结果直接挂钩，组织绩效衡量的指标通常是外部的、与客户有关的定量或定性指标，如市场占有率、生产力、客户满意度、新产品开发、技术领先状况、利润率等，组织会采用形式多样的激励计划对员工或工作团体的优秀绩效给予回报，员工薪酬的升降取决于个人、团队、组织的绩效。

四、弹性员工福利

由于传统福利项目设计整齐划一，不能满足不同员工的不同需求，在实践中往往很难起到理想的激励效果。因此，发达国家的公司率先在薪酬体系的框架内向员工提供不同的福利组合，从而形成了弹性福利计划。弹性福利计划又称为柔性化福利计划，即在预算范围内根据员工需求调查的结果，组合出一系列符合员工需求的福利项目供员工选择，其优点在于个性化和灵活性。目前较为流行的弹性福利计划有以下五种。

（1）附加型弹性福利计划。是指在现有的福利计划外增加不同的福利项目或者提高原来福利的水平，这是最为普遍的弹性福利计划。

（2）核心加选择型弹性福利计划。指组织先确定一系列核心福利，如社会保险、住房公积金、人寿保险等员工必须拥有的福利项目，在此基础上由员工自由选择可以满足各自需求的福利项目。

（3）弹性账户型福利计划。是指员工从税前总收入中提取一部分金额作为"账户"金额去购买组织提供的各类福利措施，这些金额必须当年用完且不能挪用。该计划账户金额在税前提取，可以不用交税，相当于增加了员工的净收入。

（4）套餐型弹性福利计划。是指组织在一定的预算范围内推出不同的福利组合，由员工根据自身的需要选择不同的套餐。

（5）补差型弹性福利计划。以原有的福利水平为基础，由组织提供由不同福利项目组成的价值不等的福利组合供员工自由选择。如果员工选中比原有福利水平高的福利组合，则组织从其薪酬中扣除一定的金额弥补差价，如果员工选中比原有福利水平低的薪酬组合，则由组织将差额补偿给员工。

参考文献

[1] 曹振杰. 人力资源培训与开发教程［M］. 北京：人民邮电出版社，2006.

[2] 陈京民，韩松. 人力资源规划［M］. 上海：上海交通大学出版社，2006.

[3] 程社明，卜欣欣，戴洁. 人生发展与职业生涯规划［M］. 北京：团结出版社，2003.

[4] 杜林致. 职业生涯管理［M］. 上海：上海交通大学出版社，2006.

[5] 冯侠圣. 绩效系统的原理·应用·案例［M］. 广州：南方日报出版社，2003.

[6] 冯宪. 薪酬管理［M］. 杭州：浙江大学出版社，2005.

[7] 付亚和，许玉林. 绩效考核与绩效管理［M］. 北京：电子工业出版社，2003.

[8] 付亚和. 工作分析［M］. 2版. 上海：复旦大学出版社，2009.

[9] 盖勇，马勇. 薪酬管理［M］. 济南：山东人民出版社，2004.

[10] 盖勇，孙平. 人力资源战略与组织结构设计［M］. 济南：山东人民出版社，2004.

[11] 高艳. 工作分析与职位评价［M］. 西安：西安交通大学出版社，2006.

[12] 顾琴轩. 绩效管理［M］. 上海：上海交通大学出版社，2006.

[13] 关淑润. 人力资源管理［M］. 北京：对外经济贸易大学出版社，2001.

[14] 郝忠胜，李虹. 人力资源主管绩效管理方法［M］. 北京：中国经济出版社，2003.

[15] 胡君辰，郑绍濂. 人力资源开发与管理［M］. 上海：复旦大学出版社，1999.

[16] 姜定维，蔡巍. KPI，"关键绩效"指引成功［M］. 北京：北京大学出版社，2004.

[17] 金延平. 人员培训与开发［M］. 大连：东北财经大学出版社，2006.

[18] 李莉. 薪酬管理［M］. 北京：中国人民大学出版社，2004.

[19] 李三支. 高绩效主管五项管理技能训练［M］. 北京：北京大学出版社，2004.

[20] 李英，班博. 国际人力资源管理［M］. 济南：山东人民出版社，2004.

[21] 林筠. 绩效管理 [M]. 西安：西安交通大学出版社，2006.

[22] 刘冰，张欣平. 职业生涯管理 [M]. 济南：山东人民出版社，2004.

[23] 龙立荣. 职业生涯管理的结构及其关系研究 [M]. 武汉：华中师范大学出版社，2002.

[24] 龙平. 如何选拔顶尖销售人才 [M]. 北京：北京大学出版社，2006.

[25] 鲁百年. 全面企业绩效管理 [M]. 北京：北京大学出版社，2005.

[26] 秦志华. CHO——人力资源总监 [M]. 北京：中国人民大学出版社，2003.

[27] 卿涛，郭志刚. 多重视角下企业薪酬制度的解析与构建 [M]. 成都：西南财经大学出版社，2006.

[28] 卿涛. 人力资源管理案例集 [M]. 成都：西南财经大学出版社，2006.

[29] 冉斌. 工作分析与组织设计 [M]. 深圳：海天出版社，2002.

[30] 沈登学，孔勒. 职业生涯设计学 [M]. 成都：四川大学出版社，2003.

[31] 宋培林. 薪酬管理：理论·操作·案例 [M]. 北京：首都经贸大学出版社，2006.

[32] 孙成军. 如何进行企业薪酬设计 [M]. 北京：北京大学出版社，2004.

[33] 孙剑平. 薪酬体系与机制设计 [M]. 上海：上海交通大学出版社，2006.

[34] 孙健. 360度绩效考评 [M]. 北京：企业管理出版社，2003.

[35] 孙健. 海尔的人力资源管理 [M]. 北京：企业管理出版社，2002.

[36] 孙健敏. 人力资源管理（一）[M]. 北京：高等教育出版社，2004.

[37] 孙金利. 薪酬管理 [M]. 天津：天津教育出版社，2005.

[38] 孙卫敏. 招聘与选拔 [M]. 济南：山东人民出版社，2004.

[39] 万瑞嘉华经济研究中心. 中小企业人力资源战略 [M]. 广州：广东经济出版社，2002.

[40] 王长城，姚裕群. 薪酬制度与管理 [M]. 北京：高等教育出版社，2005.

[41] 王林雪. 人力资源管理概论 [M]. 西安：西安交通大学出版社，2006.

[42] 文跃然. 薪酬管理原理 [M]. 上海：复旦大学出版社，2004.

[43] 萧鸣政. 工作分析的方法与技术 [M]. 2版. 北京：中国人民大学出版社，2006.

[44] 熊敏鹏，余顺坤，袁家海. 公司薪酬设计与管理 [M]. 北京：机械工业出版社，2006.

[45] 徐斌. 薪酬福利设计与管理 [M]. 北京：中国劳动社会保障出版社，2006.

[46] 徐芳. 培训与开发理论及技术 [M]. 上海：复旦大学出版社，2005.

[47] 徐庆文，裴春霞. 培训与开发 [M]. 济南：山东人民出版社，2004.

[48] 杨杰. 有效的招聘 [M]. 北京：中国纺织出版社，2003.

[49] 杨林. 人力资源开发与管理 [M]. 北京：科学出版社，2004.

[50] 杨倩. 员工招聘 [M]. 西安：西安交通大学出版社，2006.

[51] 杨生斌，肖平. 培训与开发 [M]. 西安：西安交通大学出版社，2006.

[52] 姚裕群. 职业生涯规划与发展 [M]. 北京：首都经济贸易大学出版社，2003.

[53] 叶龙，史振磊. 人力资源开发与管理 [M]. 北京：清华大学出版社，北京交通大学出版社，2006.

[54] 尹隆森，孙宗虎. 岗位评价与薪酬体系设计实务 [M]. 北京：人民邮电出版社，2005.

[55] 余泽忠. 绩效考核与薪酬管理 [M]. 武汉：武汉大学出版社，2006.

[56] 张新民，吴革. 绩效管理 [M]. 北京：中信出版社，2002.

[57] 张莹. 如何进行职业生涯规划与管理 [M]. 北京：北京大学出版社，2004.

[58] 赵国军，张和平，陶旭. 破解绩效管理八大难题 [M]. 北京：机械工业出版社，2006.

[59] 赵曙明. 绩效管理与评估 [M]. 北京：高等教育出版社，2004.

[60] 赵曙明. 人力资源战略与规划 [M]. 北京：中国人民大学出版社，2002.

[61] 赵永乐. 工作分析与设计 [M]. 上海：上海交通大学出版社，2006.

[62] 赵永乐. 招聘与面试 [M]. 上海：上海交通大学出版社，2006.

[63] 郑晓明，吴志明. 工作分析实务手册 [M]. 北京：机械工业出版社，2002.

[64] 周斌. 薪酬管理 [M]. 成都：西南财经大学出版社，2006.

[65] 周德民，黄快生，谢希钢. 人力资源管理理论与实务 [M]. 长沙：中南大学出版社，2006.

[66] 周文霞. 职业生涯管理 [M]. 上海：复旦大学出版社，2004.

[67] 朱勇国. 工作分析与研究 [M]. 北京：中国劳动社会保障出版社，2006.

[68] 左祥琦. 员工招聘与劳动保护 [M]. 北京：中国劳动社会保障出版社，2002.

[69] 安迪·尼利，克里斯·亚当斯，迈克·肯尼尔利. 战略绩效管理：超越平衡计分卡 [M]. 李剑峰，等，译. 北京：电子工业出版社，2004.

[70] 亚瑟·W. 小舍曼，斯科特·A. 斯耐尔. 人力资源管理 [M]. 张文竖，译. 大连：东北财经大学出版社，2001.

[71] 约翰·布里顿，杰弗里·高德. 人力资源管理：理论与实践 [M]. 3版. 徐芬丽，吴晓卿，孙涛，等，译. 北京：经济管理出版社，2005.

[72] 加里·P. 莱瑟姆，肯尼斯·N. 韦克斯利. 绩效考评：致力于提高企事业组织的综合实力 [M]. 萧鸣政，等，译. 北京：中国人民大学出版社，2002.

[73] 罗伯特·巴克沃. 绩效评估 [M]. 艾茂林,译. 北京:机械工业出版社,2005.

[74] Daniel R. llgen, Elaine D. Pulakos. 变革的绩效评估:员工安置、激励与发展 [M]. 张宏,关丹丹,彭广强,译. 北京:中国轻工业出版社,2004.

[75] 爱德华·E. 劳勒三世. 卓越的价值:基于绩效的薪酬方案设计 [M]. 北京爱丁文化交流中心,译. 北京:电子工业出版社,2004.

[76] 查尔斯. R. 格里尔. 战略人力资源管理 [M]. 孙非,等,译. 北京:机械工业出版社,2004.

[77] 戴纳·盖恩斯. 鲁滨孙,詹姆斯·C. 鲁滨孙. 绩效咨询 [M]. 李元明,吕峰,译. 天津:南开大学出版社,2001.

[78] 杰弗里·H. 格林豪斯,杰勒德·A. 卡拉南,维罗尼卡·M. 戈德谢克. 职业生涯管理 [M] 王伟,译. 北京:清华大学出版社,2006.

[79] 杰弗里·梅洛. 战略人力资源管理 [M]. 吴雯芳,译. 北京:中国财政经济出版社,2004.

[80] 杰克·J. 菲利普斯. 培训评估与衡量方法手册 [M]. 李元明,林佳澍,译. 天津:南开大学出版社,2001.

[81] 杰瑞·W. 吉雷,纳塔涅尔·W. 鲍顿. 绩效教练 [M]. 万娉燕,译. 北京:机械工业出版社,2004.

[82] 劳伦斯·S. 克雷曼. 人力资源管理:获取竞争优势的工具 [M]. 4版. 吴培冠,译. 北京:机械工业出版社,2009.

[83] 雷蒙德·A. 诺伊. 雇员培训与开发 [M]. 徐芳,译. 北京:中国人民大学出版社,2001.

[84] 罗伯特·D. 巴泽尔,布拉德利·T. 盖尔. 战略与绩效:PIMS原则 [M]. 吴冠之,等,译. 北京:华夏出版社,2000.

[85] 罗伯特·西蒙斯. 战略实施中的绩效评估和控制系统:教程与案例 [M]. 张之竖,译. 大连:东北财经大学出版社,2002.

[86] 马克斯·梅斯梅尔. MBA实务——招聘计划速成教程 [M]. 王宝泉,王霞,译. 海口:海南出版社,2002.

[87] 尼克·A. 科克迪勒斯. 向猎头学习——一场彻底改变传统求职与招聘方法的革命 [M]. 张丽宾,廖元壳,陈兵,译. 北京:机械工业出版社,2001.

[88] 帕特里夏·津海姆,杰伊·舒斯特. 打造500强企业的薪酬体系 [M]. 北京爱丁文化交流中心,译. 北京:电子工业出版社,2004.

[89] 乔治·T. 米尔科维奇,杰里·M. 纽曼. 薪酬管理 [M]. 董克用,译. 北京:中国人民大学出版社,2002.

[90] 托马斯·B. 威尔逊. 薪酬：以薪酬战略撬动企业变革 [M]. 张敏，译. 北京：中国社会科学出版社，2004.

[91] 托马斯·B. 威尔逊. 薪酬框架：美国39家一流企业的薪酬驱动战略和秘密体系 [M]. 陈红斌，刘震，尹宏，译. 北京：华夏出版社，2001.

[92] 托马斯·G. 格特里奇. 有组织的职业生涯开发 [M]. 李元明，吕峰，译. 天津：南开大学出版社，2002.

[93] 约瑟夫·J. 马尔托奇奥. 战略薪酬：人力资源管理方法 [M]. 周眉，译. 北京：社会科学文献出版社，2002.

[94] 詹姆斯·N. 巴伦，戴维·M. 克雷普斯. 战略人力资源：总经理的思考框架 [M]. 王垒，潘莹欣，等，译. 北京：清华大学出版社，2005.

[95] 詹姆斯·W. 沃克. 人力资源战略 [M]. 吴雯芳，译. 北京：中国人民大学出版社，2001.

[96] 鲍博·汉姆林，简·凯普，肯·阿西. 组织的变革与发展：管理、培训与开发人士必读 [M]. 周凯，杨勇，译. 南京：江苏人民出版社，2004.

[97] 理查德·威廉姆斯. 组织绩效管理 [M]. 蓝天星翻译公司，译. 北京：清华大学出版社，2002.

[98] 迈克尔·阿姆斯特朗. 战略化人力资源基础：全新的人力资源管理战略方法 [M]. 张晓萍，何昌邑，等，译. 北京：华夏出版社，2004.

[99] 史蒂夫·尼兰. 伯乐相马：招聘策略与技巧 [M]. 安娜，译. 北京：机械工业出版社，2001.

[100] 耶胡迪·巴鲁. 职业生涯管理教程 [M]. 陈涛，孙涛，译. 北京：科学出版社，2005.

[101]《MBA核心课程解读》编译组编译. MBA核心课程解读：人力资源开发与管理 [M]. 北京：中国档案出版社，2003.

[102] Susan E. Jackson, Randall S. Schuler. 人力资源管理：从战略合作的角度 [M]. 范海溪，译. 北京：清华大学出版社，2004.

[103] 安德烈·A. 德瓦尔. 绩效管理魔力：世界知名企业如何创造可持续价值 [M]. 汪开虎，译. 上海：上海交通大学出版社，2002.

[104] 巴里·格哈特，萨拉·L. 瑞纳什. 薪酬管理：理论、证据与战略意义 [M]. 朱丹，译. 上海：上海财经大学出版社，2005.

[105] 布鲁斯·R. 艾力格. 经济薪酬完全手册 [M]. 胡玉明，译. 北京：中国财政经济出版社，2004.

[106] 史蒂芬·P. 罗宾斯. 管理学 [M]. 7版. 孙健敏，译. 北京：中国人民大学版社，2006.

[107] 迈克·弗雷德曼,本杰明·特里戈. 战略领导：提高管理绩效的五阶段模型[M]. 柏满迎,石晓军,译. 北京：中国财政经济出版社,2004.

[108] 加里·德斯勒,曾湘泉,文跃然,等. 人力资源管理[M]. 10版. 中国版. 北京：中国人民大学出版社,2007.

[109] 彭剑锋. 人力资源管理概论[M]. 上海：复旦大学出版社,2003.

[110] 雷蒙德·A. 诺伊,约翰·霍伦贝克,巴里·格哈特,等. 人力资源管理：赢得竞争优势[M]. 5版. 刘昕,译. 北京：中国人民大学出版社,2005.

[111] 赵曙明,罗伯特·马希斯,约翰·杰克逊,等. 人力资源管理[M]. 11版. 中国版. 北京：电子工业出版社,2008.

[112] 董克用,李超平. 人力资源管理概论[M]. 5版. 北京：中国人民大学出版社,2019.

[113] 郑晓明. 人力资源管理导论[M]. 2版. 北京：机械工业出版社,2005.

[114] 姚裕群. 人力资源开发与管理概论[M]. 2版. 北京：高等教育出版社,2005.

[115] 廖泉文. 人力资源管理[M]. 北京：高等教育出版社,2006.

[116] 约翰·M. 伊万切维奇,赵曙明,程德俊. 人力资源管理[M]. 9版. 北京：机械工业出版社,2005.

[117] 全国高等教育自学考试指导委员会. 人力资源管理（一）：2019年版[M]. 北京：高等教育出版社,2019.

[118] 赵曼,陈全明. 人力资源开发与管理[M]. 2版. 北京：中国劳动社会保障出版社,2007.

[119] 陆国泰. 人力资源管理[M]. 北京：高等教育出版社,2000.

[120] 于桂兰,魏海燕. 人力资源管理[M]. 北京：清华大学出版社,2005.

[121] 郭洪林,吴克禄,王霆. 企业人力资源管理[M]. 北京：清华大学出版社,2004.

[122] 张德. 人力资源开发与管理[M]. 北京：清华大学出版社,2001.

[123] 朱舟. 人力资源管理教程[M]. 上海：上海财经大学出版社,2001.

[124] 萧鸣政. 人力资源管理[M]. 北京：中央广播电视大学出版社,2001.

[125] 张爱卿,钱振波. 人力资源管理：理论与实践[M]. 北京：清华大学出版社,2008.

[126] 王丽娟. 员工招聘与配置[M]. 上海：复旦大学出版社,2006.

[127] 廖泉文. 招聘与录用[M]. 北京：中国人民大学出版社,2002.

[128] 萧鸣政. 人员测评与选拔[M]. 上海：复旦大学出版社,2005.

[129] 石金涛. 培训与开发[M]. 2版. 北京：中国人民大学出版社,2008.

[130] 姚裕群. 职业生涯管理［M］. 大连：东北财经大学出版社，2009.

[131] 林泽炎. 执行职业生涯管理［M］. 北京：中国发展出版社，2008.

[132] 赫尔曼·阿吉斯. 绩效管理［M］. 刘昕，曹仰锋，译. 北京：中国人民大学出版社，2008.

[133] 方振邦，罗海元. 战略性绩效管理［M］. 2版. 北京：中国人民大学出版社，2007.

[134] 武欣. 绩效管理实务手册［M］. 2版. 北京：机械工业出版社，2005.

[135] 魏钧. 绩效指标设计方法［M］. 北京：北京大学出版社，2006.

[136] 张晓彤. 绩效管理实务［M］. 北京：北京大学出版社，2004.

[137] 刘昕. 薪酬管理［M］. 2版. 北京：中国人民大学出版社，2007.

[138] 张正堂，刘宁. 薪酬管理［M］. 北京：北京大学出版社，2007.

[139] 姚凯，企业薪酬系统设计与制定［M］. 成都：四川人民出版社，2008.

[140] 仇雨临. 员工福利管理［M］. 上海：复旦大学出版社，2004.

[141] 付亚和，许玉林. 绩效管理［M］. 2版. 上海：复旦大学出版社，2008.

附 录

高等教育自学考试

人力资源开发与管理自学考试大纲

(2022年制定)

Ⅰ 课程性质与设置目的要求

人力资源开发与管理课程是人力资源管理专业（独立本科）的必考课，是为培养和提高自学应试者的人力资源管理的基本理论和实践水平设置的一门专业基础课程。

本课程的内容分为八章。第一章概述了人力资源的概念及其构成，人力资源的性质，人力资源管理的概念、特点及功能，并根据人力资源管理的演进历史，从五个阶段介绍了人力资源管理的发展历程。第二章阐述工作分析的概念及相关术语，工作分析的战略价值及原则，并着重介绍了工作分析的方法和流程，工作分析的产出及工作设计的概念、步骤及方法。第三章阐述了人力资源战略的概念、分析了人力资源战略的影响因素、阐述了人力资源规划的概念、类型及内容，并分四个阶段介绍了人力资源规划的程序从需求和供给两个维度阐述了人力资源战略的预测与平衡。第四章阐述了人员招聘的概念、原则、意义，并分人员招聘准备、人员选拔、人员录用与招聘评估三个环节概念、分类、作用着重介绍了员工招聘的流程。第五章阐述员工培训，核心内容为培训需求分析员工培训流程。第六章阐述职业生涯管理的相关概念、意义及相关理论并着重介绍个人职业生涯规划与组织职业生涯管理为过程。第七章阐述绩效管理概念目的、原则和作用的描述，重点介绍绩效管理的过程及绩效评估的方法。第八章阐述薪酬基本概念、构成及作用，介绍薪酬管理的内涵，重点内容为基本薪酬设计可变薪酬类型和员工福利方案。

设置本课程的具体目标要求是：使自学应考者能比较全面地理解人力资源在经济、社会发展中的地位和作用，掌握人力资源开发与管理的基本理论、基本知识和基本方法，了解我国人力资源开发与管理的方针、政策和经验，培养和提高自学应考者的人力资源管理能力。

Ⅱ 课程内容与考核要求

（考核知识点、考核要求）

第一章 人力资源开发与管理导论

一、学习目的与要求

通过本章学习，着重掌握：人力资源的概念、人力资源的特征、人力资源的数量、人力资源的质量、人力资源与人力资本、人力资源的性质。

二、课程内容

第一节 人力资源概述

（一）人力资源的概念

人力资源的定义。人力资源的数量和质量。

（二）人力资源的性质

人力资源的性质具体包括：生命周期性、能动性、再生性、增值性、社会性。

（三）人口资源、劳动力资源、人力资源和人力资本

人口资源是指一个国家或地区所拥有的人口总量，主要表现为人口的数量，是一个最基本的底数。

劳动力资源是一个国家或地区具有的劳动力人口的总称，是人口资源中拥有劳动能力的那一部分人，通常是16—60岁的人口群体。

人力资源是一个国家或地区能够作为生产要素投入到社会经济活动中，为社会创造物质财富和精神、文化财富的劳动人口。

人力资本是体现在人身上的技能和生产知识的存量。

第二节 人力资源管理概述

（一）人力资源管理的内涵

人力资源管理的概念。人力资源管理的特点：综合性、实践性、整体性、社会性。人力资源管理与传统人事管理的区别：从管理的内容、管理的性质以及在组织

中的不同地位等三个方面进行比较。

（二）人力资源管理的功能

人力资源管理的主要功能概括为吸收、保持、发展、评价和调整五个方面。

（三）人力资源管理的内容

人力资源管理的内容包括选人、育人、用人、留人四个方面，这几项功能不是孤立无关的，而是密切联系、相辅相成。

第三节 人力资源管理的演进与发展

（一）产业革命阶段

该时期的人力资源管理称为人事管理，其特点是一切以工作或生产为中心，把人看成机器，忽视人性的存在，绝大多数的劳动者在强权的逼迫下被迫接受恶劣的工作条件与低廉的劳动报酬，对人的管理方式是以强权管理为主。

（二）科学管理阶段

科学管理的最根本假设是认为存在着一种最合理的方式来完成一项工作，这种最好的工作方式最有效率，其速度最快，成本最低。为此，需要将工作分析为最基本的机械元素并进行检验，然后再将它们以最有效的方式重新组合起来。

代表人物有泰罗、法约尔、韦伯。

（三）人际关系阶段

梅奥与霍桑实验。

（四）行为科学阶段

行为科学主张运用事实验证的科学方法来研究人的行为、社会现象和心理现象等。

马斯洛"需求层次理论"。

（五）人力资本管理阶段

20世纪70年代以来，伴随着第三次技术革命的迅猛发展，人力资源管理的思想和方法也出现了新的飞跃。其一，人力资源管理中心不断转移，由以物为中心转向以人为中心；其二，人力资本理论成为人力资源管理的基础理论，并开始被全面应用到企业管理当中。

第四节 现代人力资源开发与管理所面临的挑战

面临的挑战有：经济全球化、价值多元化、人才市场化、管理柔性化、管理信息化。

三、考核知识点

1. 人力资源的概念和性质。

2. 人力资源管理的概念、内容和功能。

3. 人力资源管理与传统人事管理的区别。

4. 人力资源管理的发展阶段。

5. 现代人力资源开发与管理所面临的挑战。

四、考核要求

（一）人力资源概述

1. 识记：(1) 人力资源的概念。(2) 人力资源的性质。(3) 人力资本。

2. 理解：(1) 人力资源的数量。(2) 人力资源的质量。(3) 人口资源、劳动力资源、人力资源和人力资本。

（二）人力资源管理的内涵与功能

1. 识记：(1) 人力资源管理的概念。(2) 人力资源管理的特点。

2. 理解：(1) 人力资源管理的主要功能。(2) 人力资源管理的内容。

3. 简单运用：(1) 人力资源管理"八字"内容的关系分析。(2) 人力资源管理与传统人事管理的比较。

（三）现代人力资源管理的演进与发展

1. 理解：人力资源管理在产业革命阶段、科学管理阶段、人际关系阶段、行为科学阶段、人力资本管理阶段中的演变过程。

2. 简单运用：现代人力资源开发与管理的发展趋势。

3. 综合应用：如何应对社会环境对人力资源开发与管理所提出的现实挑战。

第二章 工作分析

一、学习目的与要求

通过本章学习，了解工作设计的相关概念和方法，认识工作分析的内容、产出和工作分析的流程，并着重掌握：工作分析的概念、战略价值、原则以及工作分析的基本方法。

二、课程内容

第一节 工作分析概述

（一）工作分析的概念及基本术语

工作分析的概念。

工作分析的基本术语。

（二）工作分析的战略价值

工作分析的意义。

工作分析的作用：从人力资源规划、员工招聘与甄选、员工的任用与配置、员工培训、绩效考核、薪酬设计、职业生涯设计七个方面进行理解。

（三）工作分析的原则

工作分析的原则包括：目的原则、职位原则、参与原则、经济原则、系统原则、动态原则。

第二节 工作分析的方法与流程

（一）工作分析的方法

工作分析的方法包括：资料分析法、现场观察法、面谈法、问卷调查法、关键事件法等。

（二）工作分析的流程

工作分析准备阶段。

工作分析组织实施阶段。

工作分析运用阶段。

工作分析反馈与调整阶段。

第三节 工作分析产出

（一）工作描述

工作描述的含义。

工作描述的主要内容。

（二）工作规范

工作规范的含义。

工作规范的主要内容。

（三）工作说明书的科学编制。

第四节 工作设计

（一）工作设计的概念

（二）工作设计的内容

（三）工作设计的一般步骤

（四）工作设计的方法

工作设计的方法包括工作专业化、工作轮换、工作扩大化、工作丰富化等。

三、考核知识点

1. 工作分析的概念、作用、意义与原则。
2. 工作分析的方法。
3. 工作分析的流程。
4. 工作描述的含义与内容。
5. 工作规范的含义、内容。
6. 工作说明书的编制方法。
7. 工作设计的概念、原则、内容、步骤和方法。

四、考核要求

（一）工作分析概述

1. 识记：（1）工作分析的概念。（2）工作要素、任务、职责、职位、职类、职务、职业。
2. 理解：（1）工作分析的战略价值。（2）工作分析的原则。

（二）工作分析的方法与流程

1. 识记：工作分析的方法。
2. 理解：工作分析的流程。

（三）工作分析产出

1. 识记：（1）工作描述。（2）工作规范。
2. 理解：职位评价与薪酬的关系。

（四）工作设计

1. 识记：（1）工作设计的概念。（2）工作设计的内容。（3）工作设计的步骤。
2. 理解：工作设计的方法。

第三章　人力资源战略与规划

一、学习目的与要求

通过本章的学习，了解人力资源战略和人力资源规划的概念，以及人力资源战略的相关因素和人力资源规划的内容，并着重掌握：人力资源规划的程序和人力资源需求和供给的预测、人力资源供需的平衡。

二、课程内容

第一节 人力资源战略概述

（一）人力资源战略的概念

人力资源战略的定义。

人力资源战略的特征：总括性、指导性、民主性。

（二）人力资源战略的因素分析

外部环境：政治法律环境、社会文化环境、经济环境、科学技术环境、人口环境、行业环境。

内部环境：组织结构、现有组织的人力资源状况、组织战略、组织文化、组织的其他部门。

第二节 人力资源规划概述

（一）人力资源规划的概念和类型

人力资源规划的定义。

人力资源规划的种类。

（二）人力资源规划的内容

总体规划的工作内容。

各项业务规则。

（三）人力资源规划的程序

人力资源规划的程序具体包括：资料收集阶段、人力资源规划的分析阶段、人力资源规划的制定阶段、人力资源规划的实施与评估阶段。

第三节 人力资源预测和平衡

（一）人力资源需求的预测

影响组织人力资源需求的因素。

确定人力资源需求的程序。

人力资源需求的预测方法。

（二）人力资源供给预测

影响人力资源供给的因素。

组织内部人力资源供给预测。

组织外部人力资源供给预测。

（三）人力资源供需的平衡

组织人力资源需求和供给预测的比较，一般会出现以下几种关系：需求和供给在数量、质量以及结构方面都基本持平；需求和供给在总量上平衡，但结构上不匹配；人力资源供不应求；人力资源供大于求。

三、考核知识点

1. 人力资源战略的定义、特征。
2. 人力资源战略的因素分析。
3. 人力资源规划的定义、种类、内容与程序。
4. 人力资源的需求与供给预测。
5. 人力资源供需平衡。

四、考核要求

（一）人力资源战略概述

1. 识记：人力资源战略的概念。
2. 理解：人力资源战略的因素分析。

（二）人力资源规划概述

1. 识记：（1）人力资源规划的概念。（2）人力资源规划的类型。（3）人力资源规划的内容。
2. 理解：人力资源规划的程序。

（三）人力资源预测和平衡

1. 识记：（1）影响人力资源需要的因素。（2）确定人力资源需求的程序。（3）影响人力资源供给的因素。（4）三种人力资源供求关系及其调节方法。
2. 理解：（1）人力资源需求预测的方法。（2）人力资源供给预测的方法。

第四章　人员招聘与选拔

一、学习目的与要求

通过本章学习，着重掌握：人员招聘的概念、原则了解人员招聘的意义了解并准确把握人员招聘的程序；能应用基本的人才测评方法。

二、课程内容

第一节　人员招聘概述

（一）招聘的概念

人员招聘，就是以组织人员需求为基础，以工作分析为依据，通过发布招聘信息吸引应聘者，从中挑选出适合岗位需求的人员，并向他们分配工作岗位，使其补充到现有的或计划的岗位空缺的过程。

（二）招聘的原则

人员招聘要遵循以下原则：计划性、公开性、公平性、合适性。

（三）招聘的意义

员工招聘是人力资源管理的基础职能之一，是开展其他人力资源管理活动的基础。招聘影响着组织能否吸收到优秀的人力资源，组织人员的流动，组织的对外宣传，组织人力资源的管理费用。

第二节 人员招聘的准备

（一）制定招聘计划

提出用人需求是整个招聘活动的起点，包括对人员数量与质两方面的要求。员工招聘计划的主要内容包括招聘的规模、招聘基准、招聘的时间和招聘经费的预算。

（二）选择招聘方式

人员招聘的方式分为内部选拔和外部招聘。对招聘方式的选择需要结合组织的内外部环境进行具体分析。

（三）发布招聘信息

发布招聘信息，即向可能前来应聘的人群告知组织将要进行人员招聘的消息。常用的招聘信息发布渠道包括报纸、电视广告、网络、杂志和专业刊物等。

第三节 人员选拔

（一）员工选拔的概念

员工选拔测试的目的是为了了解应聘者的工作能力与个人特征。通过在选拔测试过程中对应聘者的了解，可以为组织人员招聘的员工录用决策提供信息。员工选拔对组织用人有重要意义。

（二）员工选拔的程序

员工选拔的程序和方法包括：简历筛选、员工测试、背景调查和员工试用等。

（三）员工选拔测试

员工选拔方法的检验指标：信度与效度。员工选拔常见的方法包括人才测评、情景模拟、面试等。

第四节 人员录用与招聘评估

（一）人员录用

主要工作包括应聘者的信息总结、录用决策、员工录取与辞谢。

（二）招聘评估

招聘评估是对组织招聘活动的投入与录用人员量和质的评价。包括对招聘成本的评估，对聘用人员数量和质量的评估，对招聘质量的评估和招聘总结。

三、考核知识点

1. 人员招聘的概念及原则、招聘的意义。
2. 制订招聘计划、选择招聘方式、发布招聘信息。
3. 员工选拔的概念、员工选拔的程序、员工选拔测试。
4. 做出录用决策。

四、考核要求

（一）人员招聘的基本分析

1. 识记：招聘的概念，招聘的原则。
2. 理解：招聘的意义。

（二）人员招聘

1. 识记：（1）招聘计划。（2）内部选拔的优缺点。（3）外部招聘的优缺点。
2. 理解：不同信息发布渠道的比较。
3. 简单应用：（1）员工招聘的流程。（2）在制订招聘计划时需要对哪些问题进行规定。（3）内部选拔有哪些方式。（4）外部招聘有哪些方式。

（三）人员选拔

1. 识记：员工选拔的概念，信度与效度。
2. 理解：员工选拔的程序。
3. 综合运用：会灵活运用员工选拔测试的主要方法。

（四）人员录用与招聘评估

识记：招聘评估。

第五章　员工培训

一、学习目的与要求

通过本章学习，着重掌握：员工培训的概念、员工培训的种类、员工培训系统模型、培训需求分析、制订培训计划、培训活动实施、培训效果评估。

二、课程内容

第一节 员工培训概述

（一）员工培训的概念和特点

员工培训是指组织为使员工获得或改进与工作有关的知识、技能、动机、态度和行为，以利于提高员工的绩效以及员工对组织目标的贡献所做的各种努力。员工培训作为人力资源管理者的一项独立的管理活动，有其自身的特点，包括全员培训、能力培训、相关培训、多样化培训，属于成人教育范畴等。

（二）员工培训的分类

按照不同标准可划分不同类型。

（三）员工培训的作用

员工培训的重要作用在于，提高员工素质，提高组织效益，推动员工的职业生涯规划与发展，促进优秀组织文化的建立。

（四）员工培训系统

员工培训是由以下几个步骤构成主链的一个循环过程。具体地讲，一个完整的员工培训系统应该包括四大模块：培训需求分析、制订培训计划、培训活动实施、培训活动评估。

第二节 培训需求分析

（一）培训需求分析的内容

培训需求分析可以分为三个层次进行：一是组织分析，着重于确定培训在整个组织范围内的需求；二是人员分析，就是确定哪些人需要进行培训以及培训是否合适；三是任务分析，就是试图确定培训的内容，即员工完成任务，达到令人满意的工作绩效所必须掌握的知识和技能。

（二）培训需求分析的方法

确立一个组织的培训需求，不可只凭猜测，而应尽量使用科学方法做出需求分析。这些方法包括观察法、问卷调查、面谈、工作考核、人事记录分析、多因素分析法等。

第三节 制订培训计划

（一）培训计划的主要内容

培训方案是对培训工作的具体安排，也可以视为培训开发战略在培训中的具体体现。组织培训计划的主要内容包括：培训目标、内容，培训的对象、培训时间、培训场所、培训者、培训方法和教材等。

（二）培训课程设计

所谓培训课程设计，就是根据培训的根本目的，对各种要素（包括课程目标、课程内容、教材、课程实施模式、培训策略、时间、组织七要素）采取不同的方式，做出不同的处理。通过对这些要素的不同选择和处理，就可以设计出各种不同的课程来。

第四节　培训活动实施

（一）员工培训的实施方式

组织可以通过企业自己培训、与学校合作和选择专业的培训机构实施培训。

（二）员工培训的方法

常见的培训方法包括讲授法、案例教学法、角色扮演法、工作轮换法、头脑风暴法等。

（三）培训控制

第五节　培训效果评估

（一）柯式评估模型

柯式评估模型包括反应、学习、行为、结果四个层次。

（二）CIPP 模型

CIPP 模型包括背景评估、输入评估、过程评估和成果评估。

（三）培训效果评估的其他方法

进行培训效果的评估，还可以分别运用向量法、测试法、考核法和现场成果测定法等方法。

三、考核知识点

1. 员工培训的概念、特点、种类及作用。
2. 培训需求分析的内容与方法。
3. 培训计划的主要内容、培训课程设计。
4. 培训活动实施的方式、方法、控制。
5. 员工培训的效果评估模型与方法。

四、考核要求

（一）员工培训概述

1. 识记：员工培训的概念。

2. 理解：员工培训的特点、种类、作用、员工培训的系统模型。

（二）培训需求分析

1. 理解：培训需求分析的内容。

2. 综合运用：需求分析的方法。

（三）制订培训计划

1. 理解：员工培训计划的主要内容及课程设计。

2. 简单应用：制订员工的培训计划。

（四）培训活动实施

1. 理解：培训控制。

2. 简单应用：员工培训的具体实施方式与方法。

（五）培训效果评估

1. 理解：柯式模型、CIPP 模型、员工培训的效果评估的其他方法。

2. 综合运用：员工培训的效果评估。

第六章　职业生涯管理

一、学习目的与要求

通过本章学习，着重掌握：职业生涯管理的概念、帕森斯的人职匹配理论、霍兰德的人业互择理论、施恩的职业生涯系留点理论、个人职业生涯规划与组织职业生涯管理。

二、课程内容

第一节　职业生涯管理概述

（一）职业生涯管理的概念

职业生涯管理主要是指组员与个人对职业生涯进行设计、规划、执行、评估和反馈的一个综合性的过程。

（二）职业生涯管理的意义

职业生涯管理的意义在于，提升员工职业能力，促进员工成长；调动员工积极性，促进组织发展；为社会培养人才，促进社会进步。

（三）职业生涯管理与人力资源管理其他环节的关系。

第二节 职业生涯管理的相关理论

（一）职业生涯周期理论

关于职业生涯周期理论，主要有代表人物金兹伯格的三阶段理论和萨伯的五阶段理论。

（二）帕森斯的人职匹配理论

帕森斯认为，每个人都有自己独特的人格模式，每种人格模式的个人都有其适应的职业类型，人人都有职业选择的机会，而职业选择的焦点就是人与职业相匹配，即寻找与自己特性相一致的职业。

（三）霍兰德的人业互择理论

霍兰德认为职业选择是个人人格的反映和延伸，世界上存在着六种基本类型的人格，与此相对应，也存在着六种类型的职业，人格与职业的相互作用决定了一个人的职业选择。

（四）施恩的职业生涯系留点理论

该理论认为，人们大学毕业时的就业动机与职业价值观与十多年以后的心理需求和职业价值观存在一定的差异。这主要是由于大学毕业生对自己的认识和对外界的认识存在盲目性和不准确性，这种盲目性和不准确性只有经过一段时间的实践才能矫正。此外，施恩还认为，只有真正有了职业经历和工作体验，个人才可能正确、清楚地感知到自身的才能。

第三节 个人职业生涯规划

（一）个人职业生涯规划概述

职业生涯规划是指个人根据对自身的主观因素和客观环境的分析，确立自己的职业发展目标，选择实现这一目标的职业，以及制订相应的工作、培训和教育计划，并按照一定的时间安排，采取必要的行动实施职业生涯目标的过程。

（二）个人职业生涯规划的制定

职业生涯规划一般包括自我分析、环境分析、职业生涯目标的确定、职业选择、职业生涯路线的制定、评估反馈与修正六大环节。

第四节 组织职业生涯管理

（一）组织职业生涯管理概述

从组织角度对员工从事的职业和职业发展过程所进行的系列计划、组织、领导和控制活动。

（二）组织职业生涯管理的目标

组织职业生涯管理要实现以下目标：员工的组织化，协调组织与员工的关系，为员工提供发展机会，促进组织事业的发展。

（三）组织职业生涯管理的实施

组织实施职业生涯管理的步骤包括帮助员工制定和实施职业生涯规划，确定员工不同职业生涯期的职业管理任务，为员工职业发展开辟通道。

（四）个人与组织职业生涯规划的互动

个人与组织职业生涯规划的互动在于，个人职业生涯和组织职业生涯规划是一种双向互动的关系，个人与组织职业生涯互动的本质是利益的统一性。

三、考核知识点

1. 职业生涯管理的概念、特点和意义。
2. 职业生涯管理的相关理论。
3. 个人职业生涯规划。
4. 组织职业生涯管理。

四、考核要求

（一）职业生涯管理概述

1. 识记：职业生涯管理的概念。
2. 理解：职业生涯管理的意义。

（二）职业生涯管理的相关理论

1. 识记与理解：（1）帕森斯的人职匹配理论。（2）霍兰德的人业互择理论。（3）施恩的职业生涯系留点理论。

（三）个人职业生涯规划

综合运用：知道如何做个人职业生涯规划。

（四）组织职业生涯管理

综合运用：知道如何开展组织职业生涯管理。

第七章 绩效管理

一、学习目的与要求

通过本章的学习，着重掌握：绩效和绩效管理的基本概念，绩效管理与薪酬管理的联系，绩效管理的目的、原则和作用，绩效管理的过程及绩效评估的方法。

二、课程内容

第一节 绩效管理概述

（一）绩效管理的概念

绩效的含义。

绩效的性质：多因性、多维性、动态性。

绩效管理的含义。

绩效管理与绩效考核：绩效管理是人力资源管理的核心内容，绩效考核是绩效管理的关键环节。绩效管理与绩效考核是密切相关的，但二者并不是等价的。

绩效管理的目的：从战略、管理、开发三个层面理解。

（二）绩效管理的原则

绩效管理的原则包括：公开性和民主性原则、全面性原则、差别性原则、持续性原则、关联性原则、及时反馈原则、常规性原则等。

（三）绩效管理的作用

绩效管理的作用体现在组织管理方面、管理者与员工三个方面。

第二节 绩效管理的过程

（一）绩效计划

绩效计划的制订过程分为准备、沟通和确定三个步骤。绩效计划的主要工具：关键绩效指标、平衡计分卡.

（二）绩效执行

绩效执行，又称为绩效的实施、绩效控制，是连接绩效计划和绩效评估的中间环节，也是耗时最长的一个环节。

（三）绩效评估

绩效评估主体可选，直接上级、直属下属、同事或团队成员、自己、外界人员。

绩效评估中可能遇到的问题及其解决措施。

（四）绩效反馈

绩效反馈主要是通过评估者与被评估者之间的沟通，就被评估者在评估周期内的绩效情况进行面谈

（五）绩效评估结果的运用

绩效改进。

绩效评估结果用于员工报酬的分配与调整、招聘与甄选、人员调配、培训与开

发决策。

第三节 绩效评估的方法

（一）相对评估法

（二）绝对评估法

三、考核知识点

1. 绩效的含义与性质。
2. 绩效管理的含义、原则及作用。
3. 绩效管理与绩效考核。
4. 绩效计划的制订与绩效管理的实施。
5. 绩效反馈形式。
6. 绩效考核中容易出现的问题。
7. 绩效改进的内涵。
8. 绩效评估的方法。

四、考核要求

（一）绩效管理概述

1. 识记：（1）绩效的含义。（2）绩效的性质。（3）绩效管理的内涵。（4）绩效计划。

2. 理解：（1）绩效管理与绩效考核的区别。（2）绩效管理的目的。

3. 综合运用：如何实施绩效管理方案。

（二）绩效管理的过程

1. 识记：（1）绩效沟通。（2）绩效考核。（3）绩效改进。

2. 理解：（1）绩效管理的过程。（2）绩效管理的作用。（3）绩效考核中存在哪些问题。

3. 简单应用：（1）绩效计划的主要工具有哪些？（2）绩效反馈的形式有哪些？

（三）绩效评估的方法

综合运用：（1）成对比较法。（2）行为锚定法。（3）工作成果评估法。（4）关键事件法。

第八章 薪酬管理

一、学习目的与要求

通过本章学习，着重掌握：薪酬及薪酬管理的基本概念，基本薪酬的含义及三种基本的薪酬模式，基本薪酬体系设计的流程，可变薪酬计划的主要形式，员工福利的含义及主要福利项目。

二、课程内容

第一节 薪酬与薪酬管理概述

（一）薪酬的含义

（二）薪酬的构成

薪酬由基本薪酬、可变薪酬和福利三个部分构成。

（三）薪酬的作用

薪酬的作用应从员工、组织和社会三个方面进行理解。

（四）薪酬管理及其主要内容

薪酬管理的主要内容包括薪酬体系的确定、薪酬形式、薪酬运行管理三个方面。

（五）薪酬管理的原则

薪酬管理的原则包括公平性原则、激励性原则、竞争性原则、经济性原则、合法性原则等。

第二节 基本薪酬

（一）薪酬模式

职位薪酬模式、技能薪酬模式。

（二）基本薪酬体系设计

基本薪酬体系设计的步骤一般为：确定薪酬策略，工作分析与职位价值评价薪酬水平调查及确定薪酬结构设计，薪酬体系运行与调整。

（三）职位价值评价

（四）薪酬调查与定位

（五）薪酬结构设计

第三节 可变薪酬

（一）个人可变薪酬计划

个人可变薪酬计划一般包括：计件计划、计时计划、佣金计划、一次性可变薪酬计划等。

（二）群体可变薪酬计划

群体可变薪酬计划主要包括：利润分享计划、收益分享计划、小组奖励计划等。

（三）短期可变薪酬计划与长期可变薪酬计划

短期可变薪酬计划的含义。

长期可变薪酬计划的内涵与形式。

第四节 员工福利

（一）员工福利概述

一般来说，可以将员工福利划分为法定福利和非法定福利。

（二）员工福利管理

福利规划。

福利沟通。

福利成本控制。

第五节 薪酬管理的新发展

（一）战略性薪酬管理

（二）宽带薪酬

（三）全面薪酬战略

（四）弹性员工福利

三、考核知识点

1. 薪酬的含义、构成与作用。
2. 薪酬管理的含义、内容和原则。
3. 基本薪酬具体内容与设计步骤。
4. 个人可变薪酬计划与群体可变薪酬计划。
5. 短期可变薪酬计划与长期可变薪酬计划。
6. 员工福利。

四、考核要求

（一）薪酬与薪酬管理

1. 识记：(1) 薪酬的含义。(2) 薪酬的构成。(3) 薪酬的作用。(4) 薪酬管理的含义。

2. 理解：(1) 薪酬管理的主要内容。(2) 薪酬管理的原则。

（二）基本薪酬

1. 理解：(1) 职位薪酬体系及其评价。(2) 技能薪酬体系及其评价。

2. 简单应用：(1) 基本薪酬体系设计的流程。(2) 职位评价方法——排序法、分类法、要素计点法和要素比较法。

（三）可变薪酬

1. 识记：可变薪酬的含义。

2. 理解：(1) 个人可变薪酬计划：计件计划、计时计划、佣金计划、一次性可变薪酬计划。(2) 群体可变薪酬计划：利润分享计划、收益分享计划、小组奖励计划。(3) 短期可变薪酬计划与长期可变薪酬计划的比较。

（四）员工福利

1. 识记：员工福利的含义。

2. 理解：(1) 法定福利及其主要项目。(2) 非法定福利及其主要项目。

3. 综合运用：(1) 员工福利管理。

（五）薪酬管理的新发展

1. 识记：宽带薪酬概念。

2. 理解：弹性福利计划的种类。

Ⅲ 有关说明与实施要求

为了使本大纲的规定在个人自学、社会助学和考试命题中得到贯彻和落实,现对有关问题做如下说明,进而提出具体实施要求。

一、关于考核目标的说明

为使考试内容具体化,考试要求标准化,本大纲各章分为学习目的与要求、考核内容、考核知识点和考核要求四方面内容,使自学应考者能够进一步明确考试内容和要求,有目的地系统学习教材;使社会助学者能够更全面地有针对性地分层次进行辅导;使考试命题范围更加清楚明确,更准确地安排试题的知识能力层次和难易度。

本大纲在考核要求中,按照认知能力分为识记、理解、简单应用和综合运用四个层次。四个能力层次存在着由低到高的递进等级关系,其中低一层次是高一层次的基础,高一层次又包含低一层次的内容和变化。各认知层次的含义如下。

1. 识记:能正确认识和表述科学事实、原理、术语和规律。知道该课程的基础知识,并能进行正确的选择和判断。

2. 理解:能将所学知识加以解释、归纳。能领悟某一概念或原理与其他概念或原理之间的联系,理解其引申意义,并能做出正确的表述和解释。

3. 简单应用:能用所学的概念、原理、方法正确分析和解决较简单的问题,具有分析和解决一般问题的能力。

4. 综合运用:能灵活运用学过的知识分析和解决比较复杂的问题,具有一定的解决问题的能力。

二、关于自学教材

本课程使用的教材是《人力资源开发与管理》,罗哲、段海英主编,四川大学出版社2022年出版。

三、自学方法指导

人力资源开发与管理这门课程具有较强的实践性。广大应考者在自学的过程中,应注重把知识与实际应用相结合。同时,本大纲还提出了以下几点要求。

1. 准确掌握相关的概念和术语,理解概念和术语的内涵及区别和联系。

2. 理解人力资源开发与管理的各种方法和原理，并注重内外部环境因素对各种方法的影响，做到灵活运用。

3. 理论学习与实践相结合，做到活学活用。

4. 注重课外练习，并多读一些相关的人力资源开发与管理的书籍，注重知识掌握的全面性。

四、对社会助学的要求

1. 社会助学者应根据本大纲规定的考核要求，认真钻研指定教材，明确本课程的特点、重点和学习要求，对自学应考者进行切实有效的辅导，引导他们避免自学中的各种偏向，把握社会助学的正确导向。

2. 要正确处理重点和一般的关系。课程内容有重点与一般之分，但考试内容是全面的，而且重点与一般是相互联系的，不是截然分开的。社会助学者应指导自学应考者系统地学习教材，掌握全面内容和考核知识点，在此基础上再突出重点。总之，要把重点学习同兼顾一般结合起来，切勿孤立地抓重点，把自学应考者引向猜题押题。

五、关于命题考试的若干要求

1. 本课程的命题考试，应根据本大纲所规定的考试内容和考试目标来确定考试范围和考核要求，不要任意扩大或缩小考试范围，提高或降低考核要求。考试命题要覆盖到各章，并适当突出重点章节，体现本课程的内容重点。

2. 本课程在试题中对不同能力层次要求的分数比例一般为：识记占20%，理解占25%，简单应用占35%，综合运用占20%。

3. 试题要合理安排难度结构。试题难度可分为易、较易、较难、难四个等级。每份考卷中，不同难易度试题的分数比例一般为：易占20%，较易占30%，较难占30%，难占20%。必须注意，试题的难易度与能力层次不是一个概念，在各能力层次中都会存在不同难度的问题，切勿混淆。

4. 本课程考试试卷采用的题型有单项选择题、填空题、判断分析题、简答题和论述题等。各种题型的样式可参见本大纲附录。

5. 本课程的考试方式为闭卷、笔试，考试时间为120分钟。试题分量以中等水平考生在规定时间内答完全部试题为度。评分采用百分制，60分为及格。

附：题型举例

一、单项选择

1. 以下选项中，对应聘者进行选拔的测试方法必须具备的三个要素，不包括的是____。 （ ）
   A. 是否测试了想要测试的内容
   B. 测试结果是否具有可验证性
   C. 不同被测试者的测试结果之间是否具有可比性
   D. 测试的结果是否具有公正性

2. 管理者和员工进行沟通、协商，共同制定评价期内的工作目标、评价标准和行动方案指的是____。 （ ）
   A. 绩效沟通　　B. 绩效考核
   C. 绩效计划　　D. 绩效反馈

二、多项选择

1. 以下选项中，工作分析应遵循的原则包括____。 （ ）
   A. 目的原则　　B. 职位原则　　C. 参与原则
   D. 经济原则　　E. 系统原则

三、判断分析（请先判断下列小题的对错，对的打√，错的打×，并说明相关理由）

1. 关键事件法的优点在于能够为管理者节省大量的工作时间与工作精力。 （ ）

2. 信度指测试内容的准确程度，即测试内容与测试结果的相关性。 （ ）

四、简答题

1. 人员招聘过程中要遵循哪些原则？
2. 简述绩效管理的作用。

五、论述题

1. 论述外部招聘与内部招聘相比,各自存在的优缺点与相互间的联系。
2. 试述绩效考核与绩效管理的区别与联系。

人力资源开发与管理真题荟萃

一、单项选择题（在每小题列出的四个备选项中只有一个是符合题目要求的，请将其代码填写在题后的括号内，错选、多选或未选均无分）。

1. 最为活跃、涉及面最广、影响最为深远的资源是（   ）
   A. 自然资源　　　　　　　B. 人力资源
   C. 信息资源　　　　　　　D. 资金资源

2. 在现代人力资源管理中，被称为"管理过程之父"的是（   ）
   A. 法约尔　　　　　　　　B. 韦伯
   C. 泰勒　　　　　　　　　D. 梅奥

3. 影响人力资源需求预测的内部因素中最重要的是（   ）
   A. 组织产品　　　　　　　B. 组织的战略目标
   C. 组织的预算　　　　　　D. 组织文化

4. 当人力资源供不应求时，最为直接而且人员上手时间较短的方法是（   ）
   A. 内部流动　　　　　　　B. 加班
   C. 提高效率　　　　　　　D. 返聘退休人员

5. 美国文化受新教伦理的影响，强调一种人定胜天的精神，于是在早期汽车生产中就形成大批量的生产方式，这属于外部环境中的（   ）
   A. 政治法律环境　　　　　B. 社会文化环境
   C. 经济环境　　　　　　　D. 科学技术环境

6. 工作分析的出发点是（   ）
   A. 职务　　　　　　　　　B. 职类
   C. 职位　　　　　　　　　D. 职责

7. 收发室工作人员签收信件时的签收动作是（   ）
   A. 任务　　　　　　　　　B. 职责
   C. 工作要数　　　　　　　D. 职位

8. 当前企业招聘高级人才的常见方式是（　　）
   A. 招聘会　　　　　　　B. 职业介绍所
   C. 猎头公司　　　　　　D. 网络招聘

9. 使用最为普遍的传统培训方法是（　　）
   A. 案例教学法　　　　　B. 讲授法
   C. 角色扮演法　　　　　D. 工作轮换法

10. 提出"人职匹配理论"的学者是（　　）
    A. 金兹伯格　　　　　　B. 萨伯
    C. 帕森斯　　　　　　　D. 霍兰德

11. 诗人在霍兰德的六种人格类型中更倾向于（　　）
    A. 研究型　　　　　　　B. 艺术型
    C. 社会型　　　　　　　D. 企业型

12. 整个绩效管理工作的起点是（　　）
    A. 绩效沟通　　　　　　B. 绩效考核
    C. 绩效计划　　　　　　D. 绩效反馈

13. 绩效评估主体中，最主要也是最常见的考核主体是（　　）
    A. 同级同事　　　　　　B. 直属下级
    C. 员工本人　　　　　　D. 员工的直接上级

14. 薪酬中相对不变的构成部分是（　　）
    A. 绩效薪酬　　　　　　B. 福利
    C. 基本薪酬　　　　　　D. 加班加点工资

15. 我国养老保险体系的第二支柱是（　　）
    A. 基本养老保险　　　　B. 企业年金
    C. 商业保险　　　　　　D. 人寿保险

16. 被称为"人力资本之父"的是（　　）
    A. 法约尔　　　　　　　B. 泰勒
    C. 舒尔茨　　　　　　　D. 梅奥

二、判断改错题

1. 在员工选拔测试中，信度高就说明测试有效。

2. 德尔斐法可以有效地避免专家之间由于名誉和地位而造成的对他人的影响，因此能充分表达专家本人的意见，结果较为客观，操作比较简单。

3. 科学管理理论阶段，人被看作是"社会人"。

4. 在具体的管理工作中，绩效管理就是绩效考核。

5. 人力资源的数量与质量之间存在相同的替代性。

6. 工作丰富化增加员工工作任务的横向多样化,可以导致高效率。

7. 一份工作说明书并不会随任职者的去留而改变,因为有关职位的性质及要求并无变更。

8. 职业生涯仅仅包含工作或职业。

三、简答题

1. 简述绩效管理的原则。

2. 简述影响人力资源需求的因素。

3. 简述解决人力资源供不应求的方法。

4. 简述内部招聘的优缺点。

5. 简述员工培训的作用。

6. 简述职业生涯管理的意义。

7. 简述基本薪酬体系建立的步骤。

六、论述题

1. 结合实际,请你谈谈如何进行福利管理。

2. 结合实际,请你谈谈人员培训的作用。

3. 谈谈如何做个人职业生涯规划。

4. 实际工作中，影响绩效评估的常遇问题及其解决办法。

5. 结合实际，谈谈工作轮换及其优缺点。

后 记

经四川省高等教育自学考试委员会同意,由四川大学公共管理学院负责自学考试人力资源管理专业(独立本科)教材的组织编写工作。

《人力资源开发与管理》自学教材由四川大学罗哲、段海英同志担任主编。罗哲、段海英、文海霞、罗膑露、喻可乐负责拟定编写大纲。参加编写本书的人员有段海英、文海霞、罗膑露、喻可乐,最后由罗哲、段海英统稿。

感谢四川省高等教育自学考试委员会、四川大学成人教育(继续教育)学院和四川大学出版社的大力支持。

罗哲、段海英

2022 年 10 月